多层次公交线网规划与评价技术

陈艳艳　孙明正　王振报　著

人民交通出版社

内 容 提 要

本书为国家"十一五"科技支撑计划项目"城市公共交通建设与运行保障技术"的研究成果，以"分区服务、枢纽分级、线网分层、逐层展开、整体优化"为主要思路，提出包括线路布设、方案评价、辅助决策等主要内容的大城市公交线网规划方法，并对公交线路调整方案提出预评估指标体系和评价方法；最后，对公交线网的一体化规划建设进行了简要叙述。

本书可作为城市规划、交通工程、土木工程等专业科研技术人员、管理人员的参考书，也可作为研究生及高年级本科生的参考用书。

图书在版编目(CIP)数据

多层次公交线网规划与评价技术/陈艳艳，孙明正，王振报著.--北京：人民交通出版社，2011.11

ISBN 978-7-114-09484-2

Ⅰ.①多… Ⅱ.①陈… ②孙… ③王… Ⅲ.①公共交能系统-交通规划②公共交通系统-系统评价 Ⅳ.①U491.1

中国版本图书馆 CIP 数据核字(2011)第 223524 号

书　　名：多层次公交线网规划与评价技术
著 作 者：陈艳艳　孙明正　王振报
责任编辑：戴慧莉
出版发行：人民交通出版社
地　　址：(100011) 北京市朝阳区安定门外外馆斜街 3 号
网　　址：http://www.ccpress.com.cn
销售电话：(010) 59757969，59757973
总 经 销：人民交通出版社发行部
经　　销：各地新华书店
印　　刷：北京鑫正大印刷有限公司
开　　本：787×980　1/16
印　　张：12
字　　数：236 千
版　　次：2011 年 11 月　第 1 版
印　　次：2011 年 11 月　第 1 次印刷
书　　号：ISBN 978-7-114-09484-2
定　　价：40.00 元

前言

我国作为一个经济持续高速增长的发展中国家，城市公共交通的建设和发展一直滞后于社会经济和居民生活的需要。20世纪80年代以来，我国政府制订了一系列产业政策和技术政策，确定了以公共交通为主的城市交通发展方针。城市公共交通事业取得了长足的发展，从公交车辆的增加到客运量的增长及运营服务水平的提高，城市公共交通在城市经济与社会发展中发挥了重要的作用。但是，由于财政体制、经营体制、管理水平、道路条件及历史因素的制约，城市公共交通的发展现状并不尽如人意。公共交通在城市客运出行中的分担率一直偏低。根据世界银行的统计，我国大部分城市的公交出行分担率为6%～25%，而其他国家大城市的公交出行分担率一般为40%～80%。

优先发展公共交通是提高交通资源利用效率、缓解交通拥堵的重要手段，也是建设节约型城市交通系统的一项重要措施。公共交通是解决大城市交通问题的唯一出路。因此，关于优先发展城市公共交通的意见于2005年9月由建设部（现更名为住房和城乡建设部）等部门提上了议事日程。

然而，公共交通的现状并不乐观，公共交通时速低、出行时间长、时间不可靠、换乘不便、票制票价不合理、缺乏信息服务等现象较为普遍。交通拥挤的加剧及出行距离的增大进一步造成了公交出行时间的加长及可靠性的降低。加之长期以来，各城市的公交线网基本上是简单的历史叠加而形成的，较少根据城市客流需求变化及时优化调整。而目前的规划、运行技术未能跟上公交需求快速发展的需要，线网功能不明确，很多城市公交车辆在道路时空分配上没有足够的优先权，大多数公交专用道仅是在路段上专用，公交车辆通过路口时并未获得真正的优先。因此，公共汽车的运营效率呈逐步下降的趋势，并给公共交通的运行保障带来了一系列的问题。目前，公交网络规划存在的主要问题之一为公交线网布局结构不合理，未形成快速干线网、普通干线网及支线网级配合理与衔接协调的一体化公交网络。我国一些大城市已经建成或正在规划建设城市轨道交通、BRT等大容量快速公交，但在规划过程中单纯侧重一种模式的公交网络或线路的布设，没有从整个城市的角度进行多级公交网络规划的协调设计，无法实现整个系统的最大效益。

本书将针对多层次公交线网规划的特点，提出一套较为系统实用的多层次公交线网规划和评价方法。该方法对城市公交线网进行合理的划分及明确的功能定位，针对不同层次等级线路采取不同的布局优化方法，将交通枢纽布局优化和公交线网布局优化进行协调设计，提出多层次公交线网规划方案的综合评价体系和评价方法，并对单条公交线路的调整方案预评估方法进行探讨。

尽管多层次公交系统研究还不够成熟,本书也不乏纰漏之处,但希望本书能起到抛砖引玉的作用,吸引更多的科研人员致力于系统可靠性的研究,以促进其发展。

本书共分11章,陈艳艳参与了第1~4、9、11章的撰写;孙明正参与了第1~4、8~10章的撰写;王振报参与了第2~8章的撰写。此外,博士生戴帅参与了第9章的撰写,硕士生段卫静参与了第8章的撰写,康浩参与了第11章的撰写。在本书的编写过程中,作者参阅了大量国内外的文献资料,可能存在引用疏漏和理解不当之处,敬请谅解。

作　者

2011年2月

目　录

第 1 章 绪论

1.1 大城市交通需求及公交服务新特点

近年来,随着经济活力的逐步加强,城市的吸引力及对周边的辐射力逐步加强,城市空间扩张迅速,城市交通需求表现出以下几个新的特点。

1)出行需求总量增大,方向性密度高

许多大中城市框架快速扩张导致城市人口规模日益增大,出行距离增加,加之出行活动的日益活跃,使得出行总量迅速增长。

根据北京市第三次交通综合调查报告,2005 年,北京市的常住人口出行率为 2.64 次/(人·日)[1986 年为 1.61 次/(人·日)],出行总量为 2 920 万人次/日,公交客运量 1 616 万人次/日。随着北京市城市空间布局调整以及小汽车使用强度的增加,居民出行距离也不断增加,2005 年居民出行距离达到 9.3km/次(表 1-1)。

北京市居民出行需求规模　　表 1-1

年份	人口(万人)	出行率[次/(人·日)]	出行距离(km/次)	出行总量(万人次/日)
1986	582	1.61	–	939
2000	831	2.77	8.0	2 301
2005	1 107	2.64	9.3	2 920

由于在城市发展过程中，城市中心区的功能未能同步疏散出去，许多城市的中心区依然保持强大的吸引力。以北京为例，在2000年全市2 301万人次/日的出行中，中心城区内部有1 322万人次/日出行，形成每日3.78万人次/km^2的发生吸引密度，同时中心城区和外围区域之间还有548万人次/日以上的放射性出行，此种高密度的出行强度为公共交通的发展创造了良好的基础条件。

而在另外一些城市，新城的修建造成了新城与旧城之间大量新客流的产生。

超强、集中的交通需求对传统的单模式地面公交提出了严峻的考验。大容量城市轨道交通及BRT等公交新模式已成为大中城市公交系统的有机构成。

2）出行距离、方式及目的的多样化

我国大城市以组团式和多中心组团式城市空间布局形态为主，由于城市人口众多、交通需求巨大、居民收入差异较大，出行距离、出行方式及出行目的都呈现多样化的特点。

服务客源的市场巨大及服务需求的多样化成为北京市公共交通系统服务所面临的重要问题。以北京为例，城八区[1]有20%左右的出行距离在10km以上。北京城八区和远郊区的出行距离比例分布见表1-2。

北京城八区和远郊区县的出行距离分布表 表1-2

出行距离（km）	城八区		远郊区县	
	出行次数	比例（%）	出行次数	比例（%）
0～2	101 517	43.41	22 877	45.66
2～5	56 102	23.99	12 035	24.02
5～10	34 447	14.73	4 895	9.77
10～15	17 843	7.63	2 836	5.66
15～20	9 565	4.09	2 154	4.30
20～25	6 408	2.74	1 939	3.87
25～30	2 900	1.24	1 017	2.03
30～35	2 245	0.96	877	1.75
35～50	1 684	0.72	867	1.73
≥50	1 146	0.49	606	1.21
合计	233 857	100	50 103	100

目前，我国大城市居民交通出行已经由单一出行方式（即主要依赖于公交车、自行车、客车或步行等一种方式）来完成，转向由多种交通方式组合以出行链方式出行。出行

[1] 现已合并为城六区。全书同。

方式链的形成需要各种交通方式之间有足够的整合，而要实现"无缝"换乘，特别是对于公共交通系统需要大容量快速公共交通（如城市轨道交通、地铁化快速公交）作为骨干来支撑，常规公交作为有效补充。

由于生活的多元化演变，出行目的也由以往的通勤、上下学出行占绝对比例转变为出行目的的多样化。不同的出行目的也对公交提出不同的需求，比如通勤出行对准时、快速的需求，休闲出行对舒适的需求等。2008 年北京市居民出行目的构成见表1-3。

2008 年北京居民出行目的构成 表1-3

出行目的	上班	上学	回家	回程	购物	休闲健身	出外就餐	看病	探亲访友	文化娱乐	工作外出	接送人	其他
比例（%）	26.04	5.47	47.08	0.50	6.75	3.50	0.47	0.80	1.43	0.56	1.63	5.26	0.51

实现多种交通方式的协调组合，依靠多方式交通网络的匹配与无缝衔接，多种公共交通方式之间具有方便的换乘枢纽设施，以保证城市轨道交通、快速公交（BRT）、常规地面公交及出租汽车相互之间的高效运行，这需要建立适合我国大城市空间布局的多层次公共交通网络布局结构。

3）需求分区化

长期以来，我国大部分大城市采取的是以单中心圈层式向外扩展为主的扩展方式，使城市主体建成区的面积越"摊"越大，如北京城市主体建成区已经蔓延到五环范围。由于单中心圈层式发展的城市为单中心城市结构，大量的交通集中于城市中心区，加上城市蔓延式扩展，城市主体建成区的范围很大，割裂了城市与自然生态环境的联系，从而引发交通拥堵、环境恶化等一系列的城市问题。随着城市规模的扩大，这些问题将变得越来越严峻。

城市的空间结构形式是城市活动的物质表现，为了满足城市活动的需要，未来我国大部分大城市空间结构和布局形态都采用多中心组团式布局或分散集团式布局，见表1-4。因此，未来这些大城市的扩展方式将以多核生长的延连扩展为主，城市内部结构的重组将以构筑多中心的城市结构为主，以扩大城市的容量，适应城市活动增长的需要。

无论是分散集团式，还是多中心组团式结构的城市，其本质具有以下相似性：

①具有多中心的城市结构；

②都是在与城市主体建成区（团块）相隔一定距离的地点跳跃式发展，形成城市边缘区内成组、成团的布局形式，以分散主体建成区的功能，减轻其压力。

从城市内部功能空间布局看，大城市具有多个商业中心。如《北京城市总体规划（2004 年—2020 年）》中提出了 8 个市级商业中心、48 个地区级商业中心，这些商业中心吸引的客流呈现不同的特征。城市不同功能分区的布局造成了不同分区之间客流的集聚效应，出现了出行服务需求具有不同分区的特性。

我国部分大城市用地布局形态现状与规划表 表1-4

编号	城市	现状布局形态	规划布局形态
1	北京	单中心子母城	多中心分散集团式
2	天津	单中心密集连片	多中心分散集团式
3	上海	单中心密集连片	多中心分散集团式
4	沈阳	单中心密集连片	多中心开敞式
5	武汉	多中心密集	多中心组合式
6	哈尔滨	单中心密集	多中心组合式
7	重庆	多中心带状	带状多片组合式
8	南京	单中心块状密集	多心圈层体系组合
9	大连	轴向辐射	多中心组团式
10	兰州	带状密集	带形组团式
11	郑州	单中心密集	多中心组合式
12	广州	单中心密集	带状组团式

由此可以看出,大城市的经济快速发展及空间格局重构为公交线网提出了新的要求,而目前公交线网结构很难满足新时期的公交需求。公交线网结构必须与城市总体规划布局相匹配。对于多中心的城市空间结构,需要大容量快速公交连接各中心,以满足跨区之间的中长距离出行,各中心组团内部主要以常规公交满足区内出行。

一般说来,全国大多数城市的公交网络都是自然形成的,这些公交网络都随着所在城市城区规模的扩大,在原有基础上不断补充添加而形成。实际上,公交客流需求及分布是不断变化的,利用原有公交设施不断扩大公交规模是一种方法,但是就很难保证如此形成的公交网络完善合理。

目前,我国公交网络存在的主要问题包括:

(1)缺乏与地铁、轻轨等城市轨道交通线路的协调及衔接,造成不良竞争及多模式出行全过程的效率低下。

(2)公交线网布局结构不合理、密度低、重复率高,甚至存在公交服务盲区。公交线路分布不能反映客流分布的需要,公交线路过多地集中在少数干道上,导致公交运力分配不均,部分道路公交线路十分拥挤。

(3)公交线路迂回大,造成乘客的总公交出行距离过长,公交公司的运营成本也因此增加。

(4)枢纽站设置不合理,造成乘客换乘次数多、乘行距离长。

(5)道路交通环境不良,公交车辆的优先通行权不能得到保证,造成公交行程延误大、准时性差、运行时间得不到保证。

(6)部分线路公交车辆少,不仅车况差、车内拥挤、线路平均发车频率低,而且正点率低,没有充分发挥公交运营车辆的动态运能。

(7)公交停车场规模偏小,首末站用地没有保障,公交车进场率低,部分线路只能在路边掉头,影响道路交通。

公交网络是公交系统的基础,要优先发展公交,必须建立起一个完善合理的公交网络。

综上所述,目前的公交线网结构难以满足保障高水平的公交服务水平,优化出行结构的要求,也难以满足城市扩展、城乡一体化及多模式公交环境下的新要求。2004 年出台的《北京交通发展纲要》中明确提出:完善功能层次结构,优化快速干线网、普通干线网及支线网的级配比例与衔接关系。2006 年公布的《北京市"十一五"交通发展规划》中同样明确指出:完善中心城线网结构,优化调整线路,扩大中心城边缘地区公交线网覆盖率,提高中心地区支线网密度;建成以快速大容量客运交通为骨干、多种方式协调运输的城市公共客运系统,初步建成现代化物流运输系统,城市交通运输结构得到改善。而要推动这些战略的落实,有必要建立一套实用、科学的多层次公交线网规划及优化方法,明晰公交线网中的层次结构,让系统中各种不属于同一等级的线路各司其职、互相补充,使得整个公交系统的运作过程协调合理、井然有序,保证城市交通实现真正的可持续发展。

1.2 研究意义

1)优先发展公共交通战略的需要

城市交通是城市赖以正常运转的必要基础设施,也是城市经济发展的先决条件,它为城市居民的出行活动提供平台,是城市居民生活改善的基本保证。发达的城市交通对于经济发展和社会进步具有积极的促进作用;相反,落后的城市交通会成为城市发展的障碍。无论是国内还是国外,现代城市交通的发展都经历了曲折的过程。虽然世界各国采取了各种各样的对策来谋求发展城市交通,提高运输效率,但城市交通依然是世界性的难题。因此,交通问题的研究越来越受到各国政府的重视与民众的关心。

随着经济的发展,城市交通供求关系的矛盾已成为几乎所有大中城市交通的首要问题。解决城市交通问题的根本途径在于大力发展公共交通,合理的公交线网是公共交通系统发挥高效作用的基础,只有对线网进行科学的客流预测,并在此基础上进行线网的优化调整,才能保证公共交通在各种交通方式中的主导地位。

我国作为一个经济持续高速增长的发展中国家,城市公共交通的建设和发展一直滞后于社会经济和居民生活的需要。20 世纪 80 年代以来,我国政府制订了一系列的产业政策和技术政策,确定了以公共交通为主的城市交通发展方针。城市公共交通事业取得了长足发展,从公交车辆的增加到客运量的增长及运营服务水平的提高,城市公共交通在城市经济与社会发展中发挥了主要的作用。但是由于财政体制、经营体制、管理水平、道路条件及历史因素的制约,城市公共交通的发展并不尽如人意。公共交通在城市客运出行中的分担率一直偏低。

根据世界银行的预计报告,我国大部分城市的公交出行分担率在6%~25%,而其他国家大城市的公交出行分担率一般在40%~80%。以北京为例,全市全日全方式交通结构中,2007年和2008年公共汽(电)车出行分担率分别为28.8%和27.5%(表1-5)。

2007年和2008年北京市居民各种交通方式出行构成(单位:%) 表1-5

出行方式	2008年	2007年
公共汽(电)车	28.8	27.5
地铁	8.0	7.0
出租汽车	7.4	7.7
小汽车	33.6	32.6
班车	1.9	2.2
自行车	20.3	23.0

因此,提高公交服务水平及公交吸引力、优化出行结构成为城市可持续发展的要求,而合理的公交线网结构是提高公交服务水平的基本保障。

2)发展多模式交通一体化的需要

交通一体化是城市客运交通的发展趋势。一体化的客运系统是一种多模式、多层次、线站结合、综合性强的城市客运交通体系,主要由大运量交通、中运量交通、小运量交通组成。一体化的客运系统要在运能上适应不同层次客运的需要,必须以各交通方式之间的协调衔接为前提。构建多层次的公交线网是实现交通一体化的重要组成部分。

1.3 本书的基本思想

新的城市布局形态及出行特点需要良好的交通系统与之相适应,特别是公共交通系统,而中枢网络结构理论为公共交通线网布局和枢纽布局规划提供了理论基础。

中枢网络结构也称"轴—辐"网络结构,广泛应用于欧美发达国家地区航空、物流运输系统中,乘客/货物从不同的出发地(Spoke)到达不同的目的地(Spoke),或从相同的出发地到达不同的目的地,乘客/货物在"轴—辐"系统中都必须先到达一个中间地点(Hub),在该处进行换乘、转载,然后享受优惠(Discount)的直达式运输服务,目的是为了集中交通流量,实现规模经济效益(图1-1)。中枢辐射网络结构最大的优势是发挥网络规模经济效益,为建立分级的枢纽布局模式并在此基础上建立高效的多层次的公交线网布局模式提供一种有效的途径。可以通过大容量公交线路将高等级枢纽连接起来,完成长距离出行;利用常规公交将高等级枢纽和低等级枢纽、客流集中区域连接起来,完成客流集散和门到门服务。

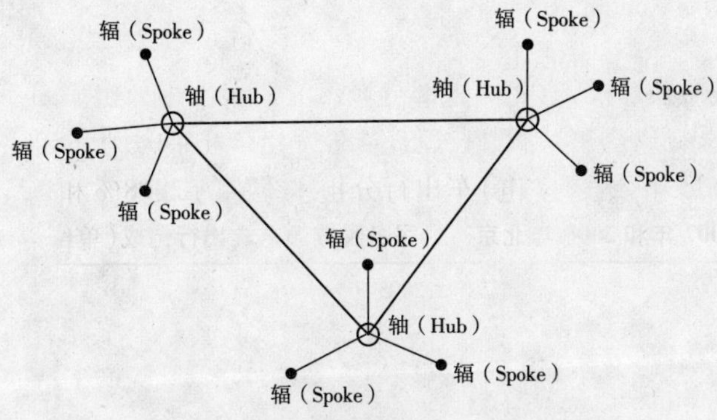

图1-1 中枢网络结构简图

本书基于“分区服务、枢纽分级、线网分层、逐层展开、整体优化”的规划思想，以提高多层次公交线网的整体效益为目标，通过分层分解技术并开发超启发式（Metaheuristic）算法的优化方法，建立多层次公交线网布局优化技术，并在基于GIS平台的辅助决策系统上实现优化方法在公交线网规划中的应用。

多层次线网优化中的主要技术难点有三个：一是如何在多层次线网规划思想下，兼顾出行者、运营者以及社会整体效益，建立多参数的优化目标函数；二是启发式算法在多层次线网优化中的应用；三是如何考虑交通需求和网络结构的结合，基于GIS平台进行多层次线网优化辅助决策系统的开发。

本书尝试在以下方面取得突破：

（1）提出“枢纽分级、分区服务、线网分层、逐层展开、整体优化”的规划思想，建立考虑多模式协调、以经济高效及可靠性为多重目标的多层次公共交通网络布局优化与枢纽布局优化技术方法。

（2）基于节点重要度分析进行分级公交枢纽布局优化，并将交通枢纽布局优化和公交线网布局优化进行协调设计，发挥交通枢纽集散客流，为各种交通方式提供有效衔接，实现零换乘，从而提高整个公交系统运营效率的目的。

（3）对于不同层次的公交线网建立不同的目标函数、约束条件及优化布设方法，以满足交通出行的多样性需求，并提高整个公交线网的运输效率。

（4）开发基于自主GIS平台上的多层次公交线网布局优化辅助决策系统，实现多目标的评价及优化算法。

第2章 国内外相关研究现状

2.1 公交线网规划国内外研究现状

在公交线网优化方面,国外目前有广泛而深入的研究。基于公交线网规划的一般过程,形成了多种线网规划方法。

Lampkin 等(1967)首先对公交线网进行了规划,将乘客的舒适度同出行时间一起作为公交线网服务指标,建立了一个线网设计模型,并研究对未来公交线网规划的 TRANSEPT 软件包。

Chua(1984)曾将公交线网规划方法归纳为规划手册法(Manual Approach)、系统分析法(System Analysis)、市场分析计划法(Market Analysis Project)、交互式图形系统分析法(System Analysis with Interactive Graphics)及数学寻优法(Mathematical Approach)五类。

Baaj 和 Mahmassani(1995)提出了人工智能和运筹学混合算法,该方法将人工智能中车辆路径搜索启发式算法和运筹学中的公交系统分析的方法结合起来。随着搜索算法和计算机技术的发展,很多专家都开始运用启发式算法对公交线网进行规划。

美国佛罗里达国际大学 Lehman 交通研究中心 Fang Zhao (2003、2004)指出:对于大城市公交系统而言,公交线路有上百条,公交车站有上千个,涵盖很多复杂的因素,靠人的直觉、经验和简单的指导不足以规划出近于最优的公交线路网,需要用系统的方法对公交线网进行优化,并提出以减少换乘为目标的公交线网优化方法。之后,运用系统工程的方法以换乘系数最小、线路非直线系数最优、线网覆盖率最高为目标建立公交线网优化模型。

目前,我国正处于公交急速发展的阶段,随着公交优先政策的出台,各城市的公交规划正在如火如荼地进行。建立适合我国国情的公交发展模式正在被广泛讨论,对此形成的共识是协调各种交通方式,形成一体化交通。作为整合公交资源的一个重要部分,各种公交模式的线网规划与衔接是一个焦点,也是整个公交发展的重要环节,其理论和实际应用正在不断地完善和发展。同时,各城市由于经济水平的不同,分别采取了不同的公交发展策略。北京、广州、深圳、上海等一线大城市提出了"以轨道交通和快速公交形成骨干线网,实现绝大部分客流快速交换,以常规公交辅佐轨道交通,补充线路覆盖,以换乘枢纽联系各种交通方式";福州、厦门、济南等省会城市提出"以 BRT 和常规公交干线为骨架,常规公交支线为基础,公交枢纽及换乘站点为核心,构建快线、干线、支线层次分明、紧密衔接、功能清晰的公交线网"。

国内关于公交线网优化的研究同样始于 20 世纪 80 年代,目前主要集中于数学寻优法的模型及已有模型算法的研究。较早进行这方面研究的吴稼豪等(1983)比较系统地叙述了有关城市公共交通线网优化问题的模型和方法。刘清等(1992)基于人工智能理论,采用启发式算法,从每对端点搜索出满足有关约束条件的备选线路,按二进制理论将备选线路组合成若干优化线网,然后评价比较确定最优。张国伍等(1992)在扩展福劳德算法的基础上,提出了公交线网的多条最短路径算法。

近几年来,针对公交线网优化提出了不少新的模型和算法。王炜(1990)提出了一种相对实用的公交线网逐条布设方法。这种方法以直达客流量最大为目标,采用"逐条布设、优化成网"的思路进行线网优化。同时,在其著作《城市公共交通系统规划方法与管理技术》中提出了轨道交通背景下常规公交线网的优化模式、接运线路的优化函数模型、城市公交层次结构方面的研究等。

王志栋(1997)提出了以乘客总出行时间最小、客流直达率最高、线网覆盖率最高、线路重复系数最低、公交经济效益最高为目标的多目标公交线网优化模型。但这种模型是无法求解的,最终仍归结为一种单目标的优化模型。

杨超等(1998)用图论方法,以城市客流 OD 分布为基本依据,给出了城市公共交通线网优化的图论模型。

韩印等(1999)构造了公交线网优化的数学模型,提出了逐条预选与搜索、优化成网的 PSO(Predetermination Search Optimization)算法,并采用蚂蚁算法(2005),讨论了城市公交线网系统二维优化(初始线网优化和实时线网优化)。

刘闯等(2003)以运营者(公交公司)和用户费用(总行程时间)的总和最小化为目标

函数,构建了公交线网优化模型,并引入了遗传算法对其模型进行求解。

林伯梁等(1999)以所有乘客流的出行时间和要实现公交线网的资金投入为费用函数,综合考虑了起讫点站场的容量限制、同一条车道上的复线率限制等因素,建立了公交线网设计非线性的 0 - 1 规划模型。

胡刚(2003)在其博士论文中综合考虑乘客总出行时间、小区间 OD 量以及运距等因素的影响,分别对固定需求和可变需求两种情况进行了讨论,提出了单条公交线路优化模型和公交线网优化模型。通过分析这两种情况下公交线网优化的目标,分析了各自的适用状况,并设计了侧重于实用的公交单条线路优化和城市公交线网优化的各种约束。

于景飞(2005)建立了单条线路和线网整体优化的模型,并采用蚂蚁算法对公交线网进行了优化。

常玉林等(2005)从系统科学的思想出发,通过对城市公交线网密度和公交企业利益以及公交线网布局对整个城市交通系统的影响,建立了公交线网优化的线性模型。

戴帅、陈艳艳等(2007)提出了以站点为基础,从乘客、运营企业、政府三方面进行综合考虑的公交线网优化方法,给出了乘客出行时间最少、运营企业成本效益最高、社会福利效益最大的多目标优化模型。

另外,快速公交系统(BRT)作为一种新型交通模式,是一种运能接近城市轨道交通且建设速度快、投资省的高效公共交通方式,在国际上已得到了规划设计和运营管理等部门的普遍认同,并在国际上很多城市得到了广泛的应用,取得了显著的效果。目前,巴西库里蒂巴、美国纽约、加拿大温哥华和法国里昂等城市已经建立了快速大容量公共交通系统。截至 2008 年年底,我国内地已开通运营的快速公交系统的城市有北京、杭州、大连、昆明、沈阳、常州、重庆、厦门等。

国外的一些交通研究机构和公司曾对快速公交系统进行了综合性的研究,其中的代表是美国的 TRB 和德国的 GTZ。美国 TRB 出版的《关于快速公交的研究报告》(Transit Cooperative Research Program Report 90)(2003)共分两册:第一册名为"Bus Rapid Transit Volume 1: Cases Studies in Bus Rapid Transit",该分册介绍了北美、欧洲、南美和澳大利亚等 26 个城市的快速公交系统,每个案例都从机构安排、系统设计、运营情况、效益费用等方面进行阐述;第二册名为"Bus Rapid Transit Volume 2:Implementation Guidelines",该分册对快速公交运营所需的公交专用道、站台、交叉口优先信号、车辆、智能公交技术等进行了详细的论述,是快速公交的实施指导手册。

德国技术合作公司 GTZ 编制的《快速公共汽车运营系统手册》(2003)介绍了快速公交系统规划的内容(包括规划前期分析、确定走廊线路位置、车站保养厂设计、智能公交和车辆技术、与用地规划结合以及财务计划等)。之后,又发布了《快速公交规划设计指南》(2004),对快速公交规划进行了更为详细的阐述。该报告将整个规划过程分为十个部分,分别是前期准备、资料分析、听取公众意见、运营管理、财务计划、设施建设、采用先进技术、与其他交通系统整合、项目影响分析和实施计划等。

除综合性的研究外，国外的专家学者对快速公交系统走廊规划等方面进行了更为详细的研究探讨。

Khaled F. Abdelghany(2004)提出了一种动态交通分配模拟建模的框架，用以在城市交通线网中评估和规划快速公交设施。该模型考虑了公交专用道、大站快车服务、交叉口信号优先以及站点设置等因素，对于评估快速公交运营有着较好的效果。

Eric Holemna(2004)提出了一种多准则的评价方法来选择适宜布设快速公交的走廊。该方法考虑了客运量、出行节约时间、与现有交通服务的冲突三个因素，在此基础上进行方案的综合评价。

国外对快速公交系统的研究范围较广，既有系统的整体分析，也有关于快速公交某个方面的具体研究，且特别侧重于快速公交的运营设施、服务水平、财务计划和项目评估等方面的研究。

对于BRT线网优化，近几年国内相关学者也进行了探讨。安健等(2007)提出了在既有城市公共交通线网条件下对BRT线网进行设计和优化的模型，给出了求解思路，通过模拟系统开发，采用遗传算法和PSO(Particle Swarm Optimization)算法相结合的混合启发式算法对模型进行了求解。

莫一魁(2007)提出了以直达客流运输密度最大和直达客流绕行系数最小为目标的快速公交线网布局双层非线性优化模型，对模型合理性进行了论证，并提出了简单容易操作的实用求解算法。

张守军(2007)在其学位论文中指出合理的城市公交线网需要包含不同的线路层次，实行不同的运送标准，针对不同的交通需求提供差异化的公交服务，合理有序地组织公交系统的运营，特别是对不同出行距离的客流，提供了不同速度标准和运输特点的服务。BRT系统，作为城市轨道交通与常规公交的过渡交通方式，以其低造价、低维修、占地少、建设周期短、运营速度快、运量大、灵活和环保、易形成线网的特点能有效地缓解交通拥挤，降低居民出行成本，提高运输质量和效率。同时，阐述了BRT系统规划的原则、目标，制订了系统规划的技术路线，确立了规划所要研究的重点问题，研究了BRT系统规划的基本原理，设计了BRT线网系统规划的方案，重点研究了BRT主干线的选取，并系统地设计了BRT系统规划工作的主要内容和工作步骤。

白子建(2007)在其博士论文中考虑快速公交线网规划问题的特点，建立了一类直达乘客量最大化的BRT线网规划问题数学模型，并设计了求解该模型的禁忌算法，对算例进行了仿真计算。

李春燕等(2008)以乘客总出行时耗最小和车公里成本投入最小为目标，建立了快速公交布局优化的模型，并且给出了优化目标和相应约束条件的函数表达式。通过事例分析对BRT线路布设优化算法进行说明，从而得知优化模型具有较高的应用价值。

在多层次公交线网规划方面，近几年国内外一些学者开始进行研究探讨。Van Nes (1999)在分级线网概念的基础上提出了多模式线网设计的方法。在线网和公交线网中，不同层次功能的线网水平很容易区分，如轨道交通线网、干线、快速线，每种线网水平都适于特定的功能。在多模式的交通线网中，地面公交、地铁、轻轨、BRT等不同的交通方式在换乘点的衔接是一个非常重要的问题。因此，在建模时，首先要抓住所有可能的交通方式和相互之间的联系。

美国摩根马州大学的Young - Jae(2006)考虑到交通需求、公交车辆运行速度以及由于换乘产生的负效用，对公交线网进行灵敏度分析，建立了三类公交线网，即换乘导向线网、避免换乘网和直接连接线网。这三种概念上的线网可以为变化的公交线网提供比较全面的思想方法。

陆建(2005)分析了典型城市公交线路客流特征和居民公交出行决策特征，基于常规公交线路等级划分的思想，研究了不同等级公交主干线、公交次干线、公交支线线路的配置标准。在此基础上，提出了基于"逐条布设、优化成网"的常规公交线网布局层次规划法。

肖滨等(2005)针对公交线网规划中的思路方法问题进行了深入研究，对传统的公交线网规划方法进行分析评价，提出了一种考虑城市空间形态、分层次进行公交线网规划的思路，即"因地制宜、分层布设、先主后次、先粗后细"。

瞿何舟、杨京帅(2006)提出了公交线网分级规划的思想。他们采用城市公交线网三级划分方法，并提出了骨干公交线路的走向搜索法和分级线网规划方法，最后根据公交线网分级规划的特点，提出了一组评价公交线网分级规划的指标体系和模糊评价方法。

杨京帅(2008)提出了交通区位法规划城市轨道交通线网以及城市公共交通线网分级规划方法。交通区位法通过以(节)点代面(域)，以(结)点代网(络)，节点、结点重合，实现了交通供需空间的均衡、主次等级间的统一。邻接矩阵、交通综合重要度、搜索方向权重的构建，确保了线路走向搜索的连续性与快捷性，使线网能够以最小规模最大限度覆盖城市建成区的主要交通需求面和需求点。交通区位法无法直接规划出线网的填充线，即城市轨道交通辅助线路，这也是该方法的最大不足之处。

戴帅(2008)提出了新的多层次公交线网生成方法，综合考虑线网拓扑结构与客流量等级，以节点重要度(Node Importance)为着眼点，建立公交快线，并逐层构建公共交通线网。朱跃华(2008)针对不同层次公交线路(轨道、快线、普线、支线)的特点确定了不同的优化目标和路径搜索方法，提出了以"分层研究、逐层展开、整体优化"为思想的线网规划方法，并着重对普线公交布设进行了实例分析。

从公交线网研究发展来看，大城市进行公交线网分级规划是一种趋势，而现有的线网规划研究逐步开始基于公交线路的功能定位，对城市公共交通线网进行合理分级，在给出线网规划指标和线路标准的基础上，提出了对应不同等级线网规划的线路布设方法。但线网优化还基本处于单层次优化阶段,如何进行研究多层次线网的优化目标、优化方法及分解协调技术,成为本书研究的重点。

2.2 交通枢纽布局优化国内外研究现状

2.2.1 国外主要城市的交通枢纽发展现状

国外城市大型客运交通枢纽的概念是近几年随着科学技术集约化、数字化、信息化的迅速发展以及人们生活节奏的加快而产生的。目前,国外对大型客运交通枢纽的一体化设计已经比较成熟,巴黎、伦敦、纽约等大都市均已拥有集城市轨道交通、铁路、公路客运和市内常规公交于一体的客运交通枢纽。

1)纽约

在美国,地铁与地面公共交通的衔接合理周到,几乎每个地铁站都是一个小型地铁与公交换乘的枢纽站,乘客出了地铁站就能很方便地换乘公共汽车。华盛顿特区与纽约市的联合车站是美国比较知名的综合换乘枢纽。该换乘枢纽集中了国铁、市内、市郊轨道交通、公共汽车、私人轿车等交通方式,各交通方式之间的换乘基本上均是垂直换乘:国铁位于最上方,市内、市郊轨道交通在下方,多层停车库在旁边,公共汽车在地面,各层之间由自动扶梯相连,车站大楼内还设有各类供乘客购物就食的商店,使整个车站大楼成为一个为交通服务的流动城市窗口,最大限度地体现出了"以人为本"的设计理念。

2)东京

因为人口密度高、土地的空间开发强度大,日本是最有理由、有条件修建城市综合交通枢纽的国家之一。日本最早的换乘枢纽由机场与快速列车站的衔接系统发展而来。成田机场有新旧两个航站,航站位于地面以上,JR 山手线直通航站楼地下,京成线快速列车设在航站底层,各层之间均由自动扶梯相连,乘客换乘全部都在室内,十分便捷。这样的换乘枢纽既改善了换乘舒适度,又缩短了换乘时间,从而成为换乘枢纽的基本理念之一。

日本的城市市内换乘枢纽则主要是城市轨道交通、国铁、公交、小轿车之间的换乘设施。东京的城市轨道交通网四通八达,城市轨道交通的快捷、高效和方便使其在城市交通中发挥了主导作用。为了更多地吸引小轿车停车换乘,充分发挥公共交通的作用,在主要的城市轨道交通交叉点与公交线路衔接处,均建有舒适、方便的综合交通枢纽。这些枢纽的共同点就是设施齐全,换乘环境舒适(均在室内),换乘距离短。换乘枢纽较好地把城市轨道交通、公交、私人交通结合起来,形成全市的综合交通大系统。

3)法兰克福

德国的法兰克福机场大楼也是一个大型的综合换乘中心。大楼第一层是到达层,第二层是出发层,地下是地铁站和三层停车库,机场大楼旁另有十层停车库。地下层间都有自动扶梯,到发旅客可方便地换乘地铁去往市区和邻近的城市的目的地或到达机场,地铁车站在靠近其他公车站的地方都设有进出口,以方便其他交通方式与地铁之间的换乘。此外,该机场还修建了德国ICE高速铁路到机场的支线,实现了航空和高速铁路的联运。

4)法国

法国是世界上高速列车最发达的国家,其交通换乘枢纽也是由最初的高速铁路车站发展而来的。高速铁路的运行速度高达300km/h,且在舒适度和安全性方面也大大优于普通铁路,在与公路和航运的竞争中很具吸引力。高速铁路系统为了更好地吸引客流,充分发挥其便捷、快速的优点,在车站建设上拓展了新思路:为了使速度所赢得的时间不被过长的等候和换乘时间所抵消,车站除在保证购票、导乘等服务方面的方便性和快速采取各种优化措施之外,还尽量缩短乘客在车站的换乘时间。其方法就是将多种交通方式直接引到车站里,使乘客的一切换乘均在室内完成,既缩短了换乘时间,又提高了舒适度。

法国的拉德芳斯地区是一个商务中心区,该地区新建的公交换乘中心上下一共四层,设置了60台自动扶梯和10座电梯,每天平均有40万人次从枢纽站出发乘坐公交或来到枢纽站内,枢纽站成为人们集会、休闲、购物的场所,配合公交优先的政策和管理方法,拉德芳斯地区的公交出行比例高达85%。

5)莫斯科

莫斯科现有地铁换乘站(包括地铁—地铁和地铁—地面铁路)35个,其中与地面铁路的换乘站16个。地铁与地面公交的结合也很普遍,全市600多条地面公交线路能与地铁换乘的就有500多条。

2.2.2 国内主要城市的交通枢纽发展现状

近年来,随着城市汽车保有量的直线上升及城市人口密度的不断增加,城市交通问题越来越引起交通管理和规划部门的重视,而城市客运交通枢纽对城市交通系统的运行效果的积极影响也得到了充分的肯定。1990年以后,我国许多大城市均进行了城市客运交通枢纽的总体布局规划。目前已开始进入枢纽建设的实施阶段。

1)北京

北京客运交通枢纽发展的总体目标是:通过枢纽的规划建设,实现不同交通线路、不同交通方式、内外交通与市内交通、个体交通与公共交通的充分整合,提高换乘效率,合理诱导乘客出行方式结构的转移,提高公共交通的出行比重,建立以大容量轨道交通为骨干的出行方式链。

通过客运枢纽的规划建设,促进北京城市用地结构的调整,促进城市副中心、地区公共活动中心的发展与形成。

2010 年,建成一批衔接空港、铁路客站及公路客运终端的Ⅰ级综合客运枢纽、市区不同公交方式衔接换乘的Ⅱ级公共交通枢纽和一批Ⅲ级换乘枢纽站,初步形成功能结构合理、服务完善的客运枢纽系统。

北京市共规划城市客运交通枢纽 20 余处,包括东直门、一亩园、六里桥、宋家庄、望京、四惠等。在这些客运交通枢纽处都将建立停车换乘设施和低价位或免费停车设施,鼓励人们通过换乘进入市区。其中,东直门交通枢纽是我国目前规模最大的城市客运交通枢纽。东直门交通枢纽包括地铁、轻轨、公交、电车、机场快速铁路、私人轿车、自行车、步行等多种交通方式。枢纽设计方案是:底层为轻轨车站和停车库,地下一层为人流集散大厅和地铁车站等,地面层为公交层(18 条公交线路的到发车站台和夜间驻车均设在该层),地上二层为机场快速铁路的集散区域,地上三层即为快速铁路线路层。该方案的乘客换乘方式为平面换乘和垂直换乘,所有的换乘均在枢纽内进行,最大限度地保证了乘客换乘的舒适和安全。

2)上海

上海市公交部门近年来加快了对上海公共交通枢纽及换乘中心的建设速度,已经建成了如地铁莘庄公共交通枢纽、吴淞码头公共交通枢纽等一批衔接城市轨道交通和地面交通的枢纽站。以轨道交通线路为主导、公交线路为补充的换乘模式开始慢慢成形。这种换乘方式将初步构建起上海城市的立体交通线网。

建设公共交通枢纽、换乘中心以及与城市轨道交通配套的公共汽电车枢纽等,将成为今后上海市公交建设的重点发展项目。人民广场、徐家汇、五角场是上海市三大主要公交集散点,随着城市轨道交通的发展,这里将建成综合性的公共交通枢纽,使公交与城市轨道交通的结合更加紧密。

3)广州

1999 年,广州市完成铁路车站站前地区客运交通枢纽规划的方案设计,该区域是广州市重要的城市客运交通枢纽,集中了广州市最大的铁路客运换乘站、地铁 2 号与 3 号线的换乘站、广州市规模最大的公交换乘枢纽、规模最大的长途客运站集群以及著名的商业批发、广交会馆等,各种交通方式之间的换乘极其便捷。该枢纽确定以公交、地铁铁路客运之间的换乘为主要功能,将交通组织设计与交通管理规划相结合,将各交通方式按空间层次组合到枢纽内,使乘客换乘便利、舒适。

2004 年,广州市交通委重点对天河南、大北、车陂公共交通枢纽进行改造。大北站改造后,公交和出租汽车等在首层经营,公路客运在二层级以上。

广州未来的公交站点规划逐渐科学和人性化。未来十年内,广州计划建设近 130 多个公共交通枢纽场,其中 2 万 m^2 以上的大型枢纽站场 15 个,中等枢纽站 33 个,其他接驳占 86 个,拟新增场站面积 80 万 m^2。

4)重庆

《重庆市都市区高速公路客运与城市公共交通换乘枢纽规划》已经重庆市人民政府批准执行。该规划的目标为建立一个与重庆都市区经济和社会发展紧密结合,符合重庆都市区自然地理特征、城市结构特征和交通特点的统一、协调、高效、舒适的高速公路客运与城市公共交通换乘枢纽体系,实现高速公路客运与都市区城市公共交通的"无缝衔接",有效缓解城市交通压力,提高城市公共交通资源利用效率,完善城市功能,提高服务水平,促进都市区经济社会的协调发展。确定北碚、西永、白市驿、西彭、渔洞、四公里、茶园、两路、鱼嘴9处作为重庆市都市区高速公路客运与城市公共交通换乘枢纽所在地。

根据《重庆市城市总体规划(2005年—2020年)》,都市区规划布局一级交通换乘枢纽20个,二级交通换乘枢纽23个。一级交通枢纽主要包括城市轨道交通与主要对外客运站结合处的车站、多条城市轨道交通线相交的车站以及城市中心等客流集散量非常大的城市轨道交通车站。在小什子、两路口、大坪、观音桥、冉家坝、沙坪坝、南坪、杨家坪、西永、牛角沱、江北机场、铁路江北客站、红旗河沟、江北城、茶园、西彭等20个地区布置一级换乘枢纽。同时,在虎溪、九宫庙、建胜、渔洞、两路、鸳鸯、李家沱、鱼嘴等23个地区布置二级换乘枢纽。

通过以上对国内外主要城市客运交通枢纽的发展现状的对比可见,我国各主要城市的城市客运交通枢纽在近几年中呈现出迅速发展的势头。但即使是我国发展最快的城市,与国外城市的公共汽电车枢纽的完善程度相比,还是有很明显的差距的。因此,加快速度建设适合我国国情的公共交通枢纽、换乘中心是很有必要的。

随着交通拥挤问题的日益严重以及城市轨道交通在城市客运中所占比重的增大,各种客运方式相互融合的步伐逐渐加速,由此产生了在城市客运交通枢纽方面的广泛研究。欧美发达国家从20世纪50年代起就陆续开始进行城市客运交通枢纽的规划、设计及政策研究,并探索出很多适合各自城市特色的客运枢纽规划设计经验和方法,取得了较好的效果。

20世纪50年代,以欧美国家为代表的发达国家陆续出台整体机动性的政策,其中为乘客提供高效、舒适的换乘系统是该政策重要的组成部分,并积极开展相关领域的研究。由于国外大城市客运交通结构较为简单,城市轨道交通线网基本建成,且国外多中心城市结构已经形成,用地布局形态相对稳定,其综合客运换乘枢纽的布局也较为明确,因此,国外大城市关于综合换乘枢纽的研究主要集中于微观设计、一体化政策和措施以及智能交通领域,还有些研究集中在交通枢纽车辆调度方面,而从宏观层面研究换乘枢纽布局及规划的方法与理论较少。

我国的大城市早期对城市客运交通枢纽的研究较少,相关研究文献屈指可数。客运交通枢纽相关研究的匮乏使得我国城市建设过程中交通问题层出不穷。例如,北京从1965年开始修建地铁,当时修建地铁的目的并非完全出于交通考虑,而是更多地考虑了战备因素。所以，对于地铁与地面交通的配合，地铁之间的换乘没有能够进行深入的研究，从而造成目前交通换乘不便等诸多问题。

20世纪90年代初，北京工业大学交通研究中心在我国城市客运交通枢纽的选址及综合评价等方面做出了先导性的工作。进入21世纪以来，发达国家对城市客运交通枢纽的研究逐渐偏重于设施的详细设计，特别注重乘客需求、信息服务以及残障人士的特殊要求。此外，西方学者在乘客出行心理、枢纽内乘客步行特征、交通方式衔接模式以及枢纽建设的经济成本分析等方面的研究也比较深入。

近年来，国内学者对枢纽的研究主要是根据实际需要，利用自己的经验，针对综合客运枢纽的某个方面进行研究，其系统性和理论性不强。在各大城市客运交通枢纽的规划中，有的比较注重建筑方案和工程层面的研究，忽略了交通功能详细分析，有的进行了交通分析，但缺乏完整的系统方法指导，显得说服力不足。在研究层面上，枢纽内单一方面研究论述较多，如针对换乘问题、规模问题、客流问题等，但完整的城市客运交通枢纽规划方法的研究较少，很少从资源的整体性方面探讨研究如何充分利用空间和时间资源来取得最佳效益。虽然目前北京、上海等一些大城市中已经规划建设了若干城市客运交通枢纽，并且其中部分客运枢纽建成之后的换乘客流量也很大，但这是由于城市交通需求过大而导致的，并未考虑枢纽规划设计中存在的换乘不便、综合性不强等诸多问题。

魏恒等(1992)提出的人机参与选址方法将城市公交换乘枢纽分为确定型枢纽和待定型枢纽。确定型枢纽是指城市的某些客运枢纽随着城市的发展与总体规划布局而“自然”形成的。只要城市总体规划得到批准，这类枢纽的位置就被固定，如城市出入口、郊区或卫星城镇的区域交通重心等。待定型换乘枢纽是指在城区范围内客流集散、换乘量大的地点，需要建设的换乘枢纽。

席庆(1999)通过对交通运输枢纽换乘模式的研究，从保证枢纽中各种运输方式协调的角度出发，提出了根据集中与分散相结合的交通运输通道理论，对枢纽中的客运站点进行布局，并结合实例，阐述了枢纽客运站点的布局方法。

陆化普等(2001)对交通需求预测的理论与方法进行了细致的总结，并提出了综合交通枢纽总体布局方案的评价模型与方法。

刘灿齐(2001)提出了在交通调查和预测数据的基础上，对公交客流量进行分配预测，选择流量最大的节点作为枢纽点，并认为客流量最大的节点附近集散客流量也较大，这是流量决定法。流量决定法的算法主要分四步完成：流量初始化，求各节点的交通流量；按阻抗不变的多路径分配法将乘客出行量分配到客运交通线网中去，得到各阶段的客流量；对每个节点计算途经客流量之和；将所有节点交通流量从大到小排序。考虑到交通枢纽时交通线网的反作用，提出了交通枢纽选址与线网设计同时优化问题，给出了描述该问题的以规划者为领导者、以出行者为跟随者的双层决策模型，这种模型是基于交通均衡分配的。最后，探讨了求解此模型的算法，并给出了实际算例(2003)。

吕慎(2005)以枢纽为城市客运交通需求走廊上的关键节点和枢纽合理步行区范围内服务的人口和就业岗位最大为基本出发点,建立中心区客运交通换乘枢纽选址规划模型,并在之后的研究(2007)中分析了枢纽布局与城市土地利用、客运需求走廊分布和交通线网的关系,提出了宏观布局、微观选址的枢纽布局规划方法。宏观布局以公交导向土地开发为理念,确定枢纽的选址区域;微观选址以提高居民出行效率为目标,以用地性质、平均容积率及与客运需求走廊的距离为约束,建立非线性选址规划模型,确定枢纽的最佳位置。

李铭(2006)以组团式结构城市为例,分析了城市 TOD 发展模式下客运换乘枢纽的布局规划方法。将城市客运换乘枢纽布局和城市土地利用紧密结合,在枢纽导向型的规划理念下,提出了宏观布局、微观建模的两步式城市客运枢纽布局规划方法,给出了枢纽的选址模型及算法。

陈大伟(2006)分析了城市对外客运枢纽选址存在的问题及其解决方法,针对土地开发密集的老城区和土地规划正在进行(或尚未完成)的新城区,结合其不同的土地使用限制条件,以城市对外出行旅客市内出行总时间最小为目标,分别建立了约束型和无约束型两种选址模型,并分别设计了线性规划和遗传算法的计算方法对其进行求解。通过模型求解,可以得出规划城市对外客运枢纽的数目及其规模。

阎利军(2006)利用交通规划理论与超级交通线网,优化城市交通换乘枢纽的数量、空间位置以及规模。依据样本城市的超级交通线网和 OD 出行矩阵,建立换乘枢纽选址的双层规划模型。上层模型追求交通系统社会效益最大和换乘枢纽建设费用最小,下层模型是超级交通线网上全方式 OD 交通量的用户平衡分配模型。通过引入改进的禁忌搜索算法,实现上下层模型之间的循环反馈。

俞洁(2007)从已知线网与未知线网两个层面设计了公共交通枢纽线网布局模式,深入研究了已知线网条件下基于站点上下客人数的公交客流 OD 推算模型、已知线网条件下公交枢纽布局选址模型及未知线网条件下公交枢纽布局选址模型(上述两类布局选址模型均克服了传统"流量决定型"模型的缺陷,通过引入服务子区在模型中实现了交通与土地利用互动的数学表述),并对实现公交枢纽布局选址辅助决策系统软件进行了探索。

2.3 交通一体化进程

20 世纪 80 年代以来,欧美国家认识到交通问题的严重性,相继提出建立一体化交通体系的战略思想,采取相应的政策措施,取得了良好效果。1991 年,为了达到多种交通方式之间的高效联合,美国通过的《交互模式地面交通效率法案》(ISTSA),即冰茶法案,协调了多种交通方式之间的相互关系,整合和提升了系统运营的整体效益,给每一位美国人提供了高效、便捷、安全和舒适的交通运输服务。此外,美国政府注重补贴公共交通,为减少交通拥挤,1970年的《城市大众交通法》(UMTA)为其后的十几年提供了大约100亿美元的补贴和建设资金。1992年,所有公共交通系统的营运总收入为165亿美元,其中只有62亿美元来自车票,其余的103亿美元来自补贴,公共交通补贴成为美国发展公共交通的有力保障。1998年,在ISTSA的基础上又签署了《21世纪交通平衡法》,增加了很多有利于公交发展的内容。

在巴黎市区105km^{2}范围内,六大火车站是重要的多模式换乘枢纽,汇集多条公交线路的终点站,市区公共汽车线路主要从火车站到巴黎各主要出口。据统计,巴黎目前拥有14条市区地铁和4条郊区地铁(同时也在市内运行),市内站点近400个,地铁线总长达200km,日载客量达450万人以上,约为巴黎市区人口总数的2倍。由于政府采取了确保"公交优先"的多种措施,并且设置了专门的分区收费系统和提供乘客信息系统,同时在郊区提供120 000个停车换乘车位,巴黎的公交线路在交通高峰时段也能基本保持畅通,市中心地区的公共交通模式分担高达60%~80%。

英国大城市官方协会(Association of Metropolitan Authorities)于1990年提出了采用综合方法来改善交通现状,并概括了交通一体化包含的四方面内容:各级管理部门权限的一体化;不同运输方式发展策略的一体化;新建基础设施、管理既有设备及调整基础设施价格等策略的一体化;交通规划与土地利用的一体化。其主要目标有:资源的有效利用,增强交通的可达性,提高交通安全性,增加社会效益和经济效益。交通一体化通过对多方面不同措施的组合实施来获得预期的效果。表2-1为英国交通一体化的具体措施。

英国交通一体化的具体措施 表2-1

基础设施	管理措施	价格因素	土地利用
新建高速公路	交通控制 道路停车管理	停车费	利用密度
改建高速公路	改善交叉口 公交车站管理	过路费	发展的最低限度
新建轻轨	单行线 限制私有车	燃油价格	交通相关设施
新建公交车站	巴士优先 合乘私有车	尾气税	交通与商业区
修建停车场	自行车管理 提高服务频率	汽车税	交通与工业区
公交专用线	人行道 改进公交线路	费用结构调整	交通与住宅区
增加交通工具	交通次序 车辆导航系统		
非机动车设施	事故处理措施 乘客信息		

由于私有汽车的无限制增长、不同运输方式之间恶性竞争及交通违章事件的剧增，英国交通问题的严峻性不容忽视。交通出行总量增长的同时，公交巴士和城市轨道交通的客运量却逐年递减，由此造成交通拥挤和环境污染。英国的交通严重违背可持续发展策略。如何采取正确的措施控制机动车出行，指导人们在出行时更多地选择高效、大运量的公共交通，是改善交通状况的必然措施。增加公共交通方式的吸引力，需要一定的交通政策及实施方案。英国政府于1998年7月颁布了《解决交通问题的新手段：方便所有出行者》的交通政策白皮书，白皮书提出的交通一体化是英国政府交通可持续发展策略的核心部分，认为公共交通系统的特点是“网络效应”。为了吸引更多的乘客，各种不同的公交方式需要相互协调，包括水平协调和垂直协调。所谓水平协调，其目的是要为潜在的乘客提供协调（在时刻表的安排方面）和一体化（在票价、销售等方面）的服务面，这个服务面将超越各个公司各自的界限。所谓垂直协调，其目的是要使所有关于营销的组成部门相互协调、相互衔接。

为了验证交通一体化政策的实施效果，从1988年开始对伦敦、伯明翰、默西塞德郡、爱丁堡及布里斯托尔几个大城市和小城市卢顿的交通情况进行一系列的研究比较。

为了解决城市交通拥堵问题、保护城市环境以及促进城市交通的可持续发展，韩国首尔市政府非常重视公交系统的重新规划和建设，认为解决这些问题的关键在于实施改善公共交通的措施以及限制小汽车使用的政策。首尔市公共交通发展的目标就是要通过改善公交服务来提高公共交通系统的整体水平，并由此提高整个公共交通的出行分担率。为了达到这一目标，首尔市政府做了充分的准备，进行了一系列配套项目的建设来提高公交行业的服务水平。

在线网调整方面，重新整合现有公交线路，包括干线和支线。干线提供连接市区和郊区、市区和次中心区或者次中心区之间的公交服务。支线提供将乘客运送到车站和地铁站进行换乘的公交服务。

首尔市政府还提出了建设中央公交专用道。截至2005年年底，中央公交专用道已经修建了7条，共84km，规划线路16条，总长度为191.2km。同时，还有293.6km的路边侧的公交专用道。

此外，首尔市政府对公交设施、公交换乘、公交的票制票价、乘客信息、体制政策等方面都做了调整和改善，充分发挥了一体化公共交通的优势和效果。首尔市的城市轨道交通已经形成线网，承担了城市主体交通出行（占总出行量的36%）。而一体化的公交系统形成后，地面公交虽然只有8 307辆公交车辆，却承担了17.34亿人次/年的交通出行，占总出行量的32%。

首尔市新的公交系统于2004年7月1日开始投入运营后，公交客运量有了增加，同时令人高兴的是地铁的乘客也有了增加。政府部门认为免费换乘系统对于这两种公共交通模式乘客的增加起到了关键作用。改革前后，首尔市的交通出行方式结构有显著的变化,见表2-2。

首尔市公交改革前后交通出行结构变化(单位:%)　　表2-2

出行方式	2004年	2005年	变化
地铁	35.80	36.10	+0.30
公共汽车	26.20	31.90	+5.70
出租汽车	6.60	6.50	-0.10
小轿车	26.40	20.30	-6.10
其他	5.00	5.20	+0.20

在亚洲国家和地区中,新加坡的公共交通是很发达的。作为一个小的城市国家,新加坡由于用地受限而鼓励使用公共交通,并且限制小汽车的增长和使用。

新加坡陆运委员会(Land Transport Authority,LTA)负责所有陆地运输。1987年,新加坡建立公交委员会(Public Transport Council,PTC)。在联合国的帮助下,花十年的时间耗资1 300万新加坡元,进行了交通发展政策的研究,研究结果认为应采取公共快速交通系统。主要目标是在出行人与公交运营者之间取得平衡,保证利润。主要职能是批准公交线路、确定公交服务标准、批准公交车费(包括大众交通、公交车、出租汽车)。

新加坡提出要提供一个方便、可靠、易于使用、舒适、经济以及在出行时间上有竞争力的公共交通系统。2002年,新加坡有60%的出行依靠公共交通,但是政府的目标是75%的出行比例要靠公共交通系统。因此,在政策上不仅仅对交通方式做了改进,而且对交通设施进行了提高和改善,包括公交系统的连接线、乘客服务及信息服务等。

在新加坡,政府要求经营商在模式等级之内规划一体化的公交线网,与枢纽设施结合,形成一个合理的平衡线网。LTA确定公交服务的标准包括站点可达性、最低频率、运营时间、直达线路比例等,根据地理位置将线路分配给以上两家公司以及其他运营者。运营者根据市场情况提交新线路与服务的改变计划,报决策机构审批。

公交专用道(Bus Lanes,"B",Give Way等标志),使公交车的速度加快,准点率更高;采取公交信号优先,在公交车尾都有"Please Give Way"的标志,让公交车运行更为方便、快捷。

在公交乘客服务方面,开设了从居民区到CBD的快速、直达服务,开通城市穿梭巴士,用以在高峰小时服务于高需求走廊,通过增加公交线网的运能来补充公交服务。2002年,采用一卡通的自动收费系统(AFC),用非接触智能卡代替了以往的普通IC卡,服务更快、效率更高。同时,巴士和轨道交通收费标准不一样,换乘有折扣。该自动收费系统可确认上下客站点,从而方便巴士按段收费。

另外,新一代的公交站点不但配有座位、电话、风扇、电灯、公交信息板、乘车费用表、取水处、自动售报机,还有站台遮挡篷,使乘客在候车时不会受到天气的影响。

以日本名古屋市为例,公交线路总数为161条,其中与8个主要公交地铁换乘枢纽联系的公交线路总计达到120条,约占公交线路总数的75%。

香港土地面积仅有1 084km^2,本地人口多达660多万人,是世界上人口最稠密的地区之一,加上比本地人口还多的游客,每天都要乘坐各式各样的交通工具,香港因此成为世界交通最繁忙的城市之一。其城市公共交通系统以公共巴士、地铁、轻轨、小巴、电车、轮渡等多种交通工具形成了独具的、多样化的、发达的公交运输系统。

面对增长迅速的交通需求,香港政府在尽力完成基础设施建设计划的同时,还着眼于从有限的路面获得最大的效益,制订了公共交通优先道路使用政策与公共交通工具协调发展的政策,以求在运载容量与需求之间取得更加平衡。

1976年,香港出台了第一个《香港整体交通研究》,提出大规模的道路投资计划和及早建设完成完整的客运系统、重建九广铁路、限制私人汽车的过度发展等研究成果。香港整体交通研究为运输政策的形成提供了基础。1974年,香港政府草拟了《运输政策绿皮书》,公开进行征询,并于1979年正式发表了第一份《内部交通运输政策白皮书》,列明20世纪80年代香港交通政策的基本原则,扩大和改善公共交通运输,以地铁、轻轨作为客运系统的骨干,以专营巴士、轮渡、小巴为支线。

城市铁路是香港公交的骨干,日载客量占市内公交载客总量的30%,专营巴士是主体,占全港日公交载客总量的37%。香港目前有5家巴士公司,拥有5 000多辆巴士,运营线路近500条,日载客量超过400万人次。

香港政府认为,一个安全、全面、经济且有效的公共交通运输系统,是香港运输策略的重要一环。因此,要改善公交服务的品质,满足乘客要求更舒适和更快捷服务的期望,鼓励市民多使用不占用路面或节省路面的交通工具,以减低道路网所受的压力。在符合上述要求下,维持多类提供不同速度、舒适程度及收费的公交工具,并尽量使交通费用保持最低水平。

台北市随着城市轨道交通系统各路线的逐步完工通车,整体城市交通系统已呈现结构性转变。过去以地面公交为主的服务,将逐渐由轨道交通所取代。在台北市的交通政策白皮书中也明确提出以公共交通为主、私人交通为辅的城市交通发展策略,并以提升公交服务品质与健全公交运营环境为主要目标。因此,如何有效整合地面公交与轨道系统,使两者能在良好的运营环境下共同合作经营,以提供一体化的服务,是为当前重要的目标与使命。

台北市越来越意识到只有提升公共交通系统的整体效率,吸引更多居民使用公共交通工具才能彻底解决。台北地区轨道交通系统目前已有四条路线通车营运,轨道交通已成为台北市公共交通系统的骨干。但除了骨干之外,还必须有地面公交路线的配合,形成一个完整的一体化公交体系,以提供更便捷、更有效率的公共交通服务。因此,地面公交与轨道交通系统的整合性服务迫在眉睫。台北市地面公交与轨道交通系统的整合可分为路网整合、场站整合、乘车信息整合与换乘优惠措施四个方面。

我国处于城市化和机动化快速发展阶段，道路堵塞日趋加重，交通秩序紊乱、交通事故频繁、环境污染加剧等问题普遍存在，公共交通问题也比较多。上海为了确立国际大都市的地位，在完善城市道路交通管理方面做了大量的工作：推行以公共交通为主导、以轨道交通为骨干的政策，积极应对私人汽车消费增长的新趋势；通过上海市地面公共交通的整合，对公交系统进行全面的调整和完善。北京、广州、杭州、深圳等城市也都制订了交通纲要和白皮书，将公共交通一体化作为公交发展的目标。

目前，我国各大城市（如北京、上海、广州等）的轨道交通建设正处于快速发展的阶段，随着建设规模的不断扩大以及投入运营线路的继续增长，线网运营和多线联通、联运的可能性正在增加。但是公交一体化系统的形成是一个长远的目标和复杂的过程，在推动公交一体化发展的过程中既不能急于求成，又要具有超前的战略眼光。应先着手解决上述关键性问题，为公交一体化的全面实施奠定基础，再由点到面、以点带面、逐层扩展，扩大一体化范围，实现城市公共交通的一体化。

越来越多的交通专家认识到交通政策对社会经济发展以及居民生活风格的引导作用。通过对前面几个大城市的分析可知交通一体化能很好地解决现有交通问题，可对交通的可持续发展、交通安全、环境保护等方面起到显著作用。目前，我国城市交通问题日益严重，交通一体化对改进我国城市交通有实际的借鉴意义。

2.4 现有研究的局限

国内外城市对公交线网布局规划和公交枢纽布局优化有着不同的侧重点。国内公交整体线网规划方法的研究众多，其研究成果可归结为：概念性规划，即对规划思想与理念的探讨，代表性成果为东南大学一些研究人员提出的公交线网分级理论以及主动式线网规划理论；解析式规划，即将线网规划问题抽象为一包含目标函数与约束条件的优化问题，通过采用遗传算法与蚁群算法等智能算法、最优化理论以及图论对这一问题进行求解，该类方法目前尚处于理论探索阶段，与实际应用仍有一定距离；定性与定量相结合的规划方法，其代表性成果为王炜等提出的逐条布线、优化成网的规划方法以及韩印等在此基础上提出的PSO线网规划方法，该类方法实现了定性分析与定量求解的有效结合，简化了求解过程，使其更具实用性。上述规划理论与方法从不同层面完善了公交线网规划理论，但仍存在以下不足：

（1）大多研究成果对于各条公交线路均采取同一种分析方法，但随着城市的快速发展，城市规模越来越大，城市公交线网的布局受城市客运交通需求、城市用地布局等影响，居民出行具有不同层次的交通需求，而目前的分析方法难以满足这种需求。

（2）公交线网优化规划实质上是一个多目标优化问题，目前常用的方法是将其归结成为一个非线性规划或凸规划问题来求解。但这样建立起来的目标函数很复杂，约束条

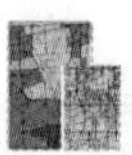

件很多,不易求解。因此,这些方法还主要集中在理论研究方面,可操作性不强。

(3)我国一些大城市已经建成或正在规划建设城市轨道交通、BRT 等大容量快速公交,但在规划过程中单纯侧重一种模式的公交线网或线路的布设,没有从整个城市考虑进行多级公交线网规划的协调设计,无法发挥整个系统的最大效益。

(4)国内对于城市客运换乘系统的研究起步较晚,还处于初级、局部的尝试阶段,相关的研究成果主要集中于公路客运主枢纽和公交站点的规划和评价。至今,大城市客运综合换乘枢纽布局规划仍没有一套成熟、实用的方法。早期的枢纽选址规划主要采用单纯的数学物理模型,如重心法、微分法、交通运输的效益成本分析法、基于最短路径和次短路径的交通配流法。随着运筹学在交通领域的应用,出现线性规划、整数规划、混合整数规划等枢纽布局优化的方法。这些方法都从理论的角度进行分析研究,在实际项目规划过程中难以操作和求解。

(5)目前的枢纽布局规划中常有的基于流量最大化的公交换乘枢纽选址方法只将流量最大作为关键问题,适用于近期及老城区的工程规划,却不适用于中、远期规划,也不利于提高城市公共交通系统的服务水平。

(6)目前的枢纽布局的研究成果建立在线网的基础上,对线网的依赖程度很大;由于交通线网本身是城市的交通供给设施,具有复杂性、系统性和动态性等特征,因此要准确把握城市的交通特征,建立用于枢纽布局规划的交通线网,本身就是一个难题。更为重要的是由此产生的枢纽布局依赖于城市交通线网,而难以反映枢纽是城市客运交通系统中关键性的节点,起着核心、支柱性的作用。这种由线网到枢纽的布局方法,没有分析清楚决定综合换乘枢纽布局的关键因素,尤其忽视了枢纽与城市土地利用的互动性。

(7)公共交通作为城市的基础性设施,具有个体出行者、公交企业与政府三方利益博弈的特性,现有方法仅从其中一方或两方的角度出发构建目标函数,而未能实现三方利益的综合考虑,导致优化结果的利益片面性。

(8)公交系统一体化发展模式是一个由多层次、多模式、多变量组成的、时间和空间上相协调的、交通供给和运输需求相平衡的开放的发展模式,同时还是一个体制改革与技术进步相统一的发展模式。公交系统一体化发展涉及线网的规划和优化,各种交通模式既有共性,又有个性。各种模式和层次的公交线路应合理配置,既要使系统发挥最大的效用,又要满足交通需求,建立合理配置资源,以促进城市交通的发展。以往对一体化公交系统的研究还仅限于定性层面上的认识,尚需对一体化公交通系统的关键问题进行定量的、理论上的探讨。

综上所述,本书将针对多层次公交线网规划的特点,提出一套较为系统实用的多层次公交线网规划方法。该方法对城市公交线网进行合理划分并明确功能定位,针对不同层次等级线路采取不同的布局优化方法,并将交通枢纽布局优化和公交线网布局优化进行协调设计,最后应用到实例中。

第 3 章 公共交通系统协作关系分析

随着我国城市交通问题的日益突显，公交优先政策的逐步推行，公共交通基础设施的建设逐步加快，对于公共交通系统研究的需求也日益迫切。一般来说，公共交通系统包括快速大运量公共交通系统和地面常规公交系统。其中，快速大运量公共交通系统包括地铁、轻轨、快速公交；地面常规公交系统包括公共汽车、有轨电车、无轨电车。在公共交通系统中，各个组成部分不是相互孤立的，它们相互影响、相互制约、共同发展。只有各个组成部分之间协调发展，公共交通系统才能够向着稳定、高效、可持续的方向发展。因此，公共交通系统内部各组成部分的协调运营对于提高整个城市交通系统效率、缓解交通拥挤、节约能源和保护环境等方面具有重大的意义。本章将从分析公共交通系统表象问题入手，总结公交系统吸引力的直接原因及深层次原因，为研究多层次公交线网规划及运营明确技术需求。

3.1 城市客运交通系统的协调性的体现

在交通系统中，不同的客运交通方式在运行方式、运行速度、运载能力、运输成本、可达范围、道路占用面积、舒适度、安全性等方面有很大的差别，因此它们只有彼此协调一致、取长补短，才能使得城市客运交通系统向着稳定、有序、可持续的方向发展。公共交通系统和城市客运交通系统的相互协调、相互促进体现在以下几个方面。

1)可达性

可达性的一个主要含义是居民采用某种交通方式在一定时间内所达到的最大的范围。在城市客运系统中,可达性达到好的水平是需要各种交通方式相互配合的。只有不同的交通方式达到合理的比例,在出行中扮演好各自的角色,才能使得城市客运系统的可达性达到理性的水平。

2)公平性

公平性有两层含义:首先,满足居民基本的交通需求,保证良好的可达性。比如,居民出行距离超过了对步行的可接受的出行距离时,在没有其他方式(如公交)可选择的情况下,还得选择步行,那么公平性就是很差的。其次,社会上的任何人,无论贫富、男女、老少,都能公平享受到交通发展带来的益处。

3)城市客运系统的运输效率

运输效率是反映城市客运交通系统协调发展的一个重要指标。运输效率有两个重要的指标:运输时间和运输成本。在给定的距离内,运输时间愈短,成本愈低,同时对环境的负效应愈小,其效率就愈高。私人小汽车的可达性高、可以自由支配、步行等候时间少、花费的时间少,但是出行的费用高、对环境的副作用较大。公共交通的速度较低、可达性较差、候车时间较长,但是花费的费用少、比较环保。因此,对于城市客运交通系统,只有公共交通系统和其他客运系统相互协调,才能使得运输效率达到最优。

城市公共交通系统之间以及与其他客运交通系统既存在协作,也存在竞争,只有相互配合,达到平衡状态,才能使公交系统的效率最高,出行结构趋于合理。下面就从不同的角度来分析它们之间的关系。

现代城市交通的总体目标是以最小的资源和环境代价,安全、经济和高效地运送人与货物,城市公共交通系统在实践这一目标中起着举足轻重的作用,尤其是在北京、上海等这样的特大城市,公共交通系统的地位尤其重要。

交通拥挤不仅给行人带来了不良的影响,而且造成了巨大的经济损失。为了解决交通问题,城市对交通基础设施和管理设备投入了大量的资金和人力,可是基础建设的增长速度远远抵挡不了机动化的浪潮。

随着社会经济化、城市化和机动化的发展,我国机动车保有量日益增加,小汽车的出行比例也随之增加。由此造成的城市交通拥挤、群众出行不便等问题已经日显突出,严重影响了城市发展和人民群众生活水平的提高。不仅如此,严重的交通拥堵甚至还会导致城市功能的瘫痪。所以,现在人们普遍关心的是如何解决交通拥挤及由此引发的交通问题,希望从各个角度对交通问题进行分析,并通过一定的可行方法来满足人们的交通需求。

以北京市为例,1993~2003年,其机动车保有量增长了近3倍。到2007年5月,北京市机动车保有量已突破300万辆。2009年年底,北京市机动车保有量已达到401.9万辆。其中,私人机动车保有量达到318.6万辆。机动车年平均增长11.8%,私人机动车年平均增长15.5%,私人小型客车平均年增长20.5%,远高于香港、东京、伦敦等城市小汽车的使用。随着小汽车总量增加,小汽车在出行中所占比例也迅速增加,导致交通结构进一步失衡。

在供给方面,虽然交通基础设施的建设力度不断加大,暂时缓解了交通拥堵状况,但是持续攀升的机动车发展,令交通需求难以得到满足,加剧了交通拥堵状况。由于我国城市土地资源十分短缺,无论是在短期还是在未来,都不可能通过城市道路的大量投资和快速延伸来满足交通的发展。因此,采取公共交通主导型模式,就要以有限的道路资源来满足日益增长的交通需求。国际经验也证明,特大城市中心区的交通问题只能通过发展公共交通和限制一般车辆的出行需求来解决。

在能源和环境方面,随着城市交通的快速发展,机动车保有量的快速增长,交通运输中的能源消耗也是非常高的。而各种交通方式的能源消耗差别也很大,日本交通部的试验数据显示:城市轨道交通和公共汽车等大运量交通工具的每人车公里能源消耗比较小,而小汽车的每人公里能源消耗在各种交通方式中是最大的,是城市轨道交通的6倍、公共汽车的3.4倍。车用燃油是不可再生的能源,我国能源后背不足,资源供给的非均衡利用的矛盾会更加严峻。同时,汽车尾气、油料挥发以及噪声等环境污染问题也随着汽车使用量的增多而日益严重起来。

优先发展公共交通是提高交通资源利用效率、缓解交通拥堵的重要手段,也是建设节约型城市交通系统的一项重要措施。

关于优先发展城市公共交通的意见于2005年9月由建设部等部门提上了议事日程,公共交通是解决大城市交通问题的唯一出路。

然而,公共交通的现状并不乐观,换乘不方便、车辆不舒适、安全没保证、服务态度恶劣等现象较为普遍。北京市2009年公共汽(电)车的出行比例为28.9%,城市轨道交通的出行比例为10.0%。而在纽约、东京等大城市,公共交通所占的出行比例均达到60%以上,其中城市轨道交通运营比例也占有很高的份额。这些数字不得不让人反思。

3.2　公共交通系统吸引力较低的表象问题及原因分析

目前,许多城市的公共交通整体服务质量不高,吸引力较低,主要表现在常规公交运行效率较低,速度较慢,准点性、便利性都很低,无法满足竞争激烈、生活快节奏的都市生活需求。公交出行中出行链中的各个环节发生变化都会引起公交出行比例的变化,在大多数的研究中多是仅对公交系统的某一部分进行分析,很少有从公交系统整体的角度进行分析。考虑到出行是一个连续的出行链的过程,而出行者是出行链中比较重要的部分,本节先从出行者的角度出发,分析公交服务吸引力较低的表象问题,进而挖掘线网、运营等深层次的原因。

3.2.1 出行时间长

出行时间包括:步行到站点的时间、在站点等车的时间、在车上的旅程时间以及换乘时间。根据在北京西站北广场进行的问卷调查,显示公交的平均出行时间为64min。其中,车上时间与车下时间之比为9:7,车下时间较长。以下为北京市的一些调查结果及原因剖析。

1)步行时间

从步行时间可以看出,人们的平均步行时间在10~15min占有20%的比例(图3-1),相对时间比较长。

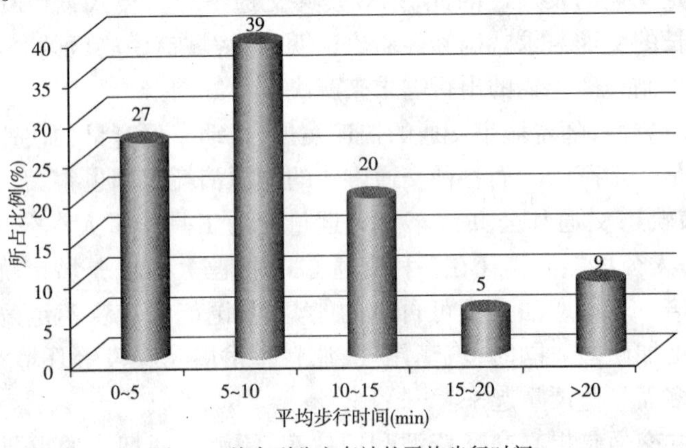

图3-1 从家到公交车站的平均步行时间

造成这种现象的原因是线网结构不协调使得站点覆盖率比较低,人们步行到达的站点的时间偏长。

2)等车时间

从等车时间可以看出乘客的平均等车时间主要在5~15min,相对较长(图3-2)。原因是公交运力不足,发车间隔较长,加之运营调度不协调,准点率低,使得乘客的等车时间比较长。

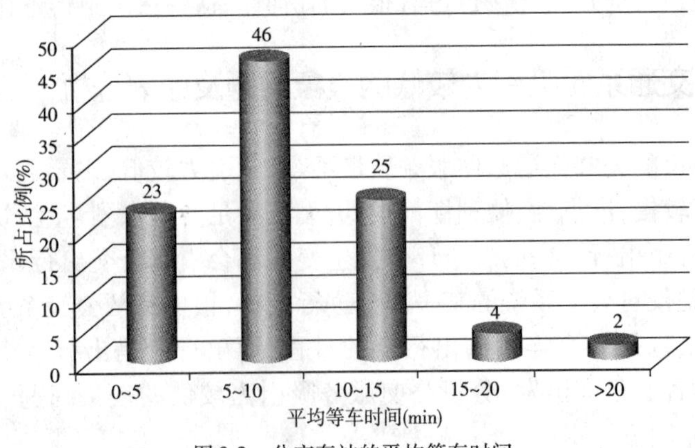

图3-2 公交车站的平均等车时间

3)乘车时间

乘车时间长的一个主要原因是道路系统和公交系统不协调,使得公交路权的优先不到位,公交的时速比较低。

公交专用道的规划和设置旨在对道路交通系统的资源进行合理的优化配置,为公交优先通行积极创造客观条件。近年来,为了缓解我国大城市的交通压力,各地都提出了优先发展城市公共交通的政策,并采取了一些具体措施,开辟公交专用道就是其中的一项。然而,目前城市公交在道路时空分配上并没有足够的优先权,如截至2006年5月,北京的公交专用道道路有53条,共计134.4km(其中,路中央专用车道18.3km,路侧专用车道116.1km),与总体的公交线网长度相比非常少,且路口不连续,未能形成网络。大部分公交车都是和社会车辆一起,拥有一样的路权,未能真正体现出公交优先来。此外,已有的公交专用道在高峰期间也难免被社会车辆占用。

表3-1为北京市不同等级的线路在不同等级道路上的平均速度调查结果。由此可以看出,专用道的施划可有效提高公交车辆运行速度。

有无公交专用道运营速度对比　　表3-1

线路名称	快线		普线		支线	
	有公交专用道	无公交专用道	有公交专用道	无公交专用道	有公交专用道	无公交专用道
运营速度(km/h)	24.8	23.79	17.03	13.85	18.8	16.9

乘车时间长的另一个原因是线网结构不协调,布设时单一以客流为布设原则,线路简单叠加,造成某些道路的复线系数偏高,导致交通拥堵和车辆滞留,使得乘客的乘车时间比较长。以北京市为例,次干道和支路重复系数为3.28和1.42,相对比较合理;而快速路和主干道上的重复系数分别达到了12.04和10.32,显然过高,如图3-3所示。

4)换乘时间

根据调查,北京市换乘时间低于5min的公交出行只占8%的比例,平均换乘时间过长,如图3-4所示。

换乘时间长的原因主要有:

(1)缺乏路外换乘枢纽,路上换乘站点由于道路条件的原因导致换乘间距过长。

(2)部分换乘枢纽的设计不合理,换乘时间长。

(3)公交与土地利用不协调,没有为乘客提供良好的换乘环境和换乘条件,使得乘客在换乘时的换乘距离和时间过长。

(4)调度系统的不协调,使得乘客换乘时得不到动态的公交信息。

(5)在规划时,没有充分估计换乘距离的增加所造成的负面影响。在具体实施时,由于技术上的

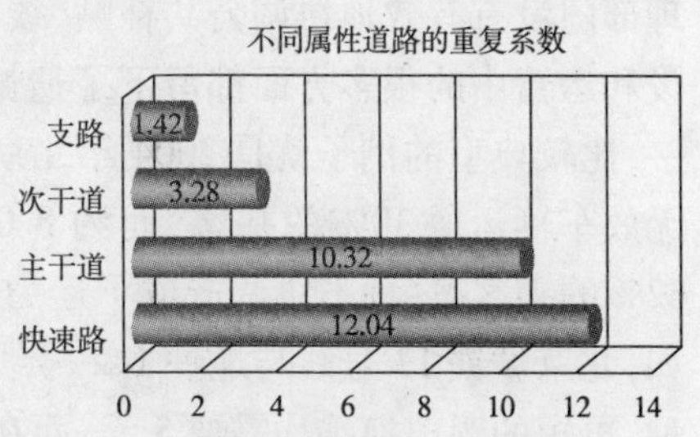

图3-3 不同等级道路公交线路重复系数图

问题或资金问题，不能正确处理投资与设计的矛盾，或是受运营体制的影响，在换乘枢纽建设中当涉及多家单位的利益时没有一个总体协调来平衡有关方的利益，造成了一些合理的方案不能被采纳，从而在公交衔接方面，如地铁和轻轨、快速公交 BRT 以及常规地面公交之间缺乏一定的整合和协调，使得原本快速的交通方式在换乘中损失掉大量的时间。

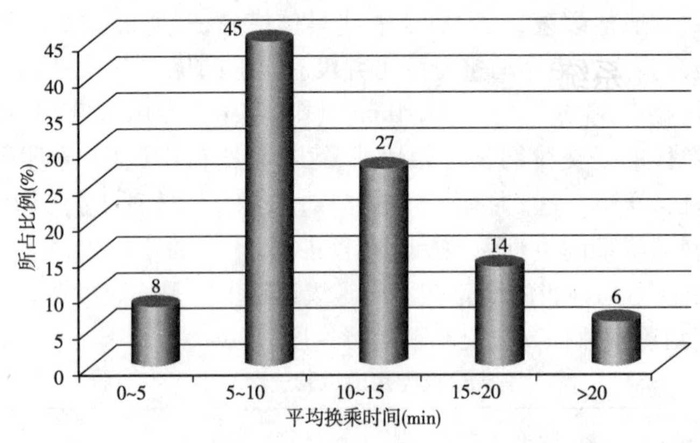

图 3-4　公交出行平均换乘时间分布图

3.2.2　准点率低

据调查，有约 60% 的被调查乘客认为目前公交系统的准点率比较低。其主要原因是公交优先政策没有得到很好的落实，使得公交车在行驶的过程中中间站点的车辆到达时间间隔的离散性过大。

3.2.3　票制票价不合理

长期以来，公共交通行政管理的条块之间、行政层级之间存在着较大程度的责权不清、关系不顺现象。地面常规公交与地铁部门之间缺乏有效的沟通协调，导致各部门在公共交通基础设施规划、审批、建设、管理运营方面存在着某些管理混乱的现象，各个管理部门没有有效地协调公共补贴、线网场站的建设管理等各个环节，所以在公共交通建设和运营中的很多方面都留下了遗憾。常规公交和城市轨道交通部门内部也存在不统一，比较典型的例子就是 2004 年北京市地面公交，10 000 辆（约占车辆总数的 55%）月票无效车辆运送 38% 的乘客，而约 8 000 辆（约占车辆总数的 45%）月票有效车辆运送 62% 的乘客，这种不协调造成了运力的极大浪费，同时也降低了公交系统的可靠性。再如，北京城铁 13 号线与地铁 1、2 号线采用的是各自独立的票制，设置 5 元的固定换乘票种，再短的距离换乘均需要 5 元，而在 1 号线和 2 号线上乘车，再长的距离却只需要 3 元。票制的不统一，增加了换乘乘客的负担，导致轨道交通失去了大量的换乘乘客，其中也包括城市轨道交通与常规公交换乘的乘客,影响了整个系统的吸引力。

3.2.4　舒适性差

据调查,北京交通高峰时段近60%的公交线路车辆满载率在80%以上,46%的乘客认为不舒适。这与公交运力安排及线网结构不合理均有很大关系。

3.3　公共交通系统协作关系分析

根据公交系统吸引力较低的表象问题与直接及间接原因的关系(图3-5)可知,线网结构、枢纽布局、线路布设的道路条件、运力及调度方案、票价等均影响了公交吸引力。因此,若想提高公交吸引力,就须从以上环节入手,加强协作。

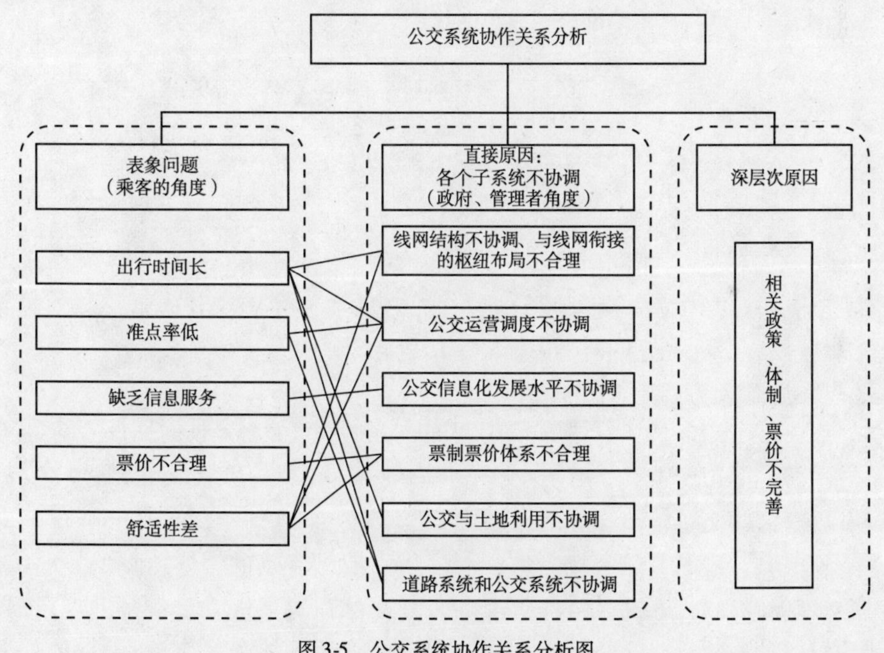

图3-5　公交系统协作关系分析图

由于目前我国以北京、上海为代表的大城市交通拥挤严重,城市公交在道路时空分配上没有足够的优先权,运行状态恶化,加之线网结构失衡、层次单一,各种公交方式衔接不当,不能充分发挥相应的优势,导致公交出行时间过长、换乘不便、可靠性过低,城市公交在人们出行方式中的比例不断下降,流失的乘客转而使用其他交通方式,特别是小汽车交通,从而对现在已超负荷的道路系统造成更大的压力,这反过来又使公交运行的道路环境更加恶劣。同时,由于更多的人选择私家车出行,使得公交在与小汽车的竞争中失去一部分客源,公交运营效益也同步下降,由此带来的是公交票价的提高或服务水平的下降，从而使得更多的人放弃公交，转而选择小汽车出行，如此造成恶性循环。构建一体化公交系统，将城市轨道交通、BRT（快速公交）和常规公交融合在公交系统中，有助于提高公交系统的吸引力和分担率，减少小汽车出行，以达到调整城市交通出行结构的目的。

如何让拥有小汽车（或习惯于私人交通方式）的人自愿放弃小汽车出行，而改乘公共交通，是公共交通系统中一个非常值得研究的问题。要彻底解决大城市交通的拥堵问题，提高公共交通系统吸引力和分担率，建设一体化的公交系统势在必行。本书从特大城市公共交通存在的主要问题入手，对构建以快速大容量城市轨道交通（地铁、轻轨）线网和地面快速公共交通（BRT）干线网为骨干、地面常规公共交通线网为主体的多层次公交线网规划一体化的关键技术进行分析和探讨。

第4章 多层次公交线网优化概述

4.1 多层次公交线网的层次划分

城市的公共交通系统负责把客流从城市的一个地点运送到另一个地点，每名乘客的乘车距离各不相同，每名乘客的一次出行也是单向的。这个运送方式同人体的血液循环系统的运送方式有许多相似之处。

在人体的循环系统中，毛细血管遍布全身且数量最多，承担了直接收集系统运送物资的任务，次动脉和次静脉数量相对较少，既承担了收集系统运送物资的任务，又承担了将毛细血管收集来的物资转运的任务。这些动脉和静脉有些相互接驳连通，可以直接转运物资，但是主要是分别连接、汇总到主动脉和主静脉上，再由主动脉和主静脉通过心脏这个人体最大的"枢纽"连接在一起，完成系统物质的转运任务。各种不属于同一等级的血管各司其职、互相补充，使得机体的循环过程协调合理、井然有序。

反观我国目前大多数城市的公交系统，没有形成一个有主次之分、能均衡分配运能的线网结构。各种公交线路职能不清，相互之间都可以直接接驳，从而成为低速行驶的公交线路，如此无异于人体循环系统中只有毛细血管。虽然我国传统的公交线网中的公交线路也有主干线和驳运线、主线和辅线之分，但事实上两者没有明确的服务标准，并不具备人体循环系统中主动脉、次动脉和毛细血管的功能。因此，公交系统总体呈现效率低、可靠性差的情况。

一个合理的城市公交线网需要包含不同的线路层次，实行不同的运送标准，以便物尽其用，合理有序地组织公交系统的运营，公交的服务水平也将提高一个等级。公交线网与人体网络的比较见表4-1。

公交线网与人体网络对比 表4-1

项目	人体网络	公交线网
线路	主动脉、主静脉	主干线公交线路
	一般动脉、静脉	次干线公交线路
	毛细血管	支线公交线路
连接点	心脏	公交主枢纽

针对上节城市居民交通出行特点，借鉴人体循环系统的仿生学原理，可建立提出分区多层次的公交服务网络模式，以交通区为基础，分别从大区、中区、小区三种"面"的层次上考虑服务人口、客流需求和服务标准的确定；在不同分区之间的交通联系形成的交通客流需求走廊上，构造不同等级的线路——城市轨道交通、公交快线、公交普线、公交支线，形成城市公共交通线网；而不同服务等级的客流集散中心形成各级枢纽点或站点。

1）城市轨道交通

城市轨道交通具有快速、准点、大容量、舒适等特点，因此城市轨道交通应成为城市公交系统的骨干，布设在客流密集的客运走廊上，满足居民中长距离的出行需求。城市轨道交通线路是城市交通的骨干线路，采用车辆编组列车化，以达到大运量、高速度的目标，平均运营速度一般为30～40km/h。

2）公交快线（含快速公交）

公交快线（含快速公交）具有全面体现公交优先、容量较大、更为灵活、在特定条件下可以作为城市客运交通的骨干方式等优点。在城市轨道交通修建之前，快速公交可以作为城市客运的骨干；在城市轨道交通建成之后，快速公交可以作为辅助，为居民提供更广、更方便的交通方式。快速公交主要承担居民中长距离的出行，作为城市轨道交通的补充，主要承担大型集散点之间、各功能区之间的联系。公交快线主要服务于城市地区间的交通，承担大型集散点之间、各功能区之间的联系，其线路沿大中型集散点、大中型居民区设置，具有速度快、发车频率高、服务水平好的特点。

3）公交普线

公交普线具有灵活、便捷、覆盖面广的优点，是与公交快线相匹配的公交方式，适合中短距离出行。它的功能界于公交快线及公交支线之间。一方面，它将承担快线线网无法完全承担的部分骨干客流，对公交快线线网起补充作用；另一方面，公交普线线网因覆盖面广，具有支线接驳快线客流的作用（主要接驳轨道交通线路和快速公交线路），线路沿大中型集散点、大中型居民区设置。

公交普线采用中等站距以提供方便的服务，其站间距一般以400～600m为宜，市中心站距可加密到300m左右；高峰时发车间隔为3～4min，平峰时可延长到8～10min；线路深入各居住区及各功能区，服务水平较公交快线次之。

同时，通过与公交快线的衔接换乘规划，站点设置与公交快线有较好的换乘，可起到接驳快线客流的作用。

4）公交支线

公交支线主要服务于地区内交通出行、连接客流集散点与枢纽之间交通及客流集散点与城市轨道交通站点之间交通，与干线或轨道交通共同提供服务。这种线路设置的主要目的是减少使用者步行距离，实现真正意义上的零换乘；配合较密的发车间隔，有效提高公交吸引力。

据上海市的公共交通调查，居民使用公共交通的非在乘时间占总公交出行的3/5左右。成都市居民使用公共交通的非在乘时间占总公交出行的2/5左右。而据北京2005年调查，居民使用公共交通的非在乘时间也占总公交出行的3/5左右。非在乘时间所占比例很高，大大影响了公交的服务水平，成为公共交通竞争力不强的主要原因之一。这也体现了城市公交服务层次单一的不足，而支线公交则可以弥补这个不足。公交支线深入各居民住区及各功能区，不仅可以为居民的短距离出行服务，解决居民的区内出行，还可以承担集散客流的功能。此外，公交支线可以配合城市轨道交通、快速公交、常规普线及客流集散点布设，扩大快线的辐射范围，方便居民出行换乘。

公交支线的布设以增加线网的直接覆盖率、提供与客流集散中心良好的衔接为目标。公交支线布设应深入道路网络的支路层次；公交支线对于居民小区应该提供必需的支线服务，承担和周围集散中心的联系；公交支线的站距要小，一般在300～500m。

城市轨道交通的形式与常规公交有所区别，本书重点研究常规公共交通。大城市常规公交中不同等级的线路特征情况见表4-2。

不同等级公交线路的特征 表4-2

项　目	公交快线	公交普线	公交支线
运营道路	快速干道、主干道	快速干道、主干道、次干道	次干道、支路
线路形状	转弯少、迂回少	允许适量的转弯和迂回	允许转弯和迂回
线路长度（km）	>15	8～15	<8
站距（m）	>800	500～800	300～500
运营车辆	性能好、车速高、车型大	可以多种车型混合	车型小
平均运营速度（km/h）	>25	20～25	15～20
配车调度情况	配车数多、发车频率高	配车数较多、发车频率较高	根据线路客流和车型确定
高峰小时发车间隔（min）	<5	<5	根据线路客流和车型确定
首末站	大型的公交枢纽站	无要求	无要求

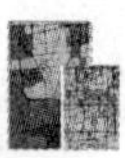

续上表

项　目	公交快线	公交普线	公交支线
公交优先政策	提供公交优先措施	可提供公交优先措施	一般无要求
线路性质	长距离的区间出行、公交客流主流向	相邻组团之间,与市中心和片区中心的中距离出行	填补线路空白,加密线网,与公交主干线、次干线换乘

多层次公交线网服务模式与现有的公交线网服务模式相比,有以下转变:

(1)线网的服务将由分散服务向分区服务的模式转变。

(2)线路由单一功能及标准向多层次转变。

(3)换乘模式的变化——将由目前的线路之间的换乘向以客流集散中心为主换乘的转变。

(4)枢纽及站点将由单一规模向功能分级转变。

4.2　多层次公交线网结构下枢纽布局模式

根据中枢辐射网络结构原理,将市区按照交通枢纽合理服务范围分区,每个分区内规划一个一级客运综合交通枢纽或二级客运换乘中心和若干个三级换乘站(枢纽分级方法和其功能见第5章)。一级客运综合交通枢纽、二级客运换乘中心和三级换乘站之间应利用多模式公交线网(城市轨道交通、公交快线、公交普线和公交支线)建立协调匹配的连接关系,组成一个有机的整体,充分发挥公交线网和枢纽集散客流中转换乘的最大效率,并引导和促进土地利用的合理开发和利用。一级客运综合交通枢纽或二级客运换乘中心之间通过大容量快速公交连接;三级换乘站与高等级枢纽之间通过常规公交普线和公交支线连接。客运交通枢纽布局及多层次公交线网规划的理想模式如图4-1所示。

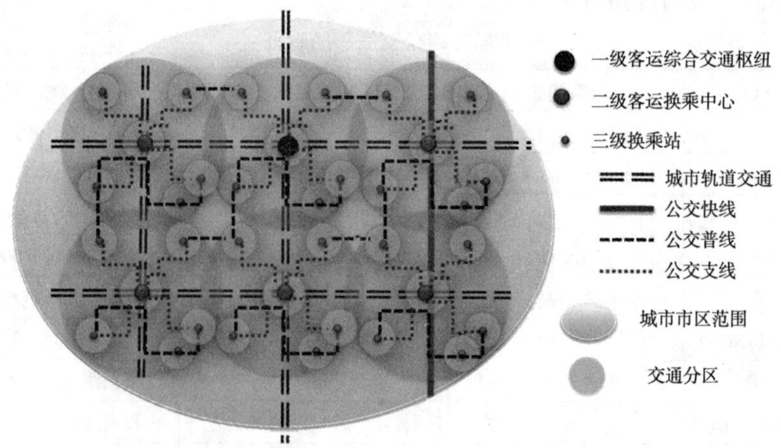

图4-1　客运交通枢纽布局及多层次公交线网布局规划的理想模式

4.3 不同层次线路的关系

4.3.1 公交快线与公交普线

公交快线与公交普线的关系应定位为骨干与基础的关系,在发展公交快线的同时,实现公交快线与公交普线的整合,发挥公交更大的作用,提高公交吸引力。公共汽车运量不大,但具有灵活、便捷、覆盖面广的优点,主要以中长距离客流为主,应重点考虑整个城市线网的覆盖率。公交快线和公交普线的有效结合可以使居民得到更便捷的公交服务。

通常,应避免公交快线与公交普线过多地重合,在公交快线建设完工初期,取消部分与公交快线重合的公交普线。在公交快线覆盖的范围内,调整长距离与公交快线共站的公交普线,改设在快线服务半径以外的区域。这样可以更好地发挥快线的作用,吸引更多的客流,同时缓解普线的压力,避免公交快线与公交普线之间不必要的竞争。

在客流很大的交通走廊上,若公交快线无法满足居民的出行需求,可以在局部客流大的公交快线的某一段上保留一部分公交普线,起分流作用,并提供多层次的公交服务方式,但重合部分不宜太长(不超过4km)。

根据其客流密度情况,在公交快线站点可设置不同等级的公交普线换乘站,以快速集散客流,同时方便乘客。

随着公交快线的发展以及换乘枢纽的相应建设,考虑缩短现有的公交普线长度,将公交普线直接与外围地区地铁站或大中型换乘枢纽相连。这样既有利于公交普线的运营组织,也可以在一定程度上保证必要的客源。

4.3.2 公交快线与公交支线

公交快线与公交支线的关系应定位为骨干和集散的关系。公交快线有着大运量、快速、准时、舒适等优点,但是由于资金、建设期及运营效益的限制,公交快线线网的密度不可能很高,其直接吸引范围有限。这就需要与公交支线的配合,在设置公交支线时尽量做到与公交快线车站交汇,为公交快线输送更多的客流。因此,公交支线不仅可以服务居民的短距离出行,还可以配合公交快线,承担集散客流的功能,从而扩大公交快线的服务辐射范围。公交支线和公交快线的良好配合,可以最大限度地发挥公交快线的效益。

可结合公交快线站点及枢纽,开辟公交支线,将公交支线直接与服务区域地铁站或大中型换乘枢纽相连,解决末端交通问题。

4.3.3 公交普线与公交支线

公交普线与公交支线的关系可定位为基础和延伸的关系。由于道路限制,公交普线无法进入城市的中小街道，而公交支线可以深入各居民住区及各功能区，运行在中小街道上。公交支线可作为普线的一种补充形式，提高公交线网密度，提供多层次多样化的公交服务形式。公交支线还可以发挥其机动灵活的优点，可以根据不同客流情况选择不同的车型，填补中小街道和郊区的交通空白区域。

另外，通过进一步优化公交普线与公交支线线网布局，将公交支线与公交普线的一些主要枢纽点连接，也可实现提供客流接驳运送、各交通方式之间换乘等多功能、多层次的运输服务。公交普线与公交支线公交的配合使公共交通竞争力大大提高，并且为优化城市交通结构提供有效途径。

4.3.4 公交快线系统模式及标准

与公交普线和公交支线不同，公交快线的设置及运行模式多样化，根据快速公交的设置模式不同，公交快线系统服务标准也有所差异。为此，本节重点对公交快线的设置及运行模式及标准加以分析。

公交快线系统可以依托高速公路、快速路、主干路，公交快线的服务标准可以分为多种类型。本研究按照服务对象和服务标准的不同，分为以下三种模式。

1)具有封闭路权的快速公交系统

服务标准：大容量、速度快。

布设的道路：高速路、快速路、主干道。

设施要求：完全封闭的专用路权。

适用性：适用于公交站点周边地区高密度开发，具有充足的客流来源。

公交专用道的设置形式有以下几种。

(1)中央公交专用车道，公交车站设在中央分隔带上。

该形式适用于中央分隔带的宽度大于或等于5m的两块板和四块板的道路上。

具体可以分为三类：其一为北京市南中轴模式，需要选择左侧开门的公交车辆，这一类型的缺点是快速公交系统与常规公交系统的衔接不方便，投资较大；其二是公交车逆向行驶，这一类型不要特殊公交车辆，适用性较好，对交叉口的信号控制要进行特殊处理，需要合理衔接公交专用车道和普通车道的公交车行驶；其三是在公交车站进行工程改造，把中央分隔带改为两个车站，公交车可以正向行驶，通过人行横道实现客流集散。

(2)中央公交专用车道，没有中央分隔带，公交车站布设在两侧分隔带上。

这种形式主要适用于三块板道路和一块板道路，可以实施于机非分隔带不宽、绿化效果不明显的三块板道路。

根据公交车站的布设及公交车与其他机动车之间的隔离带宽度的不同，可以分为两类：其一是北京市中关村北大街模式，即公交车站设在两米宽的公交车与其他机动车之间的隔离带上，需要建设人行天桥或者地道联系人行道和公交站台，公交车行驶于双向两车道，有超车条件；其二是公交车和其他机动车之间没有隔离带，公交车站主要设在交叉口进出口道的公交岛上，行人可以通过交叉口人行横道与人行道联系。

(3)路侧公交专用车道，公交车站设在机非分隔带或人行道上。

这种形式主要适用于机非分隔带宽、绿化景观好的三块板道路以及非机动车较少的一块板道路上。路侧公交专用道要处理好公交车与单位进出车辆、交叉口右转车的关系，禁止出租汽车随意停车。对于道路沿线单位进出口路段以及主干路与支路相交的交叉口，应进行公交优先的详细设计。对于路侧公交专用车道的布设，建议采用在交叉口设公交专用进口车道，同时在时间上给予优先的信号相位，减少公交车在交叉口的延误，形成公交优先通行的系统，保证公交车全线快速行驶。

2)利用高速路和快速路行驶，灵活设站布设模式

快速路或高速公路实行出入口控制，采用全封闭的形式，在其上开辟 BRT 系统的线路是改善交通走廊上公交客运服务的一种简单经济的方法。为了提供快速交通服务，应当给公共汽车以运行特权和专门的运行设施。北京市的由环线和放射线构成的快速路网络自身已经成为一个系统，为城市交通提供快速联系，适用于长距离的集散中心之间的联络快线，站距相当大和灵活，客流的集散主要通过大型的枢纽和客流集散中心吸引，中间吸引的乘客量较小。

对于北京市的环线快速路，由于没有合适的中央分隔带，道路上存在立交桥等物理瓶颈，因此，选择设置路侧公交专用道是可行的。快速路的路侧公交专用道设置的关键是进出口处如何解决公交车与社会车的冲突问题。快速路上布设车站需要一定的工程措施和物理设施，要建设人行天桥或地道，以联系公交车站和路外行人系统。

3)普通的公交专用道或大站快车模式

特点：没有形成快速公交系统的整体功能，受条件限制，只能部分采取措施，提高公交的服务水平。

适用性：适用于受道路条件限制较大、周围地区的客流强度中等的地区。

同样，此种形式采用的公交专用道的形式可以分为中央专用道、两侧专用道、公交优先道等多种形式。

4.4　多层次公交线网优化方法

从数学方法上来说，公交线网的优化问题可以描述为：一系列的线路和相应的发车频率受特定的约束条件限制，以达到期望的目标——总体费用最小。城市公交线网优化的方法通常有两种模式：证优法和解优法，具体思路如图 4-2 所示。证优法对一个或几个备选线网方案进行评价，选择或证明一个较优的方案。常规规划方法一般为证优法。但由于初选方案有限，优化结果难以达到较好的优化目标。解优法则首先预测城市交通需

求,通过对目标函数的求解,获得最优解,形成优化公交线网。

公交线网解优法一般有两类方法:逐条布线的线网优化方法和全网最优的线网优化方法。这两种方法的目标都是使公交线网运载的客流量最大,乘客总的出行时间最小,其直接体现就是使公交线网上运载的直达乘客量最大。全网最优的线网优化方法的目标是公交线网客流效益最优,其函数复杂,影响因素和约束条件众多,求解方法烦琐,在实践中应用较为困难,尤其是当线网较为庞大时,该方法的求解甚至变得不可能。逐条布线的线网优化方法是根据某一个或几个指标,在可行路线集中逐条找出最优的公交线路,叠加成完整的公交线网,该方法思路简单、直观、方法上切实可行,是目前使用较多的一种方法。但由于它逐条布线,成网后缺乏合理反馈,生成的线网往往从整体上讲并不是最优的,且线网比较分散,不会形成"以点带面"的服务格局,因此用该方法优化的线网整体效益难以保障。

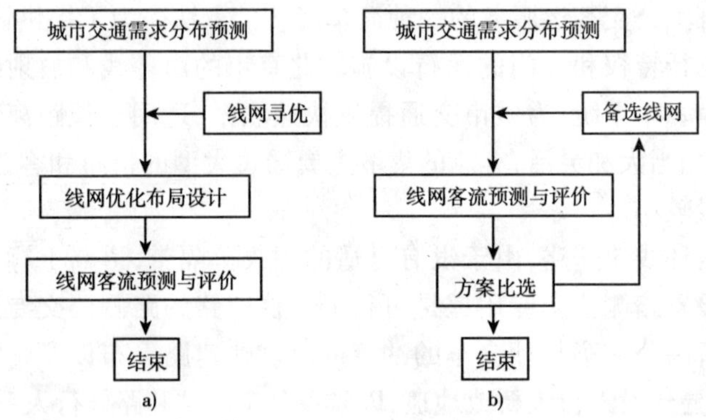

图 4-2　城市公交线网优化思路图

a)解优法;b)证优法

由于公交线网固有的非线性和离散性使得线网规划问题成为一个 NP - hard 问题,因此公交线网解优法的研究虽然很多,但多数方法为理论研究,很难应用于实际工程中,并且大部分研究成果主要集中于普通公交单一层次的线网优化上。此外,由于求解的困难,解优法常常得到的是局部最优解,并非是全局最优解。

随着我国大城市多层次多模式公交系统的建设,针对多层次多模式的公交线网优化实用方法十分重要。本书采用全网最优的线网优化思想,采取证优法和解优法结合使用的方法进行多层次公交线网优化,如将解析优化线网与经验线网构成备选线网集;对解析优化得到的线网根据实践经验进行调整;对经验线网进行解析优化调整等。

本书基于"分区服务、枢纽分级、线网分层、逐层展开、整体优化"的规划思想,以提高多层次公交线网的整体效益为目标,通过分层分解技术并开发超启发式(Metaheuristic)算法的优化方法,建立多层次公交线网布局优化技术。首先,以中枢辐射网络原理为依据,对枢纽进行分级,并基于公交线网规划与枢纽布局规划相互配合的思想,建立融合

“枢纽决定型”和“线网决定型”的布局规划思路和方法。同时,根据各层次(城市轨道交通线路、公交快线、公交普线、公交支线)公交线网的服务特性及居民出行特征,建立分层次的优化目标、约束条件,采用定量分析与定性分析相结合的方法,利用启发式算法实现多层次线网的优化布设,并对各层次公交线网优化进行协调设计,以达到整体优化的目的。多层次公交线网优化方法的流程如图 4-3 所示。

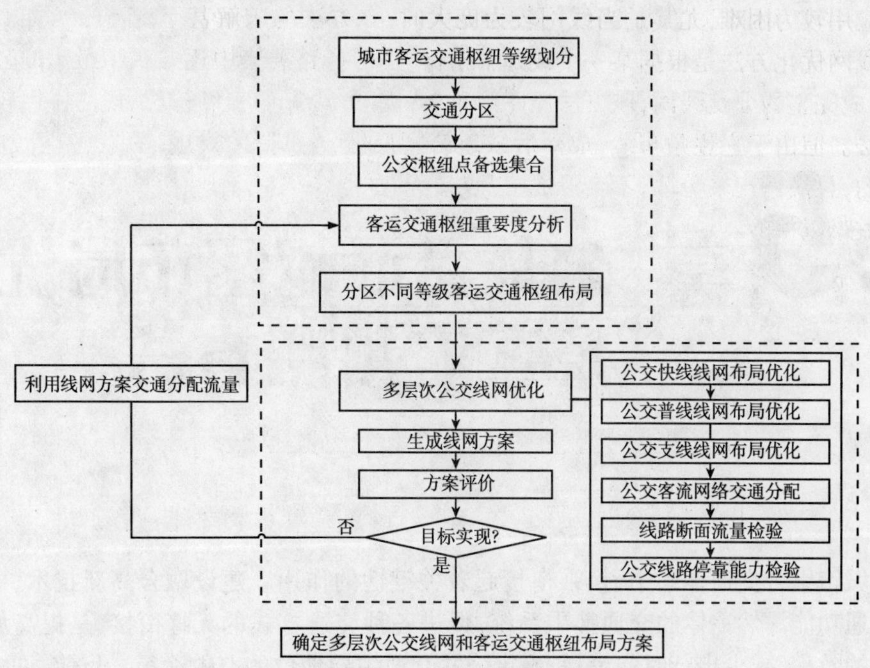

图 4-3　多层次公交线网优化方法的流程图

第5章 公共交通枢纽布局优化及客流预测方法

在城市综合交通体系中，换乘衔接起着关键性的作用。建设融合高新技术、建筑艺术和交通功能浑然一体的交通换乘系统，促进各种交通方式的无缝衔接，是提高城市交通系统的效率、减少出行时空消耗、确定公共交通主导地位的有效途径。目前，许多大城市在公共交通的规划和建设过程中，忽视了公共交通各种交通方式的换乘接驳问题，缺乏有效的接驳系统，造成出行者换乘不便，降低了公共交通的吸引力。因此，有必要进行公共交通枢纽空间布局的优化以及枢纽客流的交通需求预测，为各种方案的制订提供决策支持，从而为出行者提供快速、便捷的换乘接驳系统，充分体现公共交通大运量、快速等优势。

本章在总结国内外交通枢纽等级划分的基础上，根据我国大城市实际情况、发展现状、城市布局、城市规模等综合考虑后，确定公交枢纽的等级划分方法，作为枢纽布局优化和公交线网规划研究的基础。

另外，综合性的交通枢纽是一个复杂的大型系统，在枢纽的规划设计中，枢纽内多种交通设施的用地和布局规模都需要有规划年的客流预测数据予以支持，而对规划方案的量化评价最终也大多建立在预测数据的基础之上。因此，一套完整、科学、基本准确的客流预测数据是枢纽规划方案设计不可或缺的重要依据，其结果也可作为公交线网布局和枢纽规划方案评价的重要依据，所以本章将对枢纽客流预测方法进行论述。

以中枢辐射网络理论为理论依据，根据各级枢纽的功能定位，依据城市公共交通线网布局的理想模式，建立基于区位重要度分析的枢纽宏观布局和基于节点重要度分析的微观布局实用规划方法。

5.1　城市客运交通枢纽的分类

“枢纽”一词在交通系统中使用频率较高。在不同的场合使用，具有不同的含义，如从大交通角度出发的“综合运输枢纽”，还有狭义概念上的“常规公交枢纽”。本书中的枢纽是指“城市客运交通枢纽”，通常泛指城市中两种以上交通方式或多条公交线路交汇，供乘客集散、转换交通方式和线路的场所。它是城市客运交通系统中的重要节点，具有联系城市对外交通和市内客运交通、联结公共交通与私人交通以及公共交通内部中转换乘等功能。它是城市公共交通的依托点，在枢纽（除了位于机场、火车站等的客运交通枢纽）内公共交通方式具有支柱性作用，其他交通方式则主要实现与公共交通方式的中转换乘或为其接运。多模式衔接换乘交通枢纽是未来城市客运交通枢纽的主要形式。

交通枢纽的分类从不同的角度有多种分类方法，下面从交通功能、交通方式等不同的角度对城市客运交通枢纽进行划分。

1）按交通功能划分

（1）城市对外交通枢纽，其功能是将城市公共交通与铁路、水路、航空、长途汽车交通联结起来，使乘客顺利地完成一次出行。这种枢纽的定位通常以相对运量大的那种交通方式的站点为依据。

（2）市内交通枢纽，其功能是沟通市内各分区的交通以及各个分区内部的交通联系。

（3）为特定设施服务的枢纽，其功能是为体育场、全市性公园等大型公共活动场所的观众、游人的集散服务。

2）按交通方式划分

（1）交通方式换乘枢纽，是指公共电、汽车交通与地铁、轻轨、港口、铁路、航空等交通衔接的枢纽。这类枢纽主要完成交通方式转换，同时也可实行线路转换。

（2）相同客运交通方式转换枢纽，是指公共电、汽车不同路线的转换，如长途汽车的转换枢纽。

3）按交通组织划分

（1）公共交通首末端换乘枢纽，有多条公交线路的起点、终点，有相应的停车场地和调度设施。

（2）公共交通中途站换乘枢纽，是指多路公共交通线路共同的通过站（包括地铁、轻轨等城市轨道交通）。

4)按布置形式划分

(1)立体式枢纽,枢纽站分地下、地面、地上多层,设有商业、问询等综合服务。这种枢纽设在大厦之中,如日本名古屋铁路车站终点站"名铁公共汽车终点站"大楼,公共汽车在大楼的第三、四层。在大楼内可以换乘火车和地铁。

(2)平面枢纽,枢纽站在同一地面,客流集散和换乘、交通工具的进出及转换均在同一平面完成。

5)按服务区域划分

(1)市级枢纽(包括城市对外交通枢纽),为全市服务,客流集散量大,公交线路多,设备齐全,如火车站前广场的公共交通枢纽、市中心公共交通枢纽等。

(2)区级枢纽,连接各区交通中心、卫星城镇的公交线路的起终点枢纽。

(3)地区性枢纽,设在地区客流集散点处的枢纽,服务范围小,设备简单。

6)按时间范围划分

(1)待拆除的枢纽,这类枢纽随着城市的发展已经失去了其存在的价值或已经阻碍了城市的进一步发展,准备给予拆除或挪作他用。

(2)正在使用的枢纽,指目前正在城市交通中发挥着巨大作用,为出行者提供集散、换乘服务的公共交通枢纽。

(3)规划待建的枢纽,这类枢纽目前不存在或正在建设过程中,对现在城市交通意义不大,但对城市的发展和城市未来的交通状况有着重要意义。

上述枢纽分类见表5-1。

枢纽分类表 表5-1

分类依据	内　容	主 要 特 点
按交通功能分类	对外枢纽	设在城市出入口,连接对外交通运输出线路与城市公交线路,其规模与城市发展形态、经济文化活动相当
	市内枢纽	为城市内部区域间或中心与对外枢纽的客流交换服务
	特定设施处枢纽	某时段内集散强度大,满足文化、娱乐出行的枢纽
按交通方式分类	交通方式换乘枢纽	城市公共汽(电)车与地铁、轻轨、铁路、水路、航空运输等多种交通方式衔接的城市综合交通枢纽
	线路换乘枢纽	常规公交线路之间或常规公交与长途汽车间的枢纽
按交通组织分类	首末站换乘枢纽	枢纽内有多条公共汽(电)车的首末站,并设有停车、候车、调度以及有关指示标志等设施
	中途站换乘枢纽	位于公交线路通达性高,多条线路交汇的线网节点
按布置形式分类	立体式枢纽	枢纽站为地上或地下多层结构形式,适用于交通方式复杂、用地受到限制地点
	平面式枢纽	枢纽站设施布置在地面上,其规模视换乘需求而定

续上表

分类依据	内 容	主 要 特 点
按服务区域分类	都市级枢纽	吸引全市范围和对外交通客流的枢纽,如火车站、机场、港口等城市出入口
	市-郊级枢纽(市区级枢纽)	连接卫星城镇与市内公交线路的枢纽及城区内枢纽
	地区级枢纽	设在地区性区域中心的客流集散点的枢纽
按时间范围分类	待拆除枢纽	已经失去交通使用价值,准备挪作他用的枢纽
	正在使用的枢纽	已存在并在城市交通中发挥着巨大作用的枢纽
	规划待建的枢纽	尚不存在,将在未来城市交通中发挥作用的枢纽
按周边区域发展状况分类	周边区域待发展	区域待发展而产生修建枢纽的需求,如新城区建设
	周边区域已发展	区域已发展导致产生修建枢纽的需求,如城市中心的枢纽建设

总而言之,现有枢纽分类方法的多种多样导致目前我国各大城市枢纽分类依据不一,并且各种不完善的分类方法也影响了人们对枢纽的认识及枢纽建设的有序发展。

5.2 城市客运交通枢纽的分级

国内关于城市客运交通枢纽等级通常是从城市布局和交通功能的角度,以枢纽的区位条件、可达性以及交通设施等主要影响因素为依据,考虑服务人口、客流需求和服务标准来进行划分的,但目前尚无统一的划分标准。

上海、广州、深圳和北京等城市在进行城市轨道交通线网规划时,从衔接的交通方式种类、轨道交通线路条数以及枢纽所在区域的土地开发类型等方面对城市轨道交通枢纽进行了等级划分。例如,上海市以衔接的城市轨道交通线路条数为依据,将城市轨道交通枢纽划分为大型换乘枢纽、换乘车站和一般车站;深圳市以衔接的交通方式种类和所在区域的土地开发类型为依据,将城市轨道交通枢纽划分为综合换乘枢纽、大型换乘枢纽和一般换乘枢纽等。

《北京市综合交通规划》中在"线网导向型"交通规划理论的基础上,将枢纽作为北京市交通线网规划中的控制性节点,对北京市轨道交通、常规公交等的线网布局进行了细致分析,将公共交通枢纽分为特大公交枢纽、大型公交枢纽、中型公交枢纽及小型公交枢纽四大类,见表5-2。

《北京市综合交通规划》建议的枢纽分级　　表5-2

枢纽分级	服 务 特 征	设计客流规模(万人次/d)
特大公交枢纽	依托主要对外交通枢纽和城市中心体系,综合多种交通方式	≥20
大型公交枢纽	依托城市内主要中心体系、重点发展地区、次要对外交通枢纽、主要客流走廊交汇地区	10~20
中型公交枢纽	为城市中人口、就业密度较高地区提供公交换乘和集散服务	5~10
小型公交枢纽	提供有限范围内换乘和客流初级集散服务	3~5

根据《上海市城市交通白皮书》，按照功能与规模将客运枢纽分为大型枢纽、中型枢纽、小型枢纽和一般枢纽4个等级。

覃甭在其博士论文《轨道交通枢纽规划与设计理论研究》中，采用日集散客流量、日换乘客流量和枢纽内城市轨道交通和常规公交线路的条数为指标，将客运交通枢纽划分为四个等级，其中等级划分的标准是以上海和广州部分轨道交通枢纽预测值为依据，采用灰色聚类法确定的，见表5-3。

城市轨道交通枢纽分级标准 表5-3

类型	等级	交通方式线路数		集散客流量（万人次/日）	换乘客流量（万人次/日）
		城市轨道交通（条）	常规公交（条）		
包含对外客运交通方式的轨道交通枢纽	小型枢纽	1	<10	<10	<4
	中型枢纽	1	10～20	10～30	4～12
	大型枢纽	1～2	20～30	30～50	12～20
	特大型枢纽	2～3	>30	>50	>20
不包含对外客运交通方式的轨道交通枢纽	小型枢纽	1	<15	<20	<6
	中型枢纽	1	15～25	20～40	6～15
	大型枢纽	1～2	25～40	40～60	15～25
	特大型枢纽	2～3	>40	>60	>25

为了对枢纽的设计换乘客流量有更深入的了解，孙立山在其博士论文中对国内外一些城市的典型枢纽的设计客流量进行了统计，统计数据见表5-4。

各城市典型交通枢纽的设计客流量 表5-4

枢纽		设计换乘客流量(万人次/日)	枢纽		设计换乘客流量(万人次/日)
北京	西直门	43.00	上海	人民广场	61.00
	东直门	41.00		南站前广场	48.00
	西站南广场	46.00	南京	新街口	30.00
	宋家庄	71.20	深圳	竹子林	15.00
	中关村西区	38.00		罗湖	30.00
	四惠	36.81	广州	公园前	36.00
	动物园	26.00	名古屋	荣	75.00
	六里桥	27.53	巴黎	拉德芳斯	45.00
	苹果园	22.80			
香港	中环—香港站	80.00			
	青衣站	68.00			
	九龙湾	78.00			

从表5-4中国内外一些城市的典型枢纽的设计客流量统计数据可以看到，商业高度发达的香港实现了在相对较小的枢纽站内进行超大换乘客流的集散，其设计换乘客流量通常都远大于国内各大城市中的枢纽。对于北京而言，服务于全市交通出行的枢纽，全天设计换乘量一般都大于40万人次/日，而对于服务于城市局部区域的枢纽，全天换乘量规模一般都在20万~30万人次/日。而国内以南京、深圳、广州等为代表的城市枢纽设计换乘量较小，这与上述城市规模相对较小及城市轨道交通发展较晚是密切相关的。

当没有明确的客流规模的分级划分时，也可仅以服务范围进行枢纽分级。

日本通常按照枢纽的服务范围将交通枢纽划分为国家规模、都市群规模、市区规模和小地区规模四级，见表5-5。

日本枢纽分级　　表5-5

运输网的规模	客运枢纽	货运枢纽
国家规模	国际机场、主要城市的中央车站等	国际机场、国际海港工业区的货运站
都市群规模	机场、主要城市的副中心车站，中心城市的中央车站	重要港口、货物据点站、大范围的汽车运输枢纽站
市区规模	中央车站、城市中心的公共汽车枢纽站	汽车运输枢纽站、港口、货运站
小地区规模	郊区铁路和国铁的车站、地下铁车站、地方性公共汽车站等	货物发送中心

吕慎在其博士论文《大城市客运交通枢纽规划理论与方法研究》中以大城市客运交通枢纽在城市中所承担的功能为主要依据，将大城市客运交通枢纽划分为对外客运交通枢纽、市级客运交通枢纽、中心区级客运交通枢纽、边缘组团级客运交通枢纽以及片区级客运交通枢纽五个等级，并从服务范围、客流特征以及设施配置等角度阐明各等级枢纽的特征，进一步分析了各等级枢纽以及同级枢纽间的交通联系，见表5-6。

大城市客运交通枢纽等级划分表　　表5-6

枢纽等级	功　能
对外客运交通枢纽	主要承担市际交通与市内交通的衔接功能
市级客运交通枢纽	全市性的交通枢纽，具有统领各级枢纽发展的核心作用，功能上主要承担城市各个区域(包括核心区、中心区、市区外围区和边缘组团)至城市核心区客运交通的集散及中转换乘
中心区级客运交通枢纽	以承担城市中心区与城市中心区外围的其他区域(包括市区外围区、边缘组团)之间中转换乘客流为主，兼有枢纽所在区域的客流集散功能
边缘组团级客运交通枢纽	主要承担各边缘组团内部的集散、中转换乘客流功能，同时还承担该边缘组团与中心组团之间、兼顾各边缘组团之间的集散、中转换乘客流功能
片区级客运交通枢纽	主要承担城市(包括中心区、外围区、边缘组团)内某一或某几个片区内部的交通集散及中转换乘功能

从以上分析可知,目前国内还没有形成统一的城市客运交通枢纽分类和等级划分的标准,但不同划分的依据主要是枢纽功能和服务范围、集散量、换乘量、衔接的交通方式种类、衔接的线路条数或者是枢纽周围的用地情况等指标。

为便于枢纽导向性的公交线网优化的实现,综合现有研究,本书将大城市客运交通枢纽分为一级换乘节点(综合枢纽)、二级换乘节点(换乘中心站)和三级换乘节点(换乘站)。

(1)一级换乘节点(综合枢纽)衔接空港、铁路客站、公路客运终端及城市交通多种交通方式,具有城市对外交通枢纽的功能,同时兼有二级换乘节点(换乘中心站)的功能,为全市范围内的乘客提供和其他各级枢纽之间的直达和中转换乘功能。

(2)二级换乘节点(换乘中心站)衔接城市轨道交通、公交快线及常规公交等城市交通多种交通方式,可以为轨道交通线路之间交叉点、轨道交通与公交快线交叉点及公交快线之间交叉点,其服务范围内客流通过该枢纽集散来实现和其他枢纽之间的直达和中转换乘功能。

(3)三级换乘节点(换乘站)为多条常规公交线路始末站或中间站点集中布局衔接形成。与一级换乘节点(综合枢纽)和二级换乘节点(换乘中心站)之间通过常规公交连接,主要实现为一级换乘节点(综合枢纽)和二级换乘节点(换乘中心站)提供客流集散的功能。

5.3 分级客运交通枢纽的交通联系及服务范围

一级换乘节点(综合枢纽)、二级换乘节点(换乘中心站)和三级换乘节点(换乘站)之间应利用多层次公交线网建立协调匹配的连接关系,组成一个有机的整体,充分发挥公交线网和枢纽集散客流中转换乘的最大效率,并引导和促进土地利用的合理开发和利用。

根据中枢辐射网络原理,高等级枢纽与低等级之间应具有“侍服”关系,即高等级枢纽是低等级枢纽客流的集散地,低等级枢纽是高等级枢纽客流的来源点。

一级换乘节点(综合枢纽)与卫星城、新城之间通过城市轨道交通或快速公交进行连接,与相邻二级换乘节点(换乘中心站)之间通过城市轨道交通或快速公交进行连接,与所在分区内的三级换乘节点(换乘站)之间应有公交普线和支线的连接。

二级换乘节点(换乘中心站)与相邻二级换乘节点(换乘中心站)之间通过城市轨道交通或快速公交进行连接,与所在分区内的三级换乘节点(换乘站)之间应有公交普线和支线的连接。

各等级客运交通枢纽接驳的出行前端和出行后端的主要交通方式不同,其合理服务范围也不同。

一级换乘节点(综合枢纽)的主要接驳交通方式为城市轨道交通和公交快线,有效服务范围为全市区;三级换乘节点(换乘站)的主要接驳交通方式为步行,有效服务范围由乘客步行到达枢纽的时耗决定,合理服务范围是以600~800m为半径的圆形区域。

二级换乘节点(换乘中心站)主要接驳交通方式为公交普线和公交支线,有效服务范围为以常规公交线路合理的接运距离为半径的圆形区域。根据前苏联对莫斯科地铁枢纽站点接运距离的研究成果,在所有线路上平均有63%的乘客接运距离不超过3km,而仅有6.5%的乘客接运距离大于6km。假设支线公交线路平均时速为15~20km,居民出行可接受的支线公交出行最长时间为15min,非直线系数取1.3,并且三级换乘节点(换乘站)客运交通枢纽的服务范围按600m计算,经计算得到二级换乘节点(换乘中心站)的服务范围为以3.5~4.5km为半径的圆形区域。因此,综合分析后可认为二级换乘节点(换乘中心站)合理的服务范围在以3~5km为半径的圆形范围内。二级换乘节点(换乘中心站)所处区位不同,其合理的服务范围取值不同。由于大城市核心区出行密集,在交通枢纽和目的地之间的换乘方式主要以步行为主,所以核心区的合理服务范围取小值;中心区交通枢纽和目的地之间的换乘方式主要以常规公交、自行车和步行为主,取中间值;外围区及边缘集团区可根据其发展水平和用地性质等因素综合分析后取值。以此作为交通分区大小的依据。二级换乘节点(换乘中心站)的服务范围参考值见表5-7。

二级换乘节点(换乘中心站)合理服务范围 表5-7

枢纽所在区位	核心区	中心区	外围区及边缘集团区
合理服务范围半径(km)	3	3~4	4~5

5.4 综合交通枢纽客流预测方法

5.4.1 国内外交通枢纽客流预测研究概况

随着世界各国交通拥挤问题的日益严重以及城市轨道交通在城市客运中所占比重的增大,各种客运方式相互融合的步伐逐渐加速,由此产生了在城市客运交通枢纽方面的广泛研究。欧美发达国家从20世纪50年代起就陆续开始进行城市客运交通枢纽的规划、设计及政策研究,并探索出很多适合各自城市特色的客运枢纽规划设计经验和方法,取得了较好的效果。我国早期对城市客运交通枢纽的研究较少,相关研究文献屈指可数。客运枢纽相关研究的匮乏使得我国城市建设过程中交通问题层出不穷。例如,北京市从1965年开始修建地铁,当时修建地铁的目的并非完全出于交通考虑,而是更多地考虑了战备因素。因此，对于地铁与地面交通的配合、地铁之间的换乘没有进行深入研究，造成目前众多地铁站的选址不当、交通换乘不便等诸多问题。20 世纪 90 年代初，我国各大城市开始加强城市客运交通枢纽的设计及管理方面的研究，但在实施中由于仍然缺乏理论技术支持，改善的效果并不十分明显，换乘设施不舒适、换乘距离长的情况屡有发生。

进入 21 世纪以来，发达国家对城市客运交通枢纽的研究逐渐偏重于设施的详细设计，特别注重乘客需求、信息服务以及残障人士的特殊要求。此外，西方学者在乘客出行心理、枢纽内乘客步行特征、交通方式衔接模式及枢纽建设的经济成本分析等方面的研究也比较深入。

城市交通需求预测起源于美国，并在全世界范围内得到了迅速发展。20 世纪 60 年代，芝加哥都市圈的交通规划中开发应用了交通方式划分的四阶段交通需求算法，开创了城市综合交通需求预测的先河。四阶段预测法是一种集计模型（Aggregate Model），按照交通生成预测、交通分布预测、交通方式划分预测和交通分配四阶段来分析城市现状和未来的交通状况，是目前交通规划领域应用最广的方法。虽然近几十年来，对四阶段中预测模型的研究不断深入，也出现了将两个或几个阶段合并进行预测的方法，但从宏观的角度把握城市居民出行的特点、分阶段预测分析的思路仍然未变。

枢纽处各种交通方式的到达及发送客流总量可以通过上述传统的预测方法结合各类预测模型，根据现状人口、交通设施服务水平、土地利用性质及其分布、经济情况及发展趋势分析得到。姜帆于 2002 年将宏观交通战略规划模型 Start 与交通需求模型 Trips 在城市客运交通枢纽的需求预测中联合采用，较好地解决了交通枢纽的总量需求预测问题。2004 年，Michaell Kuby 等人以 2000 年美国各城市中 268 个轻轨车站平日具有代表性的数据为基础，采用回归模型确定了对轻轨车站客流的影响因素，结果显示土地使用类型、可达性、就业状况、人口总数、乘客步行距离的百分比、公交路线、停车换乘设施等因素效果显著。除此之外，还有学者将其他预测模型应用到枢纽的换乘量预测研究领域。

上述研究较好地解决了枢纽的客流需求总量预测问题，但是枢纽内各交通方式之间换乘量的确定十分复杂，目前尚没有十分成熟的算法。枢纽内部的换乘量为该枢纽衔接的各种交通方式之间交换的客流量，通常可以表达为矩阵的形式。城市客运交通枢纽承担着大量换乘量的中转任务。不同方式之间换乘量的大小，不仅影响着枢纽的空间布局，同时也影响着枢纽的规模及多样化设计。

2004 年，黄伟在论文《综合交通枢纽的客流预测分析》中通过实例介绍了综合交通枢纽客流预测分析的基本过程，提出了客流分析的主要思路，并对其中相关的技术分析方法进行了说明。枢纽相关客流换乘分析过程如图 5-1 所示。

2005 年，葛亮在论文《城市公共交通枢纽客流量预测实用方法研究》中分析了遗传算法和神经网络的优、缺点，在充分考虑各种可量化因素的影响权重的基础上，建立了遗传神经网络模型，提出了城市公共交通枢纽客流量预测实用方法，并通过实例进行了分析验证。

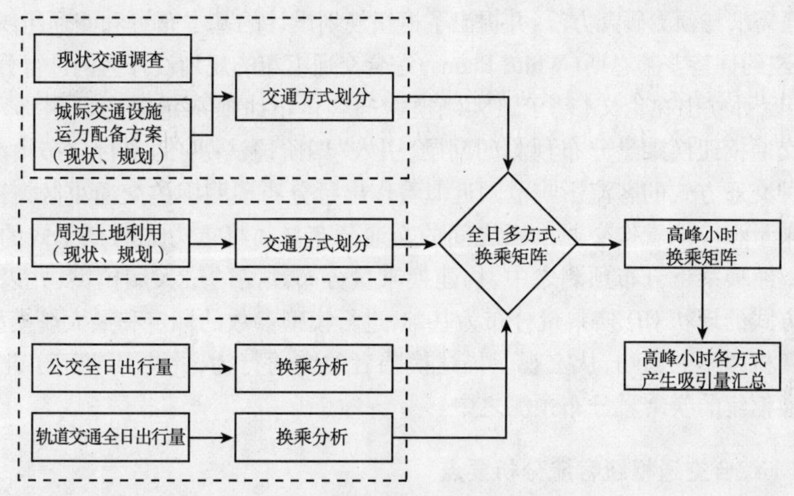

图5-1　综合交通枢纽的客流预测分析图

2005年，文雅在论文《基于出行链的城市客运交通枢纽换乘需求预测模型》中分析了基于出行链的客运枢纽客流构成，然后通过构建一个虚拟三维网络模型来描述多方式交通系统，提出了将方式划分与路径选择联合的客流预测模型，使得客运枢纽多种方式间的两两换乘需求预测简化为求解换乘弧上流量的问题。最后，使用TansCAD给出一个算例。

2005年，邵昀泓在论文《最大熵模型在交通分布预测中的应用》中探讨了引入重力式先验概率的最大熵模型的原理和算法。该模型用于"四阶段法"的交通分布预测，将发生概率最大的交通分布视为预测的交通分布，隐含考虑了随机因素的影响，从宏观上描述了出行者的交通行为，实际应用中模型参数容易标定。通过实例分析并与双约束重力模型、底特律增长系数模型的预测结果进行比较，表明最大熵模型克服了后者的局限，适用性较强，在交通分布预测中具有很好的应用前景。

2006年，单静涛在论文《城市交通枢纽交通换乘分析与客流组织评价研究》中对"四阶段法"中的出行分布预测与已知枢纽各类交通方式的到达和发送客流量、求解换乘量过程的相似之处进行了探讨。他引入出行分布预测原理对枢纽的换乘量进行分析与预测：将各种交通方式的服务范围近似看作出行分布预测中的交通小区，通过现况调查得到现状枢纽区域范围内各种交通方式的换乘矩阵，再利用出行分布的计算方法得出未来的换乘量矩阵；应用重力模型进行了北京市东直门枢纽换乘分布量的预测，为枢纽的换乘分布量预测这一难题提供了解决思路。但是该研究采用重力模型进行换乘分布量的求解还存在着预测精度不高、工作量较大、模型可塑性较差、换乘阻抗不变等诸多问题。

2006年，何宁在《综合交通枢纽规划和需求分析方法》中探讨了适合我国城市一体化综合交通枢纽的规划与设计的思路与方法，重点提出了在社会、经济和详细交通调查基础上的交通需求与预测研究方法，并提出了枢纽规划设计的基本布置和交通组织原则。最后，以美国纽约怀特普莱恩斯(White Plains)综合交通枢纽的规划设计为例进行分析。

2008年，孙立山在论文《基于最大熵模型的客运枢纽换乘量分布预测研究》中针对城市客运交通枢纽换乘量分布预测的问题，引入"四阶段法"中的出行分布预测原理，将枢纽处各种交通方式的客流影响范围近似看作出行分布预测中的交通小区，各交通方式之间的换乘量相应地看作交通小区之间的交通分布量。将重力先验概率式的最大熵模型应用于枢纽换乘量分布预测之中，构建换乘量分布预测的最大熵模型，并以枢纽内部各种交通方式的现状OD换乘量分布为基础，进行模型参数的标定和最大熵模型的求解，隐含考虑随机因素的影响，从宏观上描述换乘者的交通行为，并将其应用于北京市东直门客运交通枢纽的换乘量分布预测之中。

5.4.2 综合交通枢纽客流分析要点

1)从宏观的土地利用和交通结构布局上强化对枢纽的认识

综合交通枢纽在城市地图上虽仅是一个"节点"，但由于其特定的地理位置和集中的交通资源，因此在交通上枢纽对于城市的影响却是全局性的。这是枢纽区别于其他城市"节点"(如某个交叉口或广场)的地方。枢纽的客流预测分析同样具有特殊性和复杂性，这便要求我们在分析前应首先从宏观上树立对枢纽的正确认识，确立枢纽的性质和功能定位，明确枢纽的服务范围，这是客流预测分析的首要前提。

2)详尽的资料、周密的调查、科学的分析方法和手段是确保分析合理准确的关键

不同性质、不同功能定位的枢纽各有其明显不同的交通流特征，因此，掌握、分析枢纽交通特征的现状和未来，将是客流分析重要的工作过程。资料收集是需求分析前期准备工作的重要环节。交通调查则是在客流预测所确定的技术路线下，对枢纽现状和交通特征最直接的把握，同时也是对已收集资料的验证和补充。技术路线则是在对枢纽的全面认识下，在已有资料和调查的基础上结合枢纽规划设计的需要，所确定的技术分析方法和分析过程。

3)分析结论应确保数据的全面性和完成性

典型的城市综合交通枢纽大多位于火车站、地铁(或城轨)站、公交首末站、长途客运站重叠的"节点"位置，是国家铁路、城市轨道交通、城市地面公交、长途客车、小汽车和自行车等多种交通方式集中换乘的客流聚集点，由于交通的便捷，多数情况下，枢纽周边用地也是土地价值较高、开发强度较大的地区。

在枢纽的客流预测分析中，应首先深入分析枢纽的客流构成，全面考虑枢纽设施可

能涉及的各种客流，以真实反映未来枢纽运营时的状况。一般情况下，综合交通枢纽的客流主要由以下几部分构成。

(1)城际交通相关的客流。主要包括进出火车站、长途客运站、飞机场、客运码头的旅客及其接送人员，同时还应包括上述场站、码头相关工作人员和服务人员。

(2)城市公共交通所诱发的客流。包括地面公共交通和城市轨道交通所诱发的两部分客流，地面公共交通所诱发客流包括公交普线和公交快线(BRT)换乘地铁客流以及公交普通和公交快线(BRT)在枢纽处中转换乘客流；轨道交通所诱发客流包括多条轨道交通线路相交时相互之间的换乘量和途经枢纽不需要中转换乘的客流量。

(3)枢纽周边用地诱发的客流。枢纽周边的大型公建和居住设施，如酒店、写字楼、商场、公寓等都是枢纽客流的直接来源，除使用枢纽内城际交通和城市公共交通设施的资源外，这部分客流还可能"共享使用"枢纽内机动车和自行车的停车设施。

这三部分客流实际上是相互关联的，如乘坐地铁上火车的乘客，既是地铁的客流，同时也是国铁的客流；枢纽周边用地诱发的客流其中一部分是与城际交通相关的客流。在下文的分析中OD出行矩阵为居民的市区内部出行，不包括城际之间的出行。

完整性即要求分析的结论数据完整而详尽，可以为方案的设计、比选、评价提供足够的数据支撑。分析的最终结论不能仅仅是一个反映客流规模的总数，而应充分反映枢纽内各种交通流在时间和空间上的活动情况。分析结论可采用高峰小时多种交通方式间的换乘矩阵进行表示。矩阵的表示方法不仅数据信息量大，而且直观、简洁、清晰明了，便于使用。

5.4.3 综合交通枢纽客流分类预测方法及流程

本书在综合分析交通枢纽客流来源的基础上，对各种来源的客流分别提出分析预测方法，进而建立实用的综合交通枢纽客流分类预测方法。该方法主要包括枢纽各组成部分(包括公交、地铁、城铁、国铁、商业建筑)的客流分析以及各种交通方式的换乘量分析。

1)城际交通设施的客流分析

在一定的运力配备下，铁路客运、长途客运、航空客运等一般都具有相对稳定的客流，一般情况下，其客流量主要与站场的发车(航班)数线性相关。因此，分析时可根据该站场历年的数据资料和规划年运力配备的情况，采用回归分析的方法对规划年的客流进行预测分析。在客流分析总量预测完成后，可根据历年的方式分担比例考虑规划年交通发展情况，经综合分析后确定城际交通设施客流的分担比例，得到各方式集散到达城际交通设施的客流量。

2)枢纽的城市公共交通所诱发的客流

在具有规划年城市分区各方式OD出行矩阵表的情况下，通过相关矩阵的分析方法，从总的矩阵表中分离出和枢纽相关的出行数据矩阵。

相关矩阵分析思路：全市性出行矩阵中出行的实现包括直达和换乘出行，换乘出行对于换乘点的选择主要取决于出行成本（广义出行费用，主要包括时间、距离、票价等）的高低，因此判断一个 OD 对是否可能选择特定枢纽作为换乘点，其最基本的条件是起点到枢纽和枢纽到终点两段出行产生的出行成本具有相对优势。

由于出行成本难以精确估算，考虑到该方法的实用性，选择距离成本作为判断矩阵中 OD 对和矩阵是否相关的条件。对于一次出行，设起点为 A、终点为 B、枢纽为 C，则非直线系数 $k=(AC+BC)/AB$，其中 AC、BC、AB 为两点之间的直线距离。对于不同的 k 值，取不同的吸引率 p（当 k 大于预设的临界值时，p 为 0）。p 值量化反映了在不同的 k 值取值情况下出行和枢纽相关性的大小。

按照上述方法，针对全市分区的规划年全方式的 OD 矩阵，计算各 OD 对吸引率 p 值的矩阵表，将此两个矩阵相乘，即可得到仅和枢纽相关的规划年全方式出行矩阵。同样的办法可以得到规划年各个交通方式的出行矩阵。

在得到与枢纽相关的公交（包括轨道交通）出行 OD 矩阵后，由于枢纽所在小区的出行并非全部通过枢纽，只是部分通过枢纽中转换乘。本文将通过枢纽的换乘客流量分为三部分客流：轨道交通之间的换乘量（多条轨道交通线路相交时），地面公交（常规公交和快速公交）与轨道交通的换乘量，地面公交（常规公交和快速公交）与地面公交（常规公交和快速公交）的换乘量。

假设有两条轨道交通线路相交时，利用前文所述方法可得到与枢纽相关的公交出行 OD 矩阵。对于每个 OD 对，按出行起终点所处的位置，将起终点的交通小区分为两类：A 类在经过枢纽的两条地铁线路客流走廊（定义为沿线两侧各 1.5km 宽的区域）范围内；B 类在经过枢纽的地铁线路客流走廊范围以外。

根据 2000 年北京市针对常规公交乘客和地铁乘客的询问调查，结合城市轨道交通线网承担客流的分析，由北京一线地铁和环线[1]地铁组成的线网，其客流来源为：起终点均在两条线直接吸引范围内的客流吸引率达到 0.5 左右；一端在直接吸引范围内、另一端在范围外的客流吸引率为 0.2 左右；而两端均在直接吸引范围以外的客流吸引率在 0.2 以下。

对于枢纽相关公交出行矩阵中，每个 OD 对可以被分为：起终点均在轨道交通线路直接吸引范围内（乘以吸引率 0.5）；一端在直接吸引范围内，另一端在吸引范围外（乘以吸引率 0.2）；两端均在直接吸引范围以外（乘以吸引率 0.1）。由此可得到与枢纽相关的轨道交通出行矩阵。

（1）对于与枢纽相关的轨道交通出行矩阵，如果 A 类小区中 O 点、D 点不在同一轨道交通线路客流走廊范围内，则此 OD 点之间的出行量计入两条轨道交通线路之间的换乘

[1] 现分别为北京地铁 1 号线和 2 号线。

量。找出所有不在同一轨道交通线路客流走廊范围内的 O 点、D 点之间的出行量，将其求和即可得到枢纽内部两条轨道交通之间的换乘客流量。

(2)对于与枢纽相关的轨道交通出行矩阵，如果 A 类小区中 O 点、D 点均在同一轨道交通线路客流走廊范围内，则此 OD 点之间的出行量计入同一轨道交通线路的通过客流量。找出所有在同一轨道交通线路客流走廊范围内的 O 点、D 点之间的出行量，将其求和即可得到枢纽内部轨道交通线路经过枢纽的客流量。将与枢纽相关的轨道交通出行矩阵减去枢纽内部轨道交通之间的客流换乘量和枢纽内部轨道交通线路经过枢纽的客流量，即可得到地面公交与轨道交通换乘量出行矩阵。

(3)对于地面公交与地面公交换乘量，可根据现状轨道交通枢纽站调查结果分析，得出利用地面公交到达枢纽站换乘轨道交通和换乘地面公交的比例，进行综合分析后确定换乘轨道交通和换乘地面公交的比例，利用前述方法求的地面公交换乘轨道交通的出行总量求得地面公交与地面公交在枢纽的换乘量。

3)周边用地的客流分析

客流分析时，按其使用性质，可将周边用地的建筑分为两大类型：一类为居住型建筑，如居民小区、公寓等；另一类主要为具备商业和商务办公特征的公共建筑，如商场、餐饮、酒店、商务写字楼、行政管理机关等。这两类建筑具备明显不同的交通出行特征：前者以居民本身的出行为主，加上少量的探亲访友出行，在时间分布上体现“早出晚归”的特征；而后者出行由两部分构成，即包括公共建筑职员本身的上下班出行和其诱发的商务出行，如商场的购物人流、写字楼的商务洽谈人流等，因此公共建筑的出行在时间分布上总体呈现“早进晚出”的特征。

周边用地的客流按上述分类可采用原单位法进行计算，即主要依据居住建筑的居民人数和公共建筑的建筑面积，按不同的出行生成系数，计算其客流的出行值。

居住建筑高峰小时的出行量：

$$PA_1 = F \cdot p \cdot \alpha \cdot \beta \tag{5-1}$$

式中：PA_1——居住建筑的高峰小时出行量，人次/高峰小时；

F——居住建筑入住的户数，户；

p——平均每户的家庭成员数，人/户；

α——每个居民每日进出居住建筑的次数，次/(人·日)；

β——高峰小时系数。

公共建筑高峰小时的出行量：

$$PA_2 = \sum_{i=1}^{n} S_i \cdot M_i \cdot (C_i + 2D_i) \cdot \beta_i \tag{5-2}$$

式中：PA_2——公共建筑的高峰小时出行量，人次/高峰小时；

S_i——第 i 种公建的建筑面积，m^2；

M_i——第 i 种公建单位建筑面积的就业岗位数，个/m^2；

C_i——第 i 种公建的职员日均进出公建的次数，次/(人·日)；

D_i——第 i 种公建的没名职员日均吸引得商务客流人数，次/(人·日)；

β_i——第 i 种公建的高峰小时系数。

对于不同的住宅楼或公共建筑都有不同的参数取值，即使对于使用性质完全相同的建筑体，在不同的地区或者不同的经营定位，参数值也各不相同。在实际分析中，可根据具有可比性的同类建筑的经验值或直接通过项目设施的出行特征调查确定参数的取值。

在得到枢纽周边用地高峰小时生成量后，减去公交方式分担客流和与城际交通相关的客流，得到周边用地与枢纽相关客流总量。可根据历年的方式分担比例考虑规划年交通发展情况，经综合分析后确定此部分客流的交通方式分担比例及采取不同交通方式到达枢纽的换乘量。至于枢纽周边用地诱发的客流总量中的公交方式客流，已经包括在前文所述的公交 OD 出行矩阵中，所以不再考虑此部分公交方式客流在枢纽点的换乘。

4）各交通方式换乘量及集散量分析

通过城际交通相关的客流、城市公共交通所诱发的客流和枢纽周边用地诱发的客流分析，可以得到与枢纽相关的全日多方式换乘矩阵，再通过高峰小时系数分析确定高峰小时各方式出行换乘矩阵，并分别对各交通方式产生量和吸引量汇总，即可得各方式客流的集散量。

综合交通枢纽需求预测主要包括各交通方式在交通枢纽处的客流集散总量及各交通方式之间的换乘分布量预测。根据综合交通枢纽客流来源分析，综合交通枢纽客流预测流程如图 5-2 所示。

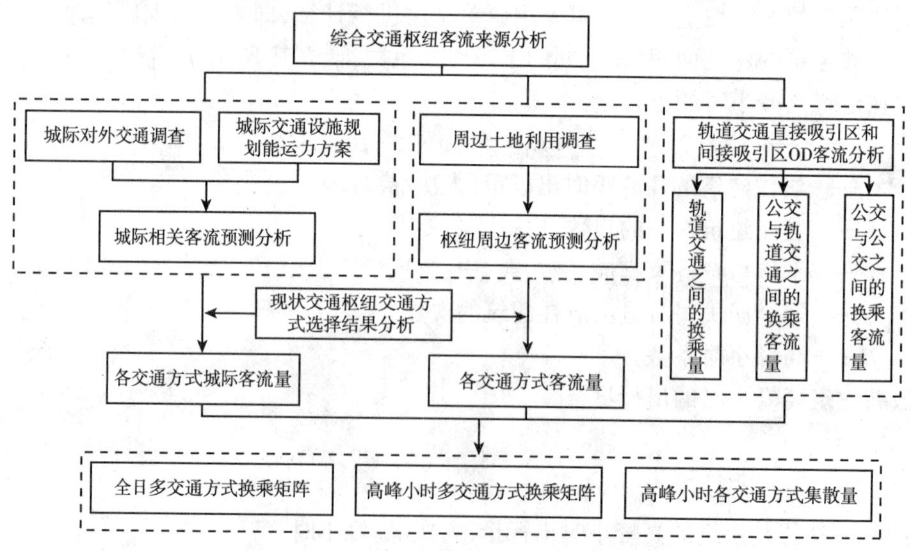

图 5-2　综合交通枢纽客流预测流程图

基于交通枢纽客流来源分析的综合交通枢纽客流分类预测的方法,可以方便有效地得到综合交通枢纽内部各种交通方式的集散客流总量及各交通方式之间的换乘分布量。但是综合交通枢纽的客流预测受到很多不确定因素的影响,产生误差在所难免,建议在实践规划设计中对预测结果考虑一定的弹性变化范围。

5.4.4　应用实例

《北京交通发展纲要(2004年—2020年)》提出加快综合客运枢纽建设,建成宋家庄等一批为中心城与郊区线路衔接换乘服务的公共客运枢纽站。根据规划方案,宋家庄交通枢纽将建成一座集城市轨道交通、长途客运、市区公交于一体,包括出租汽车、自行车等多种方式相互衔接的综合客运枢纽,各种交通工具都可在此实现换乘。北京地铁5号线、10号线和亦庄线在此交会。

通过预测,2016年宋家庄枢纽全日总客运量约为78.4万人次,其中高峰小时客运量约为11.55万人次,高峰小时流量比约为14.7%。各交通方式高峰小时换乘集散量结果见表5-8。

2016年宋家庄枢纽各种交通方式高峰小时换乘集散量预测结果(单位:人次)　表5-8

换乘方式	地铁	公交车	长途车	出租汽车	自行车	小汽车	步行	合计
地铁	24 663	6 742	2 420	288	2 621	—	1 109	37 843
公交车	7 206	1 726	1 250	—	239	—	654	11 075
长途车	1 490	620	—	250	—	220	—	2 580
出租汽车	356	—	420	—	—	—	—	776
自行车	2 638	223	—	—	—	—	—	2 861
小汽车	—	—	210	—	—	—	—	210
步行	1 563	830	—	—	—	—	—	2 393
合计	37 916	10 141	4 300	538	2 860	220	1 763	57 738

5.5　客运交通枢纽布局优化方法

客运交通枢纽布局优化的方法主要有专家咨询法、微分法、运筹法、物流中心选址法和交通配流法等。专家咨询法受到专家主客观因素影响可能得不到最优方案;而其他方法将枢纽布局归结为一个非线性规划或凸规划问题来求解,均含有多个目标函数和多种约束条件。在实际工程项目规划过程中,由于交通线网庞大、约束条件严格,有时无法求得满意解,并且此类方法对于工程规划人员难以操作不易求解。所以,有必要建立客运交通枢纽布局规划的实用方法。

5.5.1 枢纽布局规划的主要考虑因素

客运交通枢纽布局应与城市土地利用规划结合,体现"枢纽导向型"的规划理念,注重于枢纽与土地利用的结合,强调枢纽站点步行区范围与城市高密度的土地开发的紧密结合,使城市土地利用与城市交通融为一体,实现可持续发展。在规划时,应考虑以下因素:

(1)客流需求强度。综合交通枢纽有效影响范围内的居民出行客流需求强度是影响公共客运枢纽选址和规模的主要因素。

(2)用地及周围环境条件。公共客运枢纽的布局规划要求占用一定的城市空间,并且与之相连的道路交通条件和服务水平较好。

(3)与快速公交走廊配合发挥整体效益。要使城市客运交通枢纽成为公共交通发展,尤其是轨道交通及快速公交发展的依托,并充分发挥大容量快速公交和换乘枢纽结合的整体效益,应尽可能地使枢纽成为城市客运交通需求走廊或公交快线线路上的关键节点。

(4)与城市总体规划相协调。交通枢纽的布局应配合城市总体规划中提出的城市空间布局和结构,适当超前规划建设综合交通枢纽和公交系统,有利于实现 TOD 规划理念和引导居民选择的合理出行方式。

(5)与各种交通方式有效配合。例如,对于大城市,可考虑停车换乘枢纽布局规划和小汽车停车场布局规划同步进行,从而有利于减少城市郊区及边缘集团小汽车进入市区,缓解中心区的交通拥挤。

5.5.2 客运交通枢纽布局选址方法

在进行城市客运交通枢纽布局选址规划时,城市不同区位中心区、边缘组团和新城的发展程度不同,土地利用和规划具有很大差异,所以枢纽由于枢纽所处区位不同,其布局规划方法也有所不同。

1)大城市中心区客运交通枢纽布局规划方法

考虑枢纽布局规划方法的实用性及可操作性,采取两阶段的枢纽布局规划方法。第一阶段为基于区位重要度分析的枢纽宏观布局规划,以区位重要度分析为基础,并结合各交通分区公交客流出行需求分析,在枢纽规划建设数量的约束条件下确定交通枢纽的宏观布局区位。第二阶段为基于节点重要度分析的枢纽微观布局规划,根据枢纽宏观布局区位分析结果,对枢纽宏观布局交通分区,分别建立交通枢纽备选结合,考虑备选枢纽节点客流强度及网络拓扑结构,计算备选集合中的各节点重要度,根据其结果确定枢纽布局方案。第一阶段包括两个基本假设:各交通分区之间公交出行 OD 已知;规划建设的枢纽数量 m 已知,且 m 小于交通分区数量 n。其具体流程如图 5-3 所示。

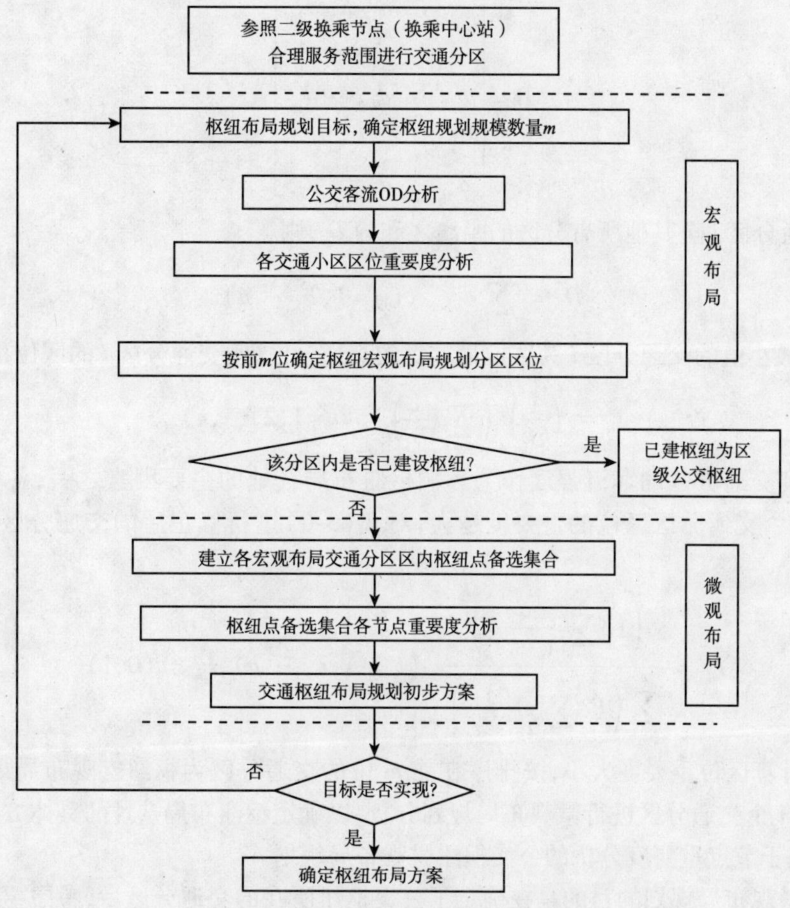

图5-3　大城市中心区客运交通枢纽布局规划流程图

(1)基于区位重要度分析的枢纽宏观布局规划。

首先对市区进行交通分区划分，交通分区划分交通小区划分遵照充分考虑用地性质，与行政区、街道、乡镇、社区等行政区划边界一致，与山体水系等自然边界、铁路以及城市道路等相结合等原则。居民公交出行OD矩阵为：

$$\boldsymbol{T}=\begin{bmatrix} t_{11} & \cdots & t_{1j} & \cdots & t_{1n} \\ \vdots & & \vdots & & \vdots \\ t_{i1} & \cdots & t_{ij} & \cdots & t_{in} \\ \vdots & & \vdots & & \vdots \\ t_{n1} & \cdots & t_{nj} & \cdots & t_{nn} \end{bmatrix} \tag{5-3}$$

在此基础上对各交通分区的区位重要度进行分析。各交通分区的形心设于区内某一主要客流集散点处，并建立交通分区空间距离(最短路)矩阵：

$$\boldsymbol{D}=\begin{bmatrix} d_{11} & \cdots & d_{1j} & \cdots & d_{1n} \\ \vdots & & \vdots & & \vdots \\ d_{i1} & \cdots & d_{ij} & \cdots & d_{in} \\ \vdots & & \vdots & & \vdots \\ d_{n1} & \cdots & d_{nj} & \cdots & d_{nn} \end{bmatrix} \tag{5-4}$$

记交通分区 i 至其他所有分区的距离之和为 D_i,则

$$D_i = \sum_{j=1}^{n} d_{ij} \quad (i,j=1,2,\cdots,n) \tag{5-5}$$

将 D_i最小值的交通分区 i 为区位最重要的交通分区,则交通分区 i 的区位重要度为:

$$I_{li} = \left(\frac{1}{D_i}\right)\Big/\left(\sum_{i=1}^{n}\frac{1}{D_i}\right) \quad (i=1,2,\cdots,n) \tag{5-6}$$

考虑到交通分区的客流强度作为影响枢纽布局选址的主要因素之一,各分区之间出行量越大,交通分区区位的重要度越大,对式(5-6)进行修正后的交通分区 i 的区位重要度为:

$$I_{li} = \frac{\left(1\Big/\sum_{j=1}^{n}\frac{d_{ij}}{t_{ij}+t_{ji}}\right)}{\sum_{i=1}^{n}\left(1\Big/\sum_{j=1}^{n}\frac{d_{ij}}{t_{ij}+t_{ji}}\right)} \quad (i=1,2,\cdots,n),I_{li}\in(0,1) \tag{5-7}$$

通过计算区位重要度大小,按排序在前 m 位的交通分区为枢纽宏观布局规划分区,然后对这 m 个交通分区进行微观布局规划分析,以确定枢纽布局选址的具体方案。

(2)基于节点重要度分析的公交枢纽微观布局规划。

枢纽微观布局规划的目的是在确定了公交枢纽所在的交通分区后,考虑枢纽建设用地约束、周边路网条件以及和其他交通方式之间衔接等因素进行公交枢纽布局的微观选址,以确定公交枢纽规划建设的具体位置,使规划方案具有较强的可实施性。

在公交枢纽宏观规划布局的 m 个交通分区内分别建立各分区的枢纽节点备选集合。备选集合节点包括:在满足枢纽建设用地的前提下,邻近该用地的轨道交通站点、BRT 站点、公交线路多且通过交通量大的交通走廊节点、城市骨干道路网节点、商业中心、客流集中的片区干路节点。通过计算宏观布局分区内各备选枢纽点的节点重要度,按照节点重要度最大值确定二级换乘节点(换乘中心站)布局选址方案。备选枢纽点的节点重要度主要考虑该节点的客流强度及网络拓扑结构指标值来计算。m 分区备选枢纽点 p 的客流强度 V_{mp}为多层次公交线网客流交通分配后经过 p 节点各方向的公交客流量之和。

m 分区备选枢纽点 p 的拓扑结构指标值计算式为:

$$E_{mp} = \alpha\cdot e_{mp}^{\text{rail}} + \beta\cdot e_{mp}^{\text{brt}} + \gamma\cdot e_{mp}^{\text{bus}} \tag{5-8}$$

式中：e_{mp}^{rail}——m 分区 p 节点连接轨道交通线路的边数；

e_{mp}^{brt}——m 分区 p 节点连接 BRT 公交快线的边数；

e_{mp}^{bus}——m 分区 p 节点连接的城市道路可用于公交专用道路的车道数；

α、β、γ——分别为 e_{mp}^{rail}、e_{mp}^{brt}、e_{mp}^{bus} 的权重系数，可通过专家咨询法和层次分析法确定权重的方法确定，本文建议 $\alpha=1,\beta=0.8,\gamma=0.5$。

m 分区备选枢纽点 p 的重要度指标值为：

$$I_{nmp}=a_1\cdot\frac{V_{mp}-V_{m\min}}{V_{m\max}-V_{m\min}}+a_2\cdot\frac{E_{mp}-E_{m\min}}{E_{m\max}-E_{m\min}} \tag{5-9}$$

式中：$V_{m\max}$——m 分区所有备选节点中客流强度指标最大值；

$E_{m\max}$——m 分区所有备选节点中网络拓扑结构指标最大值；

a_1、a_2——分别为考虑枢纽备选节点客流强度和网络拓扑结构指标的权重系数，可通过专家咨询法和层次分析法确定权重的方法确定，本文建议 $a_1=0.7$，$a_2=0.3$。

2）大城市边缘集团和新城客运交通枢纽布局规划方法

边缘组团、新城是在城市规模扩展到一定程度以后，为了避免城市中心组团（既主体建成区）无限制地向外蔓延，减轻中心组团的压力，在距中心组团一定距离的外围形成的发展区域，它是多中心组团式结构的城市的重要组成部分。

从整个城市角度来说，边缘组团侧重于发展某一主要功能，如工业、生活、旅游等；从边缘组团自身来看，边缘组团内部的功能相对独立，具有组团内部的中心、居住、就业以及休闲娱乐、文化卫生设施。新城则类似一个小城市，内部具有多重功能，采用混合用地的布局形式。

边缘集团和新城既是城市大系统的一个重要的组成部分，又是一个相对独立的有机整体。因此，其交通特征也表现为两重性：一个层面是其自身内部的交通流，另一个层面是边缘组团、新城与其他组团、新城尤其是中心组团之间大运量、长距离的交通流。

边缘组团和新城的二级枢纽可作为其开发的先导和依托点，通过枢纽不仅可以改变该区域的交通可达性，提高区位优势，而且可以将枢纽建设与生活、就业、商业及娱乐等活动结合起来，采取综合开发模式，有助于边缘组团中心的形成和新城的开发建设。对于边缘组团和新城的二级枢纽，由于边缘组团和新城枢纽建设用地较容易得到保证，本研究认为二级枢纽应位于交通分区的几何重心，提前进行建设用地规划和预留用地。在该枢纽周边地区进行高密度的开发，其布局规划可采取重心法求得。

重心法是将单位面积上的出行生成率看作物体的平面密度，用求物体质量重心的方法来确定枢纽的最佳位置。其数学模型如下：

$$\begin{cases} \bar{x} = \dfrac{1}{M}\iint\limits_{D} x \cdot \mu(x,y)\,\mathrm{d}x\mathrm{d}y \\ \bar{y} = \dfrac{1}{M}\iint\limits_{D} y \cdot \mu(x,y)\,\mathrm{d}x\mathrm{d}y \\ M = \iint\limits_{D} \mu(x,y)\,\mathrm{d}x\mathrm{d}y \end{cases} \tag{5-10}$$

式中：$\mu(x,y)$——交通分区内点(x,y)处的出行生成率；

D——交通分区区域。

5.5.3 算例分析

某市区交通线网分区图如图5-4所示，共有10个交通分区，有一条轨道交通线路经过1－2－3分区。近期规划建设区级公交枢纽4处。各分区之间公交出行OD分布结果和分区之间空间距离见表5-9。利用区位重要度计算公式［式(5-7)］得出的各分区的区位重要度结果见表5-10。

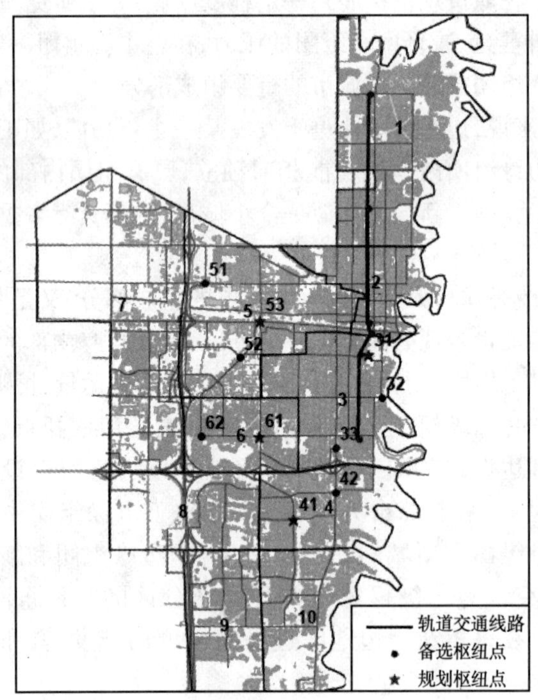

图5-4　某市区交通线网及公交枢纽布局方案图

分区之间公交出行 OD 及分区之间空间距离表(单位:km)　　表 5-9

O \ D	1	2	3	4	5	6	7	8	9	10
1	5 615	4 868	957	3 512	1 657	6 617	818	911	1 061	502
	(0.0)	(12.0)	(22.6)	(32.5)	(23.5)	(31.2)	(31.1)	(47.1)	(45.9)	(41.7)
2	2 872	2 772	569	1 729	970	2 900	493	555	654	329
	(12.0)	(0.0)	(10.7)	(19.6)	(11.8)	(19.3)	(23.2)	(35.3)	(34.0)	(28.8)
3	557	764	366	1 619	563	1 965	264	298	336	161
	(22.6)	(10.7)	(0.0)	(12.4)	(12.2)	(8.9)	(23.1)	(24.3)	(23.0)	(21.6)
4	1 335	1 459	1 009	5 531	1 972	9 566	1 099	1 286	1 395	634
	(32.5)	(19.6)	(12.4)	(0.0)	(17.9)	(10.1)	(28.8)	(16.8)	(15.0)	(9.5)
5	261	323	130	1 207	1 541	1 774	369	455	465	424
	(23.5)	(11.8)	(12.2)	(17.9)	(0.0)	(9.7)	(12.4)	(25.7)	(24.4)	(24.2)
6	1 157	1 303	656	5 004	1 714	5 657	1 099	1 314	1 670	760
	(31.2)	(19.3)	(8.9)	(10.1)	(9.7)	(0.0)	(18.8)	(17.8)	(16.6)	(16.4)
7	449	469	216	2 060	955	4 692	1 189	1 448	2 052	536
	(31.1)	(23.2)	(23.1)	(28.8)	(12.4)	(18.8)	(0.0)	(24.5)	(30.4)	(35.1)
8	440	472	239	1 724	1 790	4 348	1 528	2 058	2 283	1 099
	(47.1)	(35.3)	(24.3)	(16.8)	(25.7)	(17.8)	(24.5)	(0.0)	(11.2)	(15.6)
9	455	511	194	1 410	901	3 238	2 040	820	2 790	1 076
	(45.9)	(34.0)	(23.0)	(15.0)	(24.4)	(16.6)	(30.4)	(11.2)	(0.0)	(5.9)
10	287	328	125	915	1 327	1 940	648	922	1 376	1 605
	(41.7)	(28.8)	(21.6)	(9.5)	(24.2)	(16.4)	(35.1)	(15.6)	(5.9)	(0.0)

注:(　)内数值为分区之间空间距离。

各分区区位重要度结果　　表 5-10

分区	1	2	3	4	5	6	7	8	9	10
区位重要度	0.045	0.050	0.140	0.164	0.091	0.263	0.063	0.066	0.072	0.046

根据区位重要度分析结果排序,确定区级公交枢纽宏观布局规划的分区为 3、4、5、6 分区。在各分区内确定枢纽节点备选集合,并计算各备选公交枢纽点节点重要度,其结果见表 5-11。最终区级公交枢纽布局方案为节点 31、41、53 和 61。

备选集合节点重要度结果 表5-11

<table>
<tr><th>分区</th><th>枢纽节点备选集合</th><th>节点重要度</th><th>推荐规划枢纽点</th></tr>
<tr><td rowspan="3">3</td><td>31</td><td>1</td><td rowspan="3">31</td></tr>
<tr><td>32</td><td>0.6</td></tr>
<tr><td>33</td><td>0.4</td></tr>
<tr><td rowspan="2">4</td><td>41</td><td>1</td><td rowspan="2">41</td></tr>
<tr><td>42</td><td>0.75</td></tr>
<tr><td rowspan="3">5</td><td>51</td><td>0.75</td><td rowspan="3">53</td></tr>
<tr><td>52</td><td>0.75</td></tr>
<tr><td>53</td><td>1</td></tr>
<tr><td rowspan="2">6</td><td>61</td><td>1</td><td rowspan="2">61</td></tr>
<tr><td>62</td><td>0.5</td></tr>
</table>

第6章 多层次公交线网优化方法

多层次公交线网规划的目的是建立良好的城市轨道交通、公交快线、公交普线与公交支线接驳换乘体系,形成“无缝衔接”,满足交通需求的多样性,并提高公交系统效率和服务水平。

常规的公交线网优化模型,多描述为一系列的线路和相应的发车频率,受特定的约束条件限制,以达到期望的目标——总体费用最小。公交线网固有的非线性和离散性使得线网规划问题成为一个 NP - hard 问题,所以常常得到的是局部最优解,而不是全局最优解。同时,公交线网优化的方法很多,多数方法为理论研究,很难应用于实际工程中,并且大部分研究成果主要集中于普通公交单一层次的线网优化上。本书将对不同层次的公交线网优化方法进行分析。对于不同层次的公交线网,研究其目标函数、约束条件及布设方法,并对各层次公交线网优化进行协调设计,以达到整体优化的目的。最后,利用实例验证多层次公交线网优化方法的实用性。多层次公交线网优化方法的流程如图 6-1 所示。

另外,虽然采取逐层优化的方法,但应注重各层次公交线网之间的协调,同时保证和枢纽布局方案的紧密结合。考虑到公交需求的随机性和公交网络的复杂性,对公交系统进行以下简化假设:

(1)城市轨道交通线网已知。

(2)公交系统的客流需求固定。

(3)研究范围限于城市公共交通线网。

(4)公交快线、公交普线、公交支线线路客流相对独立,忽略相互影响。

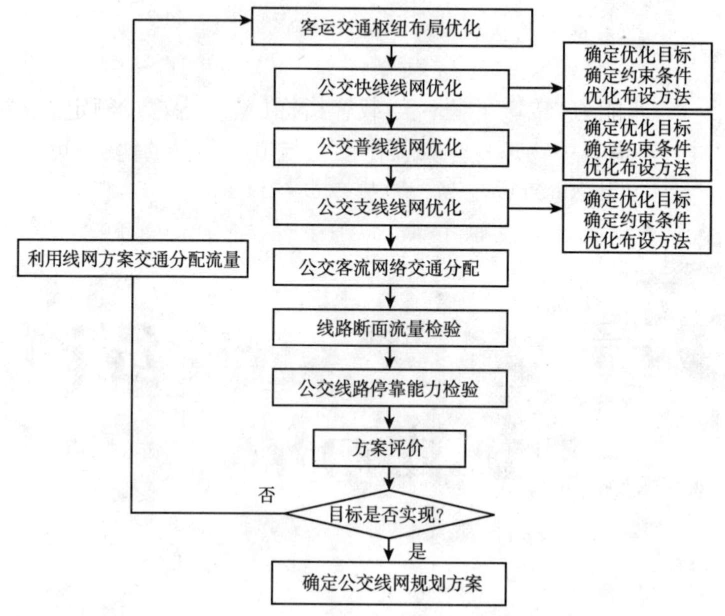

图 6-1　多层次公交线网优化流程图

6.1　影响公交线网优化的因素

实际的公交线网规划影响因素众多、过程复杂。归纳起来,在规划过程中起主要作用的因素如下。

(1)道路条件。城市道路是公交线网布置的物质基础和前提。不同层次的公交线网需要不同的道路条件作支撑。对于常规公交线网,如果没有道路网,公交线路就没有存在的依托。同时,即便道路网存在,也并非所有的道路都适合公交车辆行驶,还要考虑道路几何线形、路面条件和容量限制等因素。若道路条件差,如转弯半径过小、坡度陡长、路面负荷有限、路宽不足,就不适合公交车辆行驶。因此,在进行公交线网规划以前,可以将所有适合于公交车辆行驶的道路定义为公交线网规划的"基础道路网",然后将公交线网布置在"基础道路网"之上。

(2)交通需求。城市客运交通需求包括出行数量、出行分布和出行路径的选择,是影响公交线网规划的首要因素。在一定的服务水平要求下,客运需求量大的区域要求布置的公交线网客运能力较大;客运需求量过小的区域,由于路线客运能力太低是不经济的,因而不宜开设。所以,理想的公交线网布局应满足大多数交通需求的要求,具有服务范围广、非直线系数小、出行时间短、直达率高(换乘率低)、可达性高等特点。

(3)场站条件。起讫站址可作为公交线网规划的约束条件,可根据拟定的起终点生成线网,也可在路线优化后,根据路线及车辆配置确定起终点站及其规模。一般的公交车站可以在路线确定后,根据最优站距和车站长度的限制等情况确定。

(4)车辆条件。影响线网规划的车辆条件包括车辆物理特性(车长、宽、高、质量等)、操作性能(车速、加速能力、转弯半径等)、载客指标(坐、站位数、额定载客量等)和车队拥有的车辆数等。考虑其中物理特性和操作性能与道路条件的协调,可以确定公交线网规划的"基础道路网",由车辆总数、车辆的载客能力和路线的配车数可决定路线总数、车辆总数以作为线网规划的限制条件;也可先规划线网,根据路线配置车辆所需的总车辆数,再考虑数量的限制。

(5)政策因素。政策因素包括交通管理政策(车辆管制和优先措施)、社会公平保障政策(如照顾边缘地带居民出行)和公交导向发展 TOD 政策(如通过开辟公共交通路线诱导出行,促进沿途地带的发展等)。

(6)效率因素。效率因素是指公共交通线网单位投入获得的服务效益,反映路线效益的指标有每月行驶次数、每车次载客人数、每车公里载客人数、每车公里收入、每车次收入和营运成本效益比等。它不仅反映路线的运营状况,还反映路线经过地区的客运需求量和路线的服务吸引能力,因而在规划中应特别考虑效益因素。

此外,城市人口年龄、经济因素和文化因素也是需要考虑的问题。

6.2　多层次公交线网优化目标

由于公交系统涉及公交企业、政府、乘客等多利益群体,公交线网优化属于多用户多目标的优化求解问题。为了保障优化方法的实用性,各层次公交线网优化针对不同层次线网,选定主要的优化目标建立单目标优化模型,并结合约束条件进行启发式求解,开展线路布设。

6.2.1　公交快线线网优化目标

在公交快线布设中,目标函数主要是从出行者的角度出发,考虑乘客出行的时间最短、线网的路线客流周转效率最大。出行时间最短目标函数为:

$$\min T_R = \sum_i \sum_j Q_{ij} \cdot T_{ij} \tag{6-1}$$

式中:T_R——线网 R 的运行时间;

Q_{ij}——从 i 点到 j 点的 O－D 客流量,人;

T_{ij}——从 i 到 j 点的公交行程时间。

公交快线主要承担中长距离出行,线网路线客流周转效率目标函数采用以下公式:

$$\max E_R = \frac{\sum\limits_{\substack{I \in R \\ \forall i,j \in I}} q_{ij}^I \cdot l_{ij}^I}{\sum\limits_{I \in R} l_I} \tag{6-2}$$

式中：E_R——线网 R 的路线效率，人；

q_{ij}^I——路线 I 上从站点 i 到站点 j 的 O－D 客流量，人；

l_{ij}^I——路线 I 上从站点 i 到站点 j 的距离，km；

l_I——路线 I 的总长，km。

由于公交快线线网优化目标包括路线效率最大和乘客出行时间最短，该目标函数属于多目标函数，在实际应用中求解过程复杂，所以在实际线路优化布设中主要以路线效率最大为目标布设，而乘客出行时间最短转化为线路的非直线系数约束，在非直线系数较小的情况下乘客基本以最短路径采取快线公交出行。这样既保证了本方法的实用性，也同时满足了运营者和出行者双重目标。

6.2.2 公交普线线网优化目标

常规普通公交具有灵活、便捷、覆盖面广的优点。从目前来看，具有较完善轨道交通线网的城市，其普通公交的职能将逐步向驳运转移，应该作为轨道交通和 BRT（Bus Rapid Transit）等快速公交的补充方式，适合中短距离出行。公交普线主要承担快线网络无法涉及区域内的客流；接驳轨道交通线路和快速公交线路客流。公交普线线网布局规划目标一般应包括以下几方面内容：

(1) 中短距离出行换乘次数最少；直达、快速、方便地到达目的地。

(2) 长距离出行时，使乘客方便、快速地换乘大容量快速公交，要求尽可能地提高公交运营速度，减少换乘次数等。

(3) 保证适当的公交线网密度，即良好的可达性。

(4) 保证线网的服务面积率，减少公交盲区。

(5) 公交线路客流均匀。

(6) 兼顾公交运营企业效益。

为了使公交中短距离出行总的换乘次数最少，在设置公交线路时，一般以直达乘客量最大为目标。本书兼顾公交运营企业效益，以直达客流密度（单位长度上的直达乘客量）为公交普线线网的布设优化目标。同时，考虑为大容量快速公交提供一定的接驳服务。该目标主要通过利用枢纽点吸引系数对路段公交运行时间修正来实现。直达客流密度最大目标函数为：

$$\max D = \max \sum D_{IJ} = \max \sum \frac{\sum\limits_{\forall i,j \in I-J} q_{ij}}{l_{IJ}} \tag{6-3}$$

式中：D_{IJ}——线路 IJ 的直达客流密度，人/km；

q_{ij}——线路 IJ 上从起点 i 到终点 j 的 O－D 客流量，人；

l_{IJ}——线路 IJ 的总长，km。

6.2.3　公交支线线网优化目标

公交支线应为居民小区以及公交快线、公交普线未覆盖区域的乘客提供快速、便利的到达目的地、枢纽点的接运服务，允许其一定的绕行。布设时，应注重提高公交线网的覆盖率，以公交支线线路连接的公交站点和途经的出行集散点（例如居民小区、商业区等）数量最大为目标。其目标函数为：

$$\max C = \max \sum C_{IJ} \tag{6-4}$$

式中：C_{IJ}——线路 IJ 连接的公交站点及途经的出行集中端点个数。

6.3　多层次公交线网约束条件

影响公交线网规划的因素较多，一般来说，约束条件可以分为单条线路约束条件和公交线网整体约束条件两大类。

6.3.1　单条线路约束条件

1）起终点条件

$$S_R \in \boldsymbol{S} \tag{6-5}$$

式中：S_R——公交线路的起终点；

$\boldsymbol{S}$——公交线路起终点可行集。

2）线路长度约束

$$l_{\min} \leqslant l^k \leqslant l_{\max} \tag{6-6}$$

式中：$l_{\max}$、$l_{\min}$——分别为路线长度的上、下限。

线路长度与城市的规模、城市居民的平均乘距大小等有关。路线过长，会增加系统的营运费用；线路过短，不利于运营调度，也增加了乘客的换乘次数。《城市道路交通规划设计规范》（GB 50220—95）给出的公交线路长度上限 $l_{\max}$ 见表6-1。

常规公交线路的长度上限　　表6-1

城市规模		最大出行时耗（min）	主要公共交通方式	$l_{\max}$（km）
大	>200万人	60	大、中运量快速轨道交通公共汽（电）车	15
	100万～200万人	50	中运量快速轨道交通公共汽（电）车	11.5
	<100万人	40	公共汽（电）车	10
中		35	公共汽车	8.75
小		25	公共汽车	6.25

常规公交 $l_{\min}$ 按运营要求约为5km（王炜，1992）。对于特定的公交线路，其长度有一

个最优值。市区公交线路的平均长度是城市的半径（大城市）或直径（中、小城市），即：

$$\bar{l} \approx \begin{cases} \sqrt{S/\pi}, \text{大城市} \\ 2\sqrt{S/\pi}, \text{中、小城市} \end{cases} \tag{6-7}$$

式中：S——城市面积，km^2。

或

$$\bar{l} \approx kL_{bus} \tag{6-8}$$

式中：$\bar{l}$——市区公交线路的平均长度，km；

k——系数，$k=2\sim3$；

L_{bus}——城市居民的平均乘距，km。

3）线路非直线系数约束

公共交通线路长度与起、终点站间空间直线距离之比，称为线路的非直线系数。环形线路的非直线系数是对线路上的主要枢纽点（或最远的两节点）间来衡量的。

$$\eta_R = l_R/d_R \leqslant \eta_{R\max} \tag{6-9}$$

式中：η_R、$\eta_{R\max}$——分别为线路 R 的非直线系数和最大允许非直线系数；

l_R——线路 R 的长度；

d_R——线路 R 的起、终点间的直线距离。

《城市道路交通规划设计规范》规定常规普通公交 $\eta_{R\max}=1.4$。

4）线路客运能力

$$Q_I = Q_{I\max} \cdot \gamma \tag{6-10}$$

式中：Q_I、$Q_{I\max}$——分别为线路 I 的最大流量断面客运量及客运能力，人；

γ——考虑运输能力储备和服务水平影响的系数，可取 $\gamma=0.85$。

公交线路的单向客运能力与车辆的载客能力、发车频率、站点的形式和通过能力、道路的几何、交通条件以及公交客流分布等诸多因素有关。各因素的影响是复杂的，如车辆载客能力因素应根据实际的载客情况和公众的承认程度而定，建议在线网规划中采用经验值，按表 6-2 取值。

公共交通线路单向客运能力 表 6-2

公共交通方式	运送速度（km/h）	发车频率（车次/h）	单向客运能力（千人次/h）
公共汽车	16～25	60～90	8～12
无轨电车	15～20	50～60	8～10
有轨电车	14～18	40～60	10～15
中运量快速轨道交通	20～35	40～60	15～30
大运量快速轨道交通	30～40	20～30	30～60

5)站点中转量约束

$$T_R[i] \leqslant T_{R\max}[i] \tag{6-11}$$

式中:$T_R[i]$、$T_{R\max}[i]$——分别为线网 R 上第 i 节点的中转换乘客流量和最大中转乘客能力,人。

公交线路主要受上客流量限制,与车型和发车间隔等有关。《城市轻轨交通工程设计指南》中轻轨站点的设计能力见表6-3。

轻轨站点的设计能力　　表6-3

站点规模	高峰小时上、下客流量(万人)
小型站	≤0.5
中型站	0.5~2.0
大型站	2.0~10.0
特大型站	≥10

6)道路通行能力

$$\sum_{I \in R} \frac{Q_I}{C} \cdot \eta_{\text{bus}}^I \cdot \beta_a \cdot \delta_a^I \leqslant C_a, \forall a \ni \boldsymbol{A} \tag{6-12}$$

$$\delta_a^I = \begin{cases} 1, \text{线路 } I \text{ 经过路段 } a \\ 0, \text{线路 } I \text{ 不经过路段 } a \end{cases} \tag{6-13}$$

式中:Q_I——路线 I 的最大断面流量,人;

C——车辆的平均载客能力,人;

$\boldsymbol{R}$——线路集合;

η_{bus}^I——线路 I 上的公交车的车型换算系数(当量小汽车单位);

β_a——路段 a 的公交车辆占用系数,$\beta_a=1$ 时为公交车专用道路;

C_a——路段 a 的道路通行能力(当量小汽车单位)。

7)线路的断面流量均衡性约束

线路 I 的断面客流不均衡系数 μ_I 定义为线路中最大断面客流量 Q_I 与平均断面客流量 $\overline{q_I}$ 之比,即:

$$\mu_I = \frac{Q_I}{\overline{q_I}} \tag{6-14}$$

一般情况下,μ_I 不宜超过1.5。

8)复线系数

在优化中采用复线条数约束是对公交路线的分布均匀性、站点停靠能力的综合考虑,在实际公交线网规划布设过程中,根据不同城市现状线路分布情况,综合考虑后取值。一般来说,公交线路在主干道断面上的重复条数最大不宜超过8条,最好不大于5条。

9)线路站距约束

公交线路的站距不宜过长或过短。站距过长,乘客的步行到站、步行离站到目的地时间增加,换乘不方便;站距过短,会导致车速下降,延长公交出行时间,浪费车辆动力。

公交站距的大小受道路网类型、交叉口类型及间距、交通管制措施等的影响。因此,站距的大小不是绝对的,即使是在同一条公交线上,站距的大小也是不同的。《城市道路交通规划设计规范》给出的公交线路长度见表6-4。

公共交通线路站距 表6-4

公共交通方式	市区线(m)	郊区线(m)
公共汽、电车	500 ~800	800 ~1 000
公共汽车大站快车	1 500 ~2 000	1 500 ~2 500
中运量快速轨道交通	800 ~1 000	1 000 ~1 500
大运量快速轨道交通	1 000 ~1 200	1 500 ~2 000

除了前文所述单条线路的约束条件,还包括以下约束条件:

线路迂回率 $$D_{ij}^{k} = \frac{l_{ij}^{k}}{d_{ij}} \leqslant D_{\max} \tag{6-15}$$

线路重合率 $$O_{k} \leqslant O_{\max} \tag{6-16}$$

发车频率 $$f_{\min} \leqslant f^{k} \leqslant f_{\max} \tag{6-17}$$

式中:D_{ij}^{k}——线路 k 上 i 站到 j 站的线路迂回率;

l_{ij}^{k}——线路 k 上 i 站到 j 站实际线路长度;

d_{ij}——线路 k 上 i 站到 j 站的最短路长度;

$D_{\max}$——线网允许的最大线路迂回率;

O_{k}——线路重合率;

$O_{\max}$——允许的最大重合率;

f^{k}——线路 k 的发车频率;

$f_{\min}$、$f_{\max}$——分别为最小发车频率和最大发车频率。

6.3.2 公交线网整体约束条件

除了上述单条线路的约束外,还应考虑公交线网整体的约束指标,主要有公交线网密度约束、线路重复系数约束、中转换乘次数及换乘时间约束、公交线网站点覆盖率约束、居民出行平均时耗等。

1)线网密度

公交线网密度是指城市有公交线路服务的每平方公里用地面积上有公交线路经过的道路中心线的长度,它反映了居民接近线路的程度。公交车保有量一定时,公交线网密度过高或过低，都会造成非车内出行时间（候车时间与步行时间）的增加。

《城市道路交通规划设计规范》给出的线网密度下限为：

$$\rho_{\min} \leqslant \begin{cases} 3 \sim 4(\mathrm{km/km^2}), \text{市中心区} \\ 2 \sim 2.5(\mathrm{km/km^2}), \text{市边缘区} \end{cases} \tag{6-18}$$

线网密度受道路网络密度的影响，通常用公交线网的道路网覆盖率来衡量线网在道路网上的密度。规划区的公交线网的道路网覆盖率为：

$$D_m = \frac{l_{Rm}}{l_{Am}} \tag{6-19}$$

式中：D_m——第 m 区公交线网的道路网覆盖率；

l_{Rm}——第 m 区公交路线长度，km；

l_{Am}——第 m 区道路网长度，km。

2）乘客换乘系数

一般情况下，城市居民单程出行的换乘次数不超过 3 次。《城市道路交通规划设计规范》给出的整个网络平均换乘系数 α 为：

$$\alpha \leqslant \begin{cases} 1.5, \text{大城市} \\ 1.3, \text{中小城市} \end{cases} \tag{6-20}$$

3）线网的车站服务面积率

$$\gamma_R = S_R/S \geqslant \gamma_{\min} \tag{6-21}$$

式中：γ_R、$\gamma_{\min}$——线网 R 的车站服务面积率和最小允许服务面积率；

S_R——线网 R 的公交车站的服务面积，$\mathrm{km^2}$；

S——城市用地面积，$\mathrm{km^2}$。

公交车站的服务范围一般是指车站合理步行区范围，与居民出行点的分布和通向车站的道路的路径有关。一种简化的考虑方法是：以车站为圆心，以合理步行距离（服务半径 R_S）画圆，圆面积即为车站的服务面积。《城市道路交通规划设计规范》中对最小允许服务面积率的规定值为：

$$\gamma_{\min} = \begin{cases} 0.5, R_S = 300\mathrm{m} \\ 0.9, R_S = 500\mathrm{m} \end{cases} \tag{6-22}$$

4）居民出行时耗

$$T \leqslant T_{\max} \tag{6-23}$$

式中：T——城市中 95% 的居民出行单程最大时耗；

$T_{\max}$——城市中 95% 的居民出行单程最大时耗上限。

5）公交车辆保有量

按《城市道路交通规划设计规范》的要求，公交车辆保有量应满足：

对大城市
$$\frac{1}{1\,000} \leqslant \frac{N_I}{P} \leqslant \frac{1}{800} \tag{6-24}$$

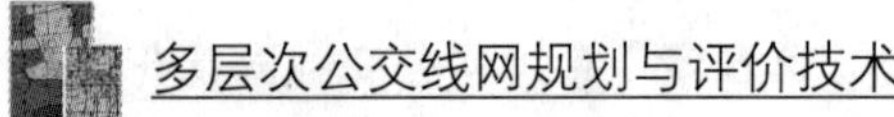

对中小城市

$$\frac{1}{1\,500} \leqslant \frac{N_{\mathrm{I}}}{P} \leqslant \frac{1}{1\,200} \tag{6-25}$$

式中：P——城市人口数；

N_{I}——城市的公交车辆数（折算为标台数）。

对于本书中快线车辆的数量，应考虑分区数量、枢纽节点数量及政府、公交公司投资约束等条件综合确定。

总之，公交线网优化中需考虑的约束条件很多，既要考虑对单条线路的约束条件，又要考虑到公交线网整体的约束。前者多在布线过程中予以考虑，后者一般在线网整体形成或客流预测（或评价）过程中予以考虑。本书建议各种约束条件的取值范围见表6-5。

多层次公交线网优化约束条件 表6-5

约束分类	约束条件	公交快线	公交普线	公交支线
单条线路约束条件	起终点条件	一级换乘节点、二级换乘节点	按客流量和满足场站条件设置	考虑一端枢纽点、快线站点，另一端居民小区、商业中心等客流集中地
	路线非直线系数	<1.3	<1.4	<1.5
	线路长度（km）	>15	8～15	<5
	线路站距（m）	>1 000	500～1 000	300～500
	路线客运能力（万人次/h）	1.5～3	0.8～1.5	0.5～1
	站点中转量约束（人/高峰小时）	上客流量5 000～20 000	中间站上客流量：180～450；起点上客流量：500～2 000	180～450
	断面客流不均衡系数	1.5	1.5	1.5
	车辆保有量			
公交线网整体约束条件	线网密度（km/km^2）	2.5～4		
	乘客换乘系数	<1.5		
	线网的车站服务面积率	$\gamma_{\min}=\begin{cases}0.5, R_S=300\text{m}\\0.9, R_S=500\text{m}\end{cases}$		
	居民出行时耗（min）	<60		

6.4 多层次公交线网分层优化布设方法

6.4.1 公交快线线网优化布设方法

公交线网优化方法很多，但大部分研究为理论研究，很难在实际规划中应用。为了提高公交线网规划的实用性,本书提出公交快线线路布设的优化实用方法。具体流程如图6-2所示。

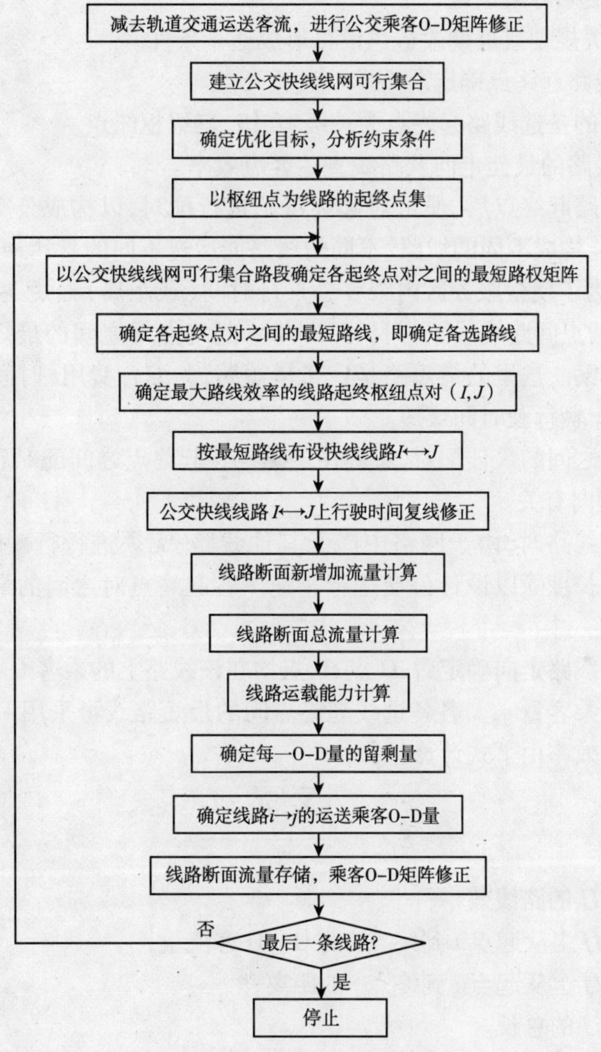

图6-2 快线布局优化流程图

步骤1:建立公交快线线路可行集合。

在一个城市中,并不是所有的道路都适合公交快线线路,适合公交快线线路通行的道路应符合一定的条件。同时,建立公交快线线网可行集合也提高了线网优化算法的搜索求解效率。对于满足以下条件的道路,建立公交快线线网可行集:

(1)公交快线系统主要依托高速公路、快速路、主干路;

(2)次干路应具有一定的路宽和车道数，满足公交快线线路双向行车的要求；

(3)路段交叉口间距较大，横向干扰少，能够保证公交快线线路快速行驶；

(4)具有较高的乘客集散量；

(5)已列入相关规划或近期改造建设可形成通车条件。

步骤 2：备选线路起终点确定。

公交快线线路的备选线路起终点为一级、二级、三级枢纽点。

步骤 3：备选线路的最佳走向及路线直达客流效率。

确定了备选线路起终点后，便可对起终点站进行配对，以构成公交快线线网。不同的起终点站配对，能构成不同的线路，不同的线路能运送不同的直达乘客量(不需要换乘的公交乘客量)。为了使全服务区内乘客总乘行时间(或距离)最短，在确定各备选线路的最佳走向时，以两点间路线最短为目标，即每一起终点对之间的最短路线均作为拟设线路的备选线路方案。这里的最短路是广义最短路，为综合费用(时间、费用等)最小路径，通常采用的是车辆行驶时间最短。

要确定起终点之间的最佳配对，关键在于确定各起终点之间配对后的直达客流效率 E_{IJ}，而 E_{IJ} 与线路走向有关。

在设置第一条线路时，由于网络中尚无其他线路，无须进行行驶时间的复线修正。路段行驶时间可取长度除以设计公交运行车速。各起终点对之间的最佳走向取其行驶时间最短的线路。

其起终点间的线路走向确定后，O 点、D 点均在该线路上的乘客 O－D 量为该起终点对不需换乘的直达乘客量 q_{ij}。各备选线起终点间的最短路线可采用 Dikstra 法确定。各备选线路直达客流效率由下式计算：

$$E_{IJ} = \frac{\sum\limits_{\forall i,j \in I-J} q_{ij} \cdot l_{ij}}{l_{IJ}} \tag{6-26}$$

式中：E_{IJ}——线路 IJ 的路线效率；

q_{ij}——路线 IJ 上从起点 i 到终点 j 的 O－D 客流量；

l_{ij}——路线 IJ 上从起点 i 到终点 j 的距离；

l_{IJ}——路线 IJ 的总长。

步骤 4：直达客流效率矩阵的修正。

公交快线线路不宜过长或过短。线路过长，使车辆在途中运行时间增加，影响车辆准点到站，延长了乘客的等车时间，且因沿线客流分布不均而导致运能利用不平衡；线路过短，既增加了乘客的换乘次数，又使车辆在终点站的停靠时间相对延长而降低营运车速。

公交快线线路长度应满足公交快线线路约束条件中的线路长度约束和非直线系数约束。根据城市实际情况，对前述确定的各备选线路进行筛选。若备选线路的长度大于最大线路长度 l_{max} 或小于最小线路长度 l_{min}，或者备选线路的非直线系数大于最大允许非直线系数 η_{Rmax}，则该起终点间不设线路，应取该起终点之间的直达客流效率 $E_{IJ}=0$。

经过直达客流效率修正后，得到备选线路起终点的直达客流效率矩阵。

步骤 5：优化线路的布设。

在经过各种修正的直达客流效率矩阵中，计算各备选线路中的最大直达客流效率值，并确定最大值 E_{IJmax}，取该最大直达客流效率所对应的备选线路为公交快线线网中的线路，在线网中按其最短路线布设该线路。如果该线路满足一定的线路长度约束条件，可以对该线路作适当的调整延长，以线路的两个端点 m 和 n 沿线路的两外侧方向进行扩张。

扩张的算法步骤如下：

Step 0：令通过上述方法布设的公交线路为初始公交线路，线路的两个端点 m 和 n 分别为站点 i 和站点 j。假设站点 i 和站点 j 与初始公交线路所有站点之间的直达客流量为 0。

Step 1：分别沿枢纽 i 和枢纽 j 外侧延长一个快速公交站点，分别计为站点 $i+1$ 和站点 $j+1$。

Step 2：分别判断沿站点 i 和站点 j 外侧单独延长线路是否满足各项约束条件，如不满足则终止延长；否则，继续 Step3。

Step 3：计算站点 i 和站点 $i+1$ 与初始公交线路所有站点之间的直达客流量，计为站点 $i+1$ 的累计直达客流量；计算站点 j 和站点 $j+1$ 与初始公交线路所有站点之间的直达客流量，计为站点 $j+1$ 的累计直达客流量。

Step 4：判断站点 $i+1$ 和站点 $j+1$ 累计直达客流量的大小；取大值对应的站点，将初始公交线路延长至该站点，取消另一方向的所有站点延长。

Step 5：令站点 $i+1$ 和站点 $j+1$ 分别为站点 i 和站点 j，返回 Step1。

步骤 6：乘客 O－D 量矩阵的修正。

根据 E_{IJmax} 设置公交线路后，该线路可运送一部分客流 O－D 量，故原乘客 O－D 量矩阵中应减去被该线路运送的 O－D 量。乘客 O－D 量矩阵的修正按以下方法进行：先将 O 点、D 点均在该线路上的 O－D 量全部分配在该线路上，并计算每一断面的总流量（包括已存在的流量）及每一断面的运载能力。若每一断面的运载能力均大于断面流量，则起终点均在该线路上的 O－D 量全部被该线路运送，从 O－D 矩阵中减去各 O－D 量。若某些断面的运载能力小于断面总流量，则该线路只能运送部分 O－D 量，需先计算 O－D量留剩量，然后从原 O－D 矩阵中减去被运送部分的乘客 O－D 量。

1）公交快线线路运载能力计算

《快速公交规划设计指南》中指出影响公交快线线路运力的最主要因素包括：车辆运

力、负载系数、服务频率和停靠泊位数量。快速公交走廊运力计算公式为：

$$C_0 = \frac{N_{sp} \cdot X \cdot 3\,600}{\left[\frac{T_d \cdot (1 - D_{ir})}{C_b} + R_{en} \cdot T_1\right]} \tag{6-27}$$

式中：C_0——走廊运力（高峰单向小时乘客量）；

N_{sp}——停靠泊位的数量；

X——饱和度；

T_d——停站时间；

D_{ir}——有限停车与快线服务的车辆百分比；

C_b——车辆运力；

R_{en}——更新系数；

T_1——每个乘客的平均上下车耗时。

该指南将快速公交车型分为：标准公交车（12m），最大载客量为 70 人；铰接车（18.5m），最大载客量为 160 人；双铰接车（24m），最大载客量为 270 人。不同车型的快速公交走廊运力见表 6-6。

不同车型的快速公交走廊运力 表 6-6

车型	车辆运力（人）	负载系数	停靠泊位处每小时车辆进站频率（次/h）	每个车站的停靠泊位数（个）	运力流（人/单向小时）
标准公交车	70	0.85	60	1	3 570
				2	7 140
铰接车	160	0.85	60	1	8 160
				2	16 320
双铰接车	270	0.85	60	1	13 770
				2	27 540

2）线路断面流量计算

设在线网中已有若干条线路存在，V_{kl}为断面［k，l］上已存在的乘客断面流量。在第一次设线时，网络中尚无线路，$V_{kl}=0$。根据 $E_{IJ\max}$ 设立了一条快线线路后，可将 O 点、D 点均在该线路上的 O－D 量分配在该线路上，并计算新增加的断面流量 Q_{kl}。

3）O－D 留剩量的确定

某一条线路设置后，通过断面流量计算，不外乎出现以下两种情况。

（1）该线路所有断面的流量（已存在的断面流量与新增加的断面流量之和）均小于相应断面的运载能力。此时，该线路上的 O－D 量全部被该线路运送，留剩量为零。

(2)该线路上有些断面的流量超过了相应的运载能力。此时,该线路上的 O－D 量只是部分被该线路运送,有一部分 O－D 量留下,故应确定每一 O－D 量的留剩量。

由于断面的流量是由经过该断面的所有 O－D 量产生的,故当该断面超载时,经过该断面的所有 O－D 量均有留剩。在某一站点,每一个乘客都有相同的上车权利,同时也有相同的可能被留剩,所以,某一通过超载断面[k,l]的 O－D 点对在该断面上的留剩量可按下式计算:

$$T_{ij}^{1\,kl} = \Delta C_{kl} \cdot T_{ij} / \sum T \tag{6-28}$$

式中:T_{ij}——O－D 点对(i,j)的 O－D 量;

$\sum T$——通过超载断面的所有 O－D 点对的 O－D 量之和;

ΔC_{kl}——超载断面[k,l]上的超载量。

$$\Delta C_{kl} = V_{kl} + Q_{kl} - C \tag{6-29}$$

式中:V_{kl}——超载断面(k,l)上已存的流量;

Q_{kl}——超载断面(k,l)上新增加的流量;

C——线路的运载能力。

每一 O－D 点对在其所经过的每一超载断面上均有相应的留剩量。为了保证全线路各断面均不超载,每一 O－D 点对的留剩量取其在线路上各断面留剩量的最大值,即:

$$T_{ij}^{1} = \max[T_{ij}^{1\,kl}] \tag{6-30}$$

式中:T_{ij}^{1}——O－D 点对(i,j)在该线路上的留剩量。

那么,被该线路运送的 O－D 量 T_{ij}^{2}为:

$$T_{ij}^{2} = T_{ij} - T_{ij}^{1} \tag{6-31}$$

不经过超载断面的 O－D 量留剩量为零。

4)乘客 O－D 矩阵的修正

每一 O－D 点对的留剩量确定后,便可用上述两式计算被该线路运送的及留剩的 O－D量。在原乘客 O－D 矩阵中,减去被该线路运送的 O－D 量,并将被运送的 O－D 量分配在该线路上,重新计算断面新增加的流量 Q_{kl}。此时,各断面的总流量 $V_{kl}+Q_{kl}$均小于相应的运载能力,将新增加的流量 Q_{kl}加入原断面流量 V_{kl}并储存,作为下一条线设置时的已有断面流量值。

5)复线系数及运行时间修正

一条公交线路设立后,为尽可能避免在以后设立线路时与此重复,应引进复线系数 K_0对路段运行时间进行修正。对于不同的快线线路依托路段形式(封闭路权、公交专用道等),复线系数修正值不同。表 6-7 为复线系数建议值。在实际工作中,可根据实际的布线情况进行调整。

快速公交线路复线系数建议值 表 6-7

快速公交路段形式	封闭路权			公交专用道		
复线条数 m	0	1	>1	0	1	>1
复线系数 K_0	1	1.5	3	1	1.25	2

至此，第一条公交快线线路的布设全部结束，返回步骤1，即对修正后的乘客 O－D 矩阵及路段行驶时间，重新确定其余备选线路的最佳走向及直达客流效率（因为网络行驶时间已被修正，原来的备选线路很可能不再是最短线路，故应重新采用最短路法确定各备选线路的最佳走向，并重新计算与最佳走向相对应的各备选线路直达客流效率），并按最短路法布设第二条线路，然后再修正 O－D 矩阵及行驶时间，直至把最后一条线路布设在线网上为止。

6.4.2 公交普线线网优化布设方法

城市常规公交线网布局规划的方法很多，但大多数方法仅局限于理论研究，难以在实际工程中操作。王炜教授提出的"逐条布设、优化成网"常规公交线网布局规划方法是一种简单实用的公交线网布局规划方法。其原则是以直达乘客量最大为主要目标（换乘次数最少、运送量最大），通过分析备选线路的起终点位置及客流分布，确定线路的最佳配对及各线路的最佳走向。

本书在城市轨道交通和快速公交线网确定的前提下，在"逐条布设、优化成网"的规划方法基础上，提出大枢纽点吸引系数概念，用于调整与大容量快速公交站点及枢纽相邻区域的公交线路运行时间，按最短路算法确定备选公交线路集，以直达客流密度最大为目标确定公交线路走向，使公交普线线路在布设时优先通过或邻近换乘枢纽，从而达到提高大容量快速公交吸引力、有效接驳城市轨道交通和快速公交客流、兼顾公交运营企业效益的目的。该方法的流程如图 6-3 所示。

步骤 1：备选线路起终点确定。

枢纽点与公交快线布设完毕，减去城市轨道交通、快线分配客流进行公交乘客 OD 矩阵修正后，便可根据各交通小区的总发生量或总吸引量确定需设普线线路的起终点站。

（1）按客流量设站。

交通区中间站点的总运载能力为：

$$C_i = C_0 \cdot N_i = N_i \cdot B \cdot 60/t_i \tag{6-32}$$

式中：C_0——交通区 i 中间站点的总运载能力，人次/高峰小时，也即起终点站的设站标准；

N_i——交通区 i 的中间站点个数；

t_i——高峰小时发车间隔，2～5min；

B——高峰小时平均每车从中间站点搭载的乘客数。

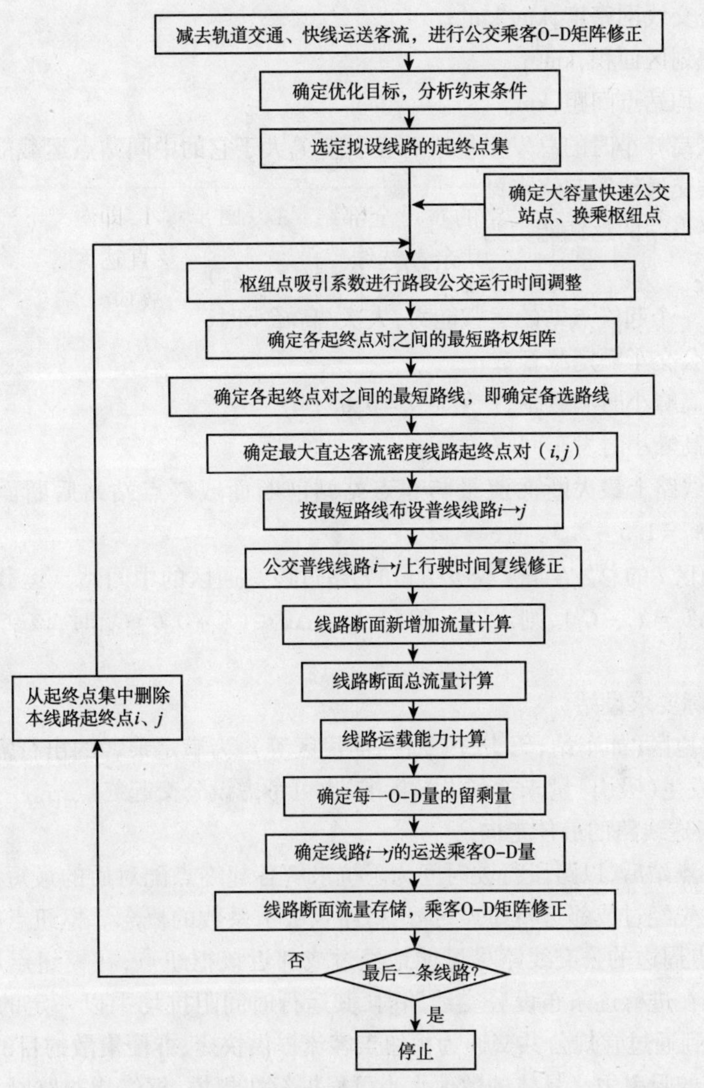

图 6-3　公交普线线网优化流程图

各交通区的站点个数为：

$$N_i = N_0 \cdot T_i / T \tag{6-33}$$

式中：T_i——交通区 i 的总公交乘客发生量或吸引量；

N_0——全规划区的站点个数；

T——全规划区的总公交乘客发生或吸引量。

其中：

$$N_0 = \rho \cdot S / d \tag{6-34}$$

式中：ρ——公交线网密度，km/km^2；

S——规划区面积，km^2；

d——平均站点间距，km。

当交通区高峰小时的总发生量或总吸引量 T_i 大于它的中间站点运载能力 C_i 时，该区必须设置公共交通线路起终点站。

一个起终点站的运载能力为：

$$C_{od} = 60 \cdot R \cdot r/(t_i \cdot k_0) \tag{6-35}$$

式中：C_{od}——一个起终点站的运载能力，人次/高峰小时；

R——公交车额定载客数；

r——高峰小时满载率，一般取 $r = 0.85$；

t_i——高峰小时发车间隔；

k_0——线路上最大断面流量与起点站站前断面或终点站站后断面的流量之比，$k_0 = 1.5 \sim 2.5$。

若某交通区 i 的总发生量（或吸引量）T_i 超过该交通区的中间站点运载能力 C_i，其超过量为 $\Delta T_i(\Delta T_i = T_i - C_i)$，则当 $(K-0.5)C_{od} < \Delta T \leqslant (K+0.5)C_{od}$ 时，该交通区需设立 K 个起终点站。

（2）按实际要求设站。

对于特殊地区（如车站、码头、风景区、居民区等），为满足乘客的出行需要，方便居民生活，即使总发生（吸引）量未达到设站标准，也可考虑设公交起终点站。

步骤 2：备选线路的最佳走向。

确定起终点站后，以路段行驶时间为阻抗求解各起终点配对后的最短路线。考虑到将公交线路优先经过或邻近枢纽点，提出枢纽点吸引系数的概念。枢纽点吸引系数定义为：为使枢纽点周边的公交线路尽可能地经过或邻近该枢纽点，在枢纽点周边一定距离范围内的路段在进行逐条布设公交线路时，其运行时间阻抗均乘以一定的修正系数（小于1），以此达到通过常规公共交通为枢纽点客流提供快捷、方便集散的目的，进而提高大容量快速公交的吸引力。具体的数值大小可根据枢纽规模、枢纽周边路网条件等综合考虑确定，本书给出参考建议值为 0.50 左右。

各起终点站之间最短路确定后，以直达乘客量最大为主要目标确定线路走向。这种方法由于客流量会随着公交线路长度的增加而加大，倾向于布设较长的公交线路，即使一条线路上的客流非常密集，但是由于线路较短，累积的客流量少于更长的线路，也可能被忽略。另外，如果整个线网中长线过多会增加运营成本。对于公交运营企业而言，更希望线路能够服务更多的乘客，针对这种情况，以方便居民出行为目的，并兼顾公交企业经营效益，以直达客流密度（单位长度运送的乘客数）最大来确定线路的最佳走向。

要确定起终点之间的最佳配对，关键在于确定各起终点之间配对后的直达客流密度

D_{IJ},而 D_{IJ}与线路走向有关。

在设置第一条线路时,对于线网中已经布设公交快线线路的路段,首先进行行驶时间的复线修正;对于没有布设公交线路的路段,路段行驶时间可取长度除以设计公交运行车速,各起终点对之间的最佳走向取其行驶时间最短的线路。各备选线起终点间的最短路线可采用 Dikstra 法确定。

步骤3:线路的直达客流密度。

其起终点间的线路走向确定后,O 点、D 点均在该线路上的乘客 O－D 量为该起终点对不需换乘的直达乘客量 q_{ij}。各备选线路直达客流密度:

$$D_{IJ}=\frac{\sum_{\forall i,j\in I-J}q_{ij}}{l_{IJ}} \tag{6-36}$$

式中:D_{IJ}——线路 IJ 的直达客流密度;

q_{ij}——路线 IJ 上从起点 i 到终点 j 的 O－D 客流量;

l_{IJ}——路线 IJ 的总长。

步骤4:直达乘客量矩阵的修正。

(1)线路长度限制的修正。

公交普线线路线路也不宜过长或过短。线路过长,使车辆在途中运行时间增加,影响车辆准点到站,延长了乘客的等车时间,且因沿线客流分布不均而导致运能利用不平衡;线路过短,既增加了乘客的换乘次数,又使车辆在终点站的停靠时间相对延长而降低营运车速。

线路长度应满足线路约束条件中的线路长度约束和非直线系数约束。根据城市实际情况,对前述确定的各备选线路进行筛选。若备选线路的长度大于最大线路长度 l_{max} 或小于最小线路长度 l_{min},或者备选线路的非直线系数大于最大允许非直线系数 η_{Rmax},则该起终点间不设线路,应取该起终点之间的直达客流密度 $D_{IJ}=0$。

(2)避免自相配对修正。

同一交通节点不能成为同一条单向线路的起终点(暂不考虑环线),因此,令$D_{IJ}=0$。

(3)一区设多站修正。

当某些区的出行量特别大时,需设置多个起终点站。此时,直达乘客量矩阵中,相应的起点行、终点列要重写。重写次数等于该区起终点个数。

经过直达客流密度修正后,得到备选线路起终点的直达客流密度矩阵。

步骤5:优化线路的布设。

在经过各种修正的直达客流密度矩阵中,计算各备选线路中的最大直达客流密度值,并确定最大值 D_{IJmax},取该最大直达客流密度所对应的备选线路为公交快线线网中的线路,在线网中按其最短路线布设该线路。

步骤6:乘客 O－D 量矩阵的修正。

根据 $D_{IJ\max}$ 设置公交线路后，该线路可运送一部分客流 O－D 量，故原乘客 O－D 量矩阵中应减去被该线路运送的 O－D 量。乘客 O－D 量矩阵的修正按以下方法进行：先将 O 点、D 点均在该线路上的 O－D 量全部分配在该线路上，并计算每一断面的总流量（包括已存在的流量）及每一断面的运载能力。若每一断面的运载能力均大于断面流量，则起终点均在该线路上的 O－D 量全部被该线路运送，从 O－D 矩阵中减去各 O－D 量；若某些断面的运载能力小于断面总流量，则该线路只能运送部分 O－D 量，需先计算 O－D 量留剩量，然后从原 O－D 矩阵中减去被运送部分的乘客 O－D 量。

（1）线路运载能力计算。

仅含直达乘客的单条公交线路运载能力 C 为：

$$C = R \cdot r \cdot N_1 \cdot i \cdot K_i \cdot B_w \tag{6-37}$$

式中：R——公交车额定载客量；

r——公交车量满载率（高峰小时取 0.85）；

N_1——只设一个同名站点的设计停靠能力；

i——同名站点的个数；

K_i——同名站点的利用系数（$i=1$ 时，$K_i=1$；$i=2$ 时，$K_i=0.8$；$i=3$ 时，$K_i=0.7$）；

B_w——不换乘比，本文取 0.6。

（2）线路断面流量计算。

设在线网中已有若干条线路存在，V_{kl} 为断面 $[k,l]$ 上已存在的乘客断面流量。在第一次设线时，线网中尚无线路，$V_{kl}=0$。根据 $D_{IJ\max}$ 设立了一条公交普线线路后，可将 O 点、D 点均在该线路上的 O－D 量分配在该线路上，并计算新增加的断面流量 Q_{kl}。

（3）O－D 量留剩量的确定。

某一条线路设置后，通过断面流量计算，不外乎出现以下两种情况：

①该线路所有断面的流量（已存在的断面流量与新增加的断面流量之和）均小于相应断面的运载能力。此时，该线路上的 O－D 量全部被该线路运送，留剩量为零。

②该线路上有些断面的流量超过了相应的运载能力。此时，该线路上的 O－D 量只是部分被该线路运送，有一部分 O－D 量留下，故应确定每一 O－D 量的留剩量。

由于断面的流量是由经过该断面的所有 O－D 量所产生的，故当该断面超载时，经过该断面的所有 O－D 量均有留剩。在某一站点，每一个乘客都有相同的上车权利，同时也有相同的可能被留剩，所以，某一通过超载断面 $[k,l]$ 的 O－D 点对在该断面上的留剩量可按下式计算：

$$T_{ij}^{1\,kl} = \Delta C_{kl} \cdot T_{ij} / \Sigma T \tag{6-38}$$

式中：T_{ij}——O－D 点对 (i,j) 的 O－D 量；

ΣT——通过超载断面的所有 O－D 点对的 O－D 量之和；

ΔC_{kl}——超载断面 $[k,l]$ 上的超载量。

$$\Delta C_{kl} = V_{kl} + Q_{kl} - C \tag{6-39}$$

式中：V_{kl}——超载断面(k,l)上已存的流量；

Q_{kl}——超载断面(k,l)上新增加的流量；

C——线路运载能力。

每一 O－D 点对在它所经过的每一超载断面上均有相应的留剩量，为了保证全线路各断面均不超载，每一 O－D 点对的留剩量取它在线路上各断面留剩量的最大值，即：

$$T_{ij}^{1} = \max[T_{ij}^{1}kl] \tag{6-40}$$

式中：T_{ij}^{1}——O－D 点对(i,j)在该线路上的留剩量。

那么，被该线路运送的 O－D 量 T_{ij}^{2}为：

$$T_{ij}^{2} = T_{ij} - T_{ij}^{1} \tag{6-41}$$

不经过超载断面的 O－D 量留剩量为零。

(4)乘客 O－D 矩阵的修正。

每一 O－D 点对的留剩量确定后，便可用上述两式计算被该线路运送的及留剩的 O－D量。在原乘客 O－D 矩阵中，减去被该线路运送的 O－D 量，并将被运送的 O－D 量分配在该线路上，重新计算断面新增加的流量 Q_{kl}。此时，各断面的总流量 $V_{kl}+Q_{kl}$均小于相应的运载能力，将新增加的流量 Q_{kl}加入原断面流量 V_{kl}并储存，作为下一条线设置时的已有断面流量值。

(5)复线系数及运行时间修正。

一条公交线路设立后，为尽可能避免在以后设立线路时与此重复，应引进复线系数 K_0。

研究表明，公交线路在主干道断面上的复线条数最大不宜多于 8，最好不多于 5。复线条数过大，会造成线路过分集中，出现公交空白区，并使得线路断面流量超过线路的断面停靠能力。因此，在已设有线路的断面上，应对行驶时间进行修正，通常的做法是乘以复线系数 $K_0(K_0>1)$。复线系数 K_0与已设的断面复线条数 m 有关。复线系数选取过小，仍有可能出现线路过分集中的现象，起不到复线控制作用；复线系数选取过大，可能会出现线路过分曲折，增加乘客的乘行距离。表 6-8 为复线系数建议值。在实际工作中，可根据实际的布线情况进行调整。

公交普线线路路段复线系数建议值　　表 6-8

复线条数 m	0	1	2	3	4	5	6
复线系数 K_0	1	1.25	1.56	1.95	2.44	3.05	3.81

至此，第一条普线线路的布设全部结束，返回步骤 1，即对修正后的乘客 O－D 矩阵及路段行驶时间重新利用枢纽点吸引系数进行路段公交运行时间调整，确定其余备选线路的最佳走向及直达客流密度(因为线网行驶时间已被修正，原来的备选线路很可能不再是最短线路，故应重新采用最短路法确定各备选线路的最佳走向，并重新计算与最佳

走向相对应的各备选线路直达客流密度)，按最短路法布设第二条线路，然后再修正O－D矩阵及行驶时间，直至把最后一条线路布设在网络上为止。

6.4.3 公交支线线网优化布设方法

公交支线一端一般以枢纽点为起始点，其布设以增加公交线网的直接覆盖率、提供和客流集散中心良好的衔接为目标。公交支线布设应深入到道路网络的支路层次。公交支线对于居民小区应该提供必需的支线服务，承担和周围集散中心的联系。

布设时可根据支线的约束条件，如公交线网密度、公交线路长度、线路发车频率以及公交站点覆盖率等确定支线线路。

6.4.4 线路断面流量检验

在前述的公交线网优化布设方法中，各条线路是逐条布设的，不可能考虑各条线路的客流相互吸引问题。公交线网确定以后，各交通区之间的公交乘客O－D量将按已确定的公交线网出行，分配到每一条公交线路上，且各条线路间相互吸引。因此，线网确定后各条线路的实际吸引客流量与前述逐条计算的线路断面流量有差异，需重新对全网的公交乘客O－D量进行分配及对线路各断面的流量进行检验。

对于比较复杂的公交线网，各交通区之间不只一条公交线路连接。对于公交乘客来说，均有多条线路供选择，每条出行线路分配到的出行量分配率可根据各线路的长度、换乘次数由交通方式划分模型确定。

各交通区之间的乘客O－D量在线网上分配后，将公交线路各断面分配到的流量相加，可得每条公交线路的断面流量。但由于公交快线车道的设置方式(中央公交专用车道、边侧公交专用车道、快速路专用道等)与公交普线和公交支线不同。对于快线为专用道路时，进行断面流量检验对快线线路单独考虑，普线和支线合并考虑。

路段不均匀系数K_1为线路某断面流量与线路平均断面流量之比，方向不均匀系数K_2为线路两方向上较高一方的流量与双向平均流量之比。为了充分发挥公交运能，各线路的客流分布应比较均匀。对于路段不均匀系数K_1，一般要求$0.5 \sim 0.7 < K_1 < 1.3 \sim 1.5$。当$K_1 > 1.3 \sim 1.5$或$K_1 < 0.5 \sim 0.7$时，应采取相应措施，如开区间车等。对于方向不均匀系数K_2，一般要求$K_2 < 1.2 \sim 1.4$。否则，应采取增加单向车次等措施。如果路段不均匀系数、方向不均匀系数远远不能满足要求，则应重新调整方案。

6.4.5 公交线路停靠能力检验

按上述方法确定了线路断面流量后，便可根据路段断面流量计算每条线路的公交车交通量及配车数。一条线路的公交车交通量为：

$$N = Q_{max}/(R \cdot r) \tag{6-42}$$

式中：$Q_{\max}$——线路最大断面流量；

R——公交车辆定载客数，与车型有关；

r——公交车满载率，高峰小时取 0.85。

通常，一个路段上同时有几条公交线路通过，并在同一路段上设站。此时，该路段的公交车停靠交通量为停靠的各线路交通量之和。各路段的公交车停靠交通量必须小于它的公交车停靠能力。公交线路的停靠能力主要取决于车辆的停靠时间（乘客下车时间）、减速加速时间。因此，停靠能力与车型、车辆长度、车门数有关。当某一路段上同一站点停靠的公交线路较多时，通常一个站点不能满足停靠要求。此时，可设置多个同名站点分散停靠交通量。同一路段上设置多个同名站点，可以提高停靠能力，但给乘客换乘带来了不便，一般认为同名站点数不宜超过 3 个。如果在公交线网中某些路段的停靠交通量大于该路段的停靠能力，则必须对线网进行调整，改变某些线路的走向，以满足停靠要求。

同样，由于公交快线车道的设置方式（中央公交专用车道、边侧公交专用车道、快速路专用道等）不同，对于快线为专用道路时，进行公交线路停靠能力检验，对快线线路单独考虑，普线和支线合并考虑。

6.5　多层次公交线网及票价同步优化方法

通过使用前文所述方法可以确定多层次公交线网初始方案。在多层次公交网的规划中，票价会直接影响客流的分配，因此，理想的规划应从备选线路集合与相应的发车间隔中确定最优的票价方案，满足目标函数，使公交系统总体成本最小。由于公交线网固有的复杂性，并且属于 NP－hard 问题，不能用传统的优化方法求解。因此，人们开始运用一些启发式算法，如遗传算法（Genetic Algorithms，GA）、模拟退火算法（Simulated Annealing）、禁忌搜索算法（Tabu Search Algorithms）等来解决问题。由于遗传算法具有简单、鲁棒和易于解决实际问题的特点，本文选取遗传算法对问题进行求解。图 6-4 和图 6-5 分别为运用遗传算法进行公交网优化的流程图和示意图。

用遗传算法可同时确定线路的走向和发车频率。在算法中，变量如下：

$$X_i = (x_1, x_2, x_3, \cdots, x_{n-1}, x_n), f_{\min} \leqslant x_k \leqslant 2 \cdot f_{\max} \tag{6-43}$$

其中，X_i 是备选公交网络的第 i 个种群，x_k 为线路 k 的发车频率，n 是备选线路的种群规模。公交线路的实际发车频率约束为：

$$f_{\min} \leqslant x_k \leqslant f_{\max} \tag{6-44}$$

遗传算法模型中用到遗传编程和遗传算子。在选择程序之前，首先用公交分配程序计算适应度函数。公交网每个种群的性能指标都是通过公交分配确定的。适应度函数由这些指标和种群来评价，具体流程见图 6-6。

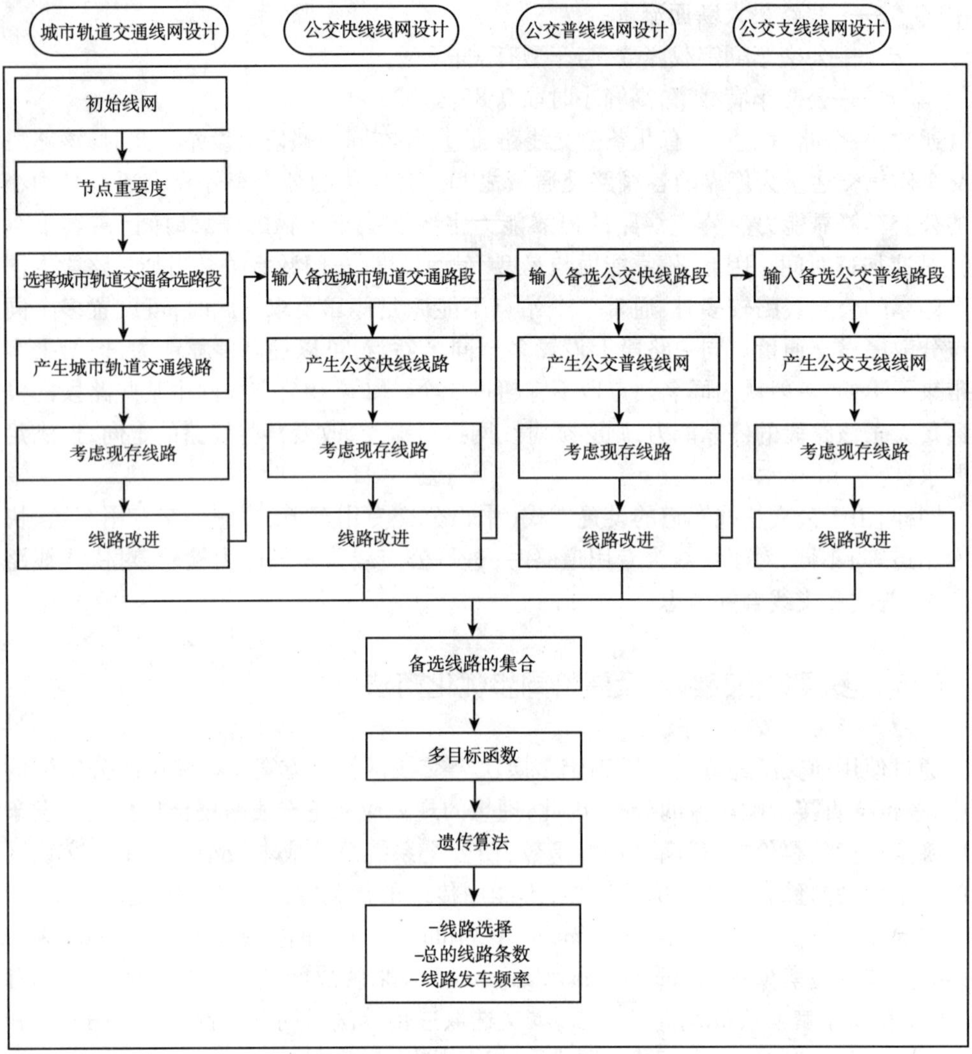

城市轨道交通线网设计
公交快线线网设计
公交普线线网设计
公交支线线网设计
初始线网
节点重要度
选择城市轨道交通备选路段
产生城市轨道交通线路
考虑现存线路
线路改进
输入备选城市轨道交通路段
产生公交快线线路
考虑现存线路
线路改进
输入备选公交快线路段
产生公交普线线网
考虑现存线路
线路改进
输入备选公交普线路段
产生公交支线线网
考虑现存线路
线路改进
备选线路的集合
多目标函数
遗传算法
-线路选择
-总的线路条数
-线路发车频率

图 6-4　多层次公交线网遗传算法优化流程图

<备选线路集合>
线路1
线路2
线路3
线路4
线路5
线路6
线路7
线路8
线路9
线路n
线路n+1
线路n+2
遗传算法
<公交线网>
线路3
线路4
线路8
线路9

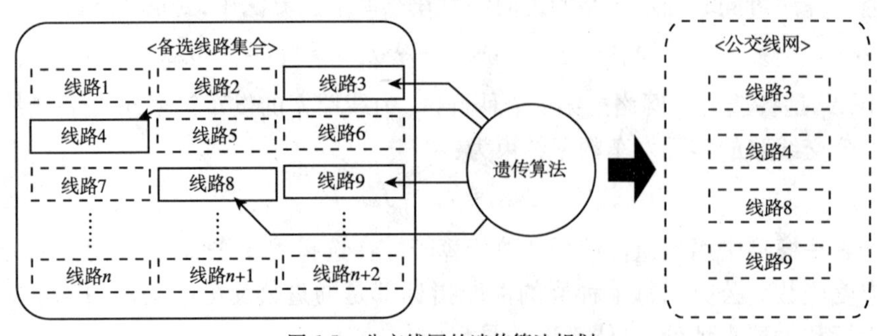

图 6-5　公交线网的遗传算法规划

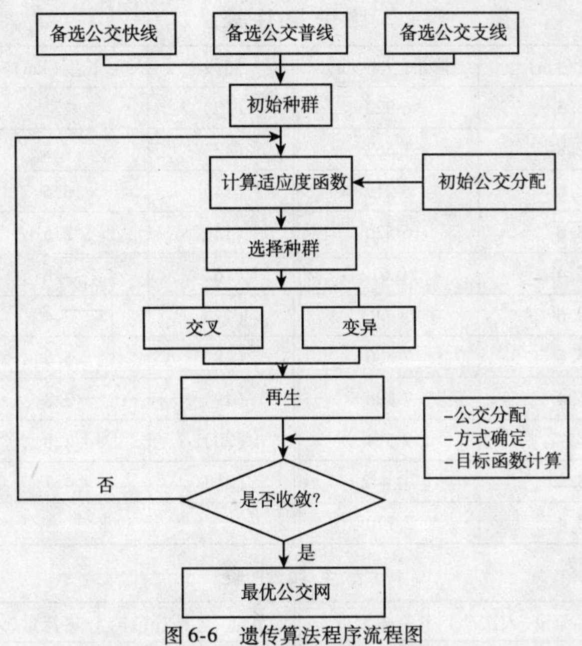

图6-6　遗传算法程序流程图

如图6-7所示,一个路网由15个节点,21条路段组成,已知路段长度和各节点的OD流量矩阵。

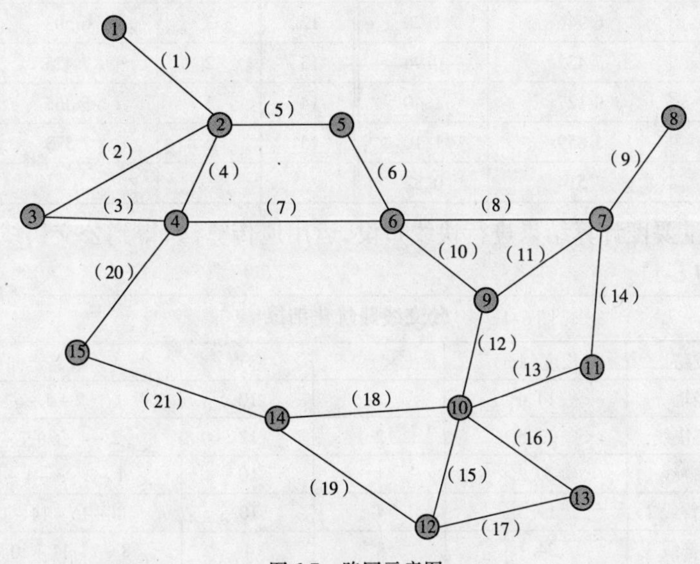

图6-7　路网示意图

用全有全无法(AON)对OD矩阵进行分配,得到路段上的流量(表6-9),根据网络的拓扑结构,结合节点重要度计算得到节点重要度(表6-10)。

路段属性表 表6-9

路段	长度(km)	流量(人次/h)	路段	长度(km)	流量(人次/h)
(1)	3.5	6 922	(12)	3	12 759
(2)	2.8	1 562	(13)	4.2	2 617
(3)	2.6	6 219	(14)	5.6	3 555
(4)	3.6	6 520	(15)	2.5	2 542
(5)	5.4	10 612	(16)	4.6	5 295
(6)	2.6	11 683	(17)	3.4	2 130
(7)	5.6	7 880	(18)	3.8	6 035
(8)	5.4	7 898	(19)	3.8	4 164
(9)	3	7 514	(20)	2.8	9 844
(10)	3.4	10 442	(21)	4.7	8 604
(11)	3.4	3 770			

节点属性表 表6-10

节点	拓扑结构	客流量(人次/h)	重要度	节点	拓扑结构	客流量(人次/h)	重要度
1	1	4 062	0.51	9	3	7 299	1.09
2	4	6 325	1.14	10	5	5 704	1.23
3	2	6 252	0.85	11	2	6 172	0.84
4	4	6 946	1.20	12	3	6 503	1.02
5	2	7 452	0.96	13	2	7 425	0.96
6	4	9 127	1.40	14	3	5 366	0.91
7	4	5 859	1.10	15	2	7 573	0.97
8	1	7 514	0.82				

根据节点重要度计算结果进行快线布设,运用遗传算法,得到公交快线、公交普线和公交支线,见表6-11。

公交线路优化结果 表6-11

序号	线路	长度(km)	起点	终点	线路走向(节点)
1	轻轨	14.4	2	10	2-5-6-9-10
2	公交快线	23.5	2	12	2-4-6-7-9-10-12
3	公交普线1	20.2	1	10	1-2-3-4-15-14-10
4	公交普线2	19.3	4	10	4-15-14-12-13-10
5	公交普线3	24.1	8	4	8-7-11-10-14-15-4
6	公交普线4	19.9	8	1	8-7-6-5-2-1
7	公交支线1	11.6	3	9	3-4-6-9
8	公交支线2	11.8	10	14	10-13-12-14

通过JAVA语言开发了相应的计算程序(图6-8),计算不同票价方案的总费用以及线网中所有起讫点走向的方法、采取的公交模式、全程总费用以及总里程。不同票价方案的计算结果见表6-12。

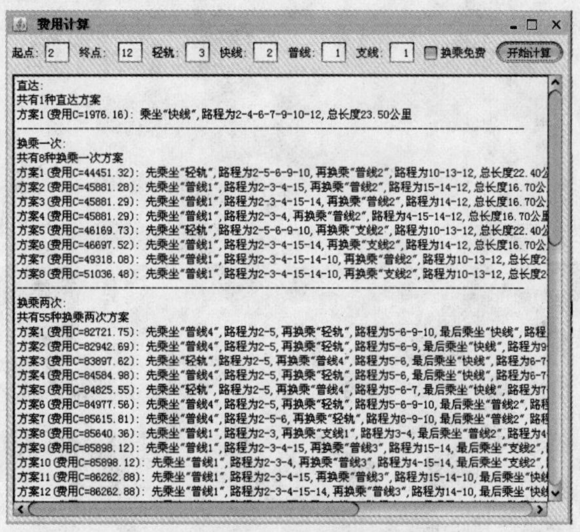

图6-8　公交线网优选程序

公交票价方案及费用结果　　表6-12

票价方案	轻轨	公交快线	公交普线	公交支线	换乘是否免费	票价费用(元)	总费用(元)
方案一	3	2	1	1	NO	685 545	2 530 983.5
方案二	2	2	1	1	NO	663 785	2 504 306.5
方案三	3	2	1	1	YES	524 425	2 481 171.5
方案四	2	2	1	1	YES	505 640	2 461 833.5
方案五	1	1	1	1	NO	597 380	2 454 132.5

由计算结果可知,考虑到可靠度和时间价值的票价方案与仅考虑票价费用的方案是不同的。因为可靠度高的线路带来的费用增值也高,在票价相同的情况下,人们会优先选择可靠度高的线路,而选择此线路的人数超过一定的值,便会引起线路可靠性的下降。

因此,得到结论如下:

(1)如果要求公交系统可靠度高,建议选择方案一(3－2－1－1)、方案二(2－2－1－1)的差价票制,使得远距离出行的乘客选择速度快、可靠度高的轨道交通、公交快线,而近距离出行选择公交普线和公交支线。

(2)如果希望所有乘客在出行中的票价花费最少,建议采用方案换乘免费的方案四(2－2－1－1,换乘免费)和方案三(3－2－1－1,换乘免费)。

(3)如果希望所有乘客的总出行费用最省,则建议采用方案三(3－2－1－1,换乘免费)、方案四(2－2－1－1,换乘免费)的差价票制或者方案五(1－1－1－1)的统一票制票价。

第7章 多层次公交线网规划方案综合评价

实施高效、合理、经济的城市公共交通规划方案，可以优化城市用地布局，提高城市交通效率，减少交通事故，降低环境污染，为居民提供迅速方便、安全高效、经济舒适、准点和低公害的交通条件，从而为促进城市社会经济的发展和提高市民物质文化生活水平提供良好的交通环境。

如何评价公共交通的运行状况、存在的问题及可能发挥的潜力，如何评价公共交通规划方案满足未来客运交通需求的程度，如何反馈和检验客运交通规划的实施效果，这些问题对公交系统规划是非常重要的。为此，必须提出一套科学、实用的多层次公共交通规划方案评价指标体系和评价方法。

7.1 评价指标体系确定原则

指标是指综合反映社会经济现象某一方面情况的绝对数、相对数和平均数。指标体系是指一系列指标构成的整体，评价指标体系必须科学客观、尽可能地全面考虑各方面因素和信息。评价指标的恰当与否将直接影响到评价结果是否真实、是否反映客观实际，也就影响到交通工具的选择决策、城市交通规划决策。正确选择评价指标体系必须遵循以下几个原则。

1)科学性与全面性相结合

评价指标必须建立在科学的基础上,并能客观地反映实际情况,这样它对客观实际才具指导意义,同时评价指标体系需要全面综合地反映各个方面。城市交通工具的选择既要考虑它的功能、服务质量因素,也要考虑它的社会、经济效益因素。

2)当前与长远相结合

城市交通工具的选择不但要考虑当前的情况,更要考虑长远的发展需要,使交通规划有较长的适应性。

3)定性分析与定量分析相结合

由于系统的复杂性和广泛性,评价指标不可能是完全通过数学公式来计算的定量指标。为了进行全面的比较,必须把不确定的因素也考虑进去,如环境因素、政策因素等,它可用定性指标来反映。

4)可测性与可比性相结合

所有评价指标应能用一定的直接或间接的方法来测量,并且指标具有可比性,这样的方法可知其优劣。对不同的评价指标,须统一到某一单位,方可评价不同的对象。

5)个人利益与社会利益相结合

评价指标须全面反映个人利益和社会利益。交通工具既为居民服务,又是城市交通体系的一分子,对城市、对社会都会产生影响,在个人利益与社会利益两者间要兼顾。

7.2 多层次公交线网规划方案评价指标体系

7.2.1 指标体系

对城市公交线网进行服务水平评价,必须首先客观准确地反映公交线网的运营状况和运行效果。其次,由于城市公交线网不是孤立运作的,因此还要考虑其子系统之间及其与周围环境的关系。一般情况下,公共交通系统评价的指标包括:

(1)公交线网技术性能指标。

(2)公交线路运营设计指标。

(3)经济性指标。

(4)公交服务运送指标。

(5)乘客舒适与安全性指标。

第一大类为体现公交线网的技术性能指标。从整体而言,公交系统的经济效益、社会效益和环境影响如何,首先取决于公交线网的技术性能。因此,公交线网的技术评价是公交系统评价中必不可少的重要组成部分。公交线网的技术性能评价是从线网的建设水平和技术方面,分析其建设规模与社会经济发展的适应性、内部结构和功能。其目的是揭示公交的运行效果,验证公交线网规划方案的优化程度,为决策层提供技术方面的信息和依据。

第二类是公交线路运营设计指标,主要有最大发车间隔、最小发车间隔时间或发车频率、乘客候车时间、公交线路运行时间。

第三类是经济性指标。公交规划的经济评价是以公共交通规划为整体的经济效益分析。公交规划的根本目的和重要原则之一,就是要在满足社会对公交需求的基础上以最少的投资获得公共交通系统的最大经济效益。因此,公共交通的经济评价也是公共交通系统评价中极为重要的组成部分。一般来说,公共交通规划的经济评价主要是指经济指标方面的计算和分析。通过比较规划方案的建设、运营费用和效益,并结合规划期末的资金预测,对方案的经济合理性进行分析论证。经济性指标主要有:每小时乘客数、每公里乘客数、客运周转量、百车公里成本、百车公里收入。

第四类是公交运送服务指标,主要有准点性、发车间隔均匀性。

第五类是乘客舒适与安全性指标,主要有舒适度和事故率。

以上仅是列出公交的主要指标,而真正可能涉及的公交评价指标至少有几十种,覆盖规划及运营各个方面。对于具体规划方案的评价指标,绝非指标越繁多、越细致就越好。精确的量化不等于评价的准确。评价是为规划和决策服务的。因此,对于不同的服务对象和目的,评价的指标和方法可能不同。

本书重点构建公交线网规划方案的评价指标体系。考虑到评价指标选取的可比性、可操作性等原则,主要从多层次公交线网和枢纽布局规划方案的合理性及两者的协调性出发,建立考虑出行者、政府、公交运营企业的、能够反映多层次公交线网结构及服务水平两个方面的综合评价指标体系。该体系包括可达性、舒适性、公交线网性能和协调性多重目标。评价指标体系如图 7-1 所示。

7.2.2 可达性评价指标

1)高峰小时公交出行平均速度

出行平均速度(v_T),即城市居民选择公交的出行方式出行的总里程与所耗时间之比的平均值。

$$v_T = S_T/T_T \qquad (\text{km/h}) \tag{7-1}$$

式中:S_T——居民出行起讫点之间的总里程,km;

T_T——居民出行起讫点之间所耗的总时间,h。

2)单程最大出行时耗

出行时耗包括乘客步行到达公交站点的时间、候车时间、车上时间和下车后到达目的地的时间。出行时耗是衡量公交发展水平的一项重要指标,同时也是对公交这种客运交通方式的竞争力起决定性作用的因素。

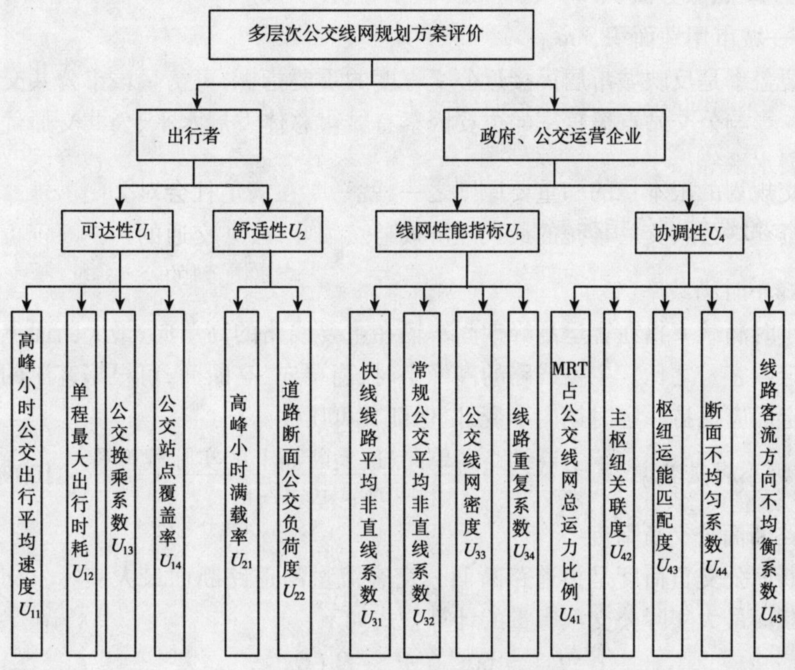

图7-1　多层次公交线网规划评价指标体系

$$T \leqslant T_{max} \tag{7-2}$$

式中：T、T_{max}——分别为城市中95%居民出行单程最大时耗和最大时耗上限。

对于特大城市，一般公交出行的最大时耗上限为50min。具体出行时耗值的确定需要根据城市规模的大小、城市布局形式等因素考虑。

3）换乘系数

换乘系数或换乘率（%）是衡量乘客直达程度、反映乘车方便程度的指标。换乘系数的计算方法为乘车出行人次与换乘人次之和除以乘车出行人次，即：

$$\alpha = \frac{P + T}{P} \tag{7-3}$$

式中：α——换乘系数；

P——公交客流出行总人次；

T——公交客流换乘人次。

4）站点覆盖率

站点覆盖率（R_C），也称站点服务面积率，是站点服务面积占城市用地面积的百分比，即：

$$R_C = A_C / A_0 \times 100\% \tag{7-4}$$

式中：A_C——站点服务面积，hm^2；

A_0——城市用地面积，hm^2。

站点覆盖率是反映城市居民接近公交程度的重要指标，可衡量城市公共交通发展的总体水平。影响公交站点覆盖率的主要因素有城市总体发展水平、公共交通优先发展度及区域发展水平等。

7.2.3 舒适性评价指标

1）高峰小时满载率（%）

高峰小时满载率指在客运高峰期间车辆在主要线路的高单向、最大断面上的实际载客量与额定载客量之比。主要线路的高峰小时、高单向、高断面，可根据客流的具体情况确定。确定后应保持一定时期内不变，以保证其可比性。

$$\text{高峰小时满载率} = \frac{\text{主要线路高单向、最大断面上的实际载客量}}{\text{车辆的额定载客量}} \times 100\% \tag{7-5}$$

2）道路断面公交负荷度

道路断面公交负荷度是指道路断面公交客流量与道路断面最大实际公交载客量之比。道路断面最大实际公交载客量的计算公式如下：

$$M_{XV} = 60 C_f C_x M_{zl} \cdot P_r(C_f) / T'_j \tag{7-6}$$

式中：M_{XV}——路段最大实际公交载客量，人次；

C_f——路段通行公交线路数（单方向）；

T'_j——路段公交车发车间隔加权平均值，min；

M_{zl}——公交车满载率（高峰、平峰）；

$P_r(C_f)$——重复线路影响折减系数，依式(7-7)取值；

C_x——不同车型的客容量。

$$P_r(C_f) = \begin{cases} 1, C_f = 0 \text{ 或 } 1 \\ 0.9, C_f = 2 \\ 0.8, C_f = 3 \\ 0.7, C_f \geqslant 4 \end{cases} \tag{7-7}$$

7.2.4 公交网络性能评价指标

1）路线非直线系数

公共交通线路长度与起、终点站间空间直线距离之比，称为路线的非直线系数。环形线路的非直线系数是用线路上的主要枢纽点（或最远的两节点）来衡量的。

$$\eta_R = l_R / d_R \leqslant \eta_{R\max} \tag{7-8}$$

式中：η_R、$\eta_{R\max}$——分别为路线 R 的非直线系数和最大允许非直线系数；

l_R——路线 R 的长度；

d_R——路线 R 起、终点间的直线距离。

2)线网密度

公交线网密度是指城市有公交线路服务的每平方公里用地面积上有公交线路经过的道路中心线的长度,它反映了居民接近线路的程度。

$$\rho = \frac{\sum L}{S} \tag{7-9}$$

式中:ρ——线路密度,km/km^2;

L——公交线路长度,km;

S——用地面积,km^2。

3)线路重复系数

公共交通线路总长度与道路网总长度之比,反映了公交线路在城市主要道路上的密集程度。它在一定程度上反映了公交线网结构的合理性以及乘客乘坐公交的方便性,但对于不同的城市形态、道路网络,评判标准应有所不同。

$$\mu = \frac{\sum l_1}{\sum l_2} \tag{7-10}$$

式中:μ——线路重复系数;

l_1——公交线路长度,km;

l_2——道路长度,km。

7.2.5　协调性评价指标

协调性反映了公交系统运营中资源有效利用的情况,是衡量公交发展水平的重要依据。协调性的高低,不仅反映了系统运营组织效率,也体现了公交系统资源配置的优化情况。通过对公交协调性的评价和分析,可找出既有线路中存在的问题和可能发挥的潜力,从而为提高线路效率、优化资源配置、降低成本提供决策参考。

1)各层次线网运力比例

分析各层次线网运力所占的比例,对于评价不同等级公交网分布的均衡、是否充分发挥了其应有的功能有着重要的意义。各层次公交网在运营中所承担运力比例的计算方法为:

$$\beta = \frac{D_i}{D} \tag{7-11}$$

式中:D_i——第 i 层公交网的运力(i = 1,2,3,4 分别对应城市轨道交通、公交快线、公交普线和公交支线),亿人公里/日;

D——公交线网的总运力,亿人公里/日。

本书建议以快速公交(包括城市轨道交通、公交快线)占公交线网总运力的比例为评价指标。

2)枢纽节点关联度

关联度是指一条线路与公交枢纽或轨道交通的衔接程度。由于城市轨道交通在线网中起骨干的作用,公交线路与其衔接对乘客而言则具有重要的方便性。与公交枢纽或者轨道交通的关联度能够反映线路换乘的方便程度。如果能够与公交枢纽站或地铁车站衔接,有利于减少乘客换乘时间及换乘距离,提供更多的方案供乘客选择,提高乘客的出行速度。

其指标值可采用以下方法确定:在[1,2,3,4,5]范围内对线路与公交枢纽或城市轨道交通的关联程度进行定性评价,见表 7-1。

线路与公交枢纽或轨道交通的关联程度属性表 表 7-1

关联程度	线路与公交枢纽或城市轨道交通的关联程度	线路站点与公交枢纽或城市轨道交通站点的距离(m)
1	完全关联	(0,200]
2	紧密关联	(200,600]
3	较为关联	(600,1 000]
4	较为不关联	(1 000,1 500]
5	完全不关联	(1 500, +∞)

3)枢纽运能匹配度

运能匹配度指标用来衡量城市换乘枢纽内不同交通方式运能的协调性,可以用来判别换乘基础设施配置的适应性。计算公式如下:

$$m = \frac{Q_m \cdot \alpha_{mb} + Q_m \cdot \alpha_{mm}}{C_b \cdot \beta_{mb} + C_m \cdot \beta_{mm}} = \frac{Q_{mb} + Q_{mm}}{C_b \cdot \beta_{mb} + C_m \cdot \beta_{mm}} \tag{7-12}$$

式中:$\beta_{mb} = Q_{mb}/Q_{ba}\beta_{mm} = Q_{mm}/Q_{ma}$;

α_{mb}——城市轨道交通客流换乘常规公交的比例,%;

α_{mm}——城市轨道交通之间换乘客流的比例,%;

β_{mb}——城市轨道交通换乘常规公交的客流占枢纽内常规公交全部上车客流的比例,%;

β_{mm}——城市轨道交通之间的换乘客流占枢纽内轨道交通全部上车客流的比例,%;

C_b——常规公交的客运能力,人次/h;

C_m——城市轨道交通的客运能力,人次/h;

Q_{mb}、Q_{mm}——城市轨道交通换乘常规公交的客流量和城市轨道交通之间的换乘客流量,人次/h。

运能匹配度指标是枢纽内城市轨道交通和常规公交之间的客流供求关系的表征,反映两者衔接的协调状况。较为理想的运能匹配度是 $m \leqslant 1$,说明两者的衔接状况良好。当 $m > 1$ 时,表明常规公交运输能力满足不了城市轨道交通客流的换乘需要,衔接的协调性被破坏。这时,需采取在城市轨道交通客运高峰时段增加公交班次、缩短发车间隔、调集应急车辆等措施,暂时提高市内公交运输能力,恢复两者衔接的协调性。

4)线路断面客流不均匀系数

线路断面客流不均匀系数是指一条线路上最大断面客流量与平均断面客流量之比。该指标反映了线路承担客流的均衡程度,用以评价线路的客运效率。

线路断面客流不均衡系数定义为该线路最大客流断面的客流量与线路平均断面客流量的比值,即:

$$b_n = \max V_k / V_v, \quad k = 1, 2, \cdots, m \tag{7-13}$$

$$V_v = \sum_{k}^{m} L_k V_k / \sum_{k=1}^{m} L_k, \quad k = 1, 2, \cdots, m \tag{7-14}$$

式中:b_n——第 n 条线路断面客流不均衡系数;

V_k——线路的第 k 个断面的客流量,人次;

V_v——线路的平均断面客流量,人次;

L_k——第 k 个断面的长度,km。

它表示一条线路上客流量在各路段变化幅度的大小。断面客流不均匀系数过大,就会出现公交线路上的某些路段乘车十分拥挤、服务水平低下的现象,而其他路段上则乘客稀少。断面客流不均匀系数过大,也同样不利于公交运营,若增加配车,缩短发车间隔,满足高断面需求,则会造成其他断面上的车辆空驶,反之则又满足不了高断面上的公交需求。一般,取 $b_n \leqslant 1.5$。

5)线路客流方向不均衡系数

线路客流方向不均衡系数指一条线路最大方向的客流量与双向客流量平均值的比值。它表示一条线路在高峰小时内不同方向客流量的差异。方向不均匀系数一般按高峰小时最大断面客流量统计。

$$\mu_n = \max V_i \Big/ \left(\frac{V_1 + V_2}{2} \right), \quad i = 1 \text{ 或 } 2 \tag{7-15}$$

式中:μ_n——第 n 条线路断面客流方向不均衡系数;

V_1、V_2——高峰小时上、下行方向的最大客流量。

方向不均匀系数过大,则反映出客流需求的方向性差异大,会给公交配车及运营管理带来一定难度,方向不均匀系数的值宜为1.2~1.4。

7.3　综合评价模型和方法

对复杂系统中的对象进行评价,是一个非常棘手的问题,系统科学领域的学者对此进行了大量的研究。关于多类别复杂系统,目前有关的文献还较少。当系统的评价指标为定性时,一般采用专家评分法。但这种评分方法受专家的思维定势及外部环境的干扰太大，各对象如果有明显的差异，它们的评分差异是可以体现出来的；如果没有明显的差异，专家的打分就存在较大误差。

模糊数学主要是解决“外延不明确”的问题，城市网络功能本身受到各种因素的影响，具有复杂性，甚至具有模糊性，只有从不同角度来考核，才能做到客观全面的评价。传统的常规多指标综合评判方法虽然采用了程度分析的方法，不像强制打分法那样把事物变化区间截割成各段，硬性规定各段得分，但是实际上还是对事物变化区间做了等级划分。这样对错综复杂的事物进行评价就略显不足了，而多层次模糊综合评价方法正好能够解决这一问题。

模糊层次评价法（Fuzzy Analytic Hierarchy Process，FAHP）在许多复杂的社会、政治、经济、技术等方面决策问题中都得到了广泛的应用，尤其是对多目标、多方案的问题的评价，该方法可以有效地进行处理。此外，该方法是定性定量的结合，可以根据现实需要把各个指标的重要程度纳入到模型中，同时又充分利用了现有线路具体的信息，因此本文采用此方法作为研究的评价方法。

7.3.1 模糊综合评价的原理

模糊综合评价就是应用模糊变换原理和最大隶属度原则，考虑与被评价方案相关的各个指标，对其所作的综合评价。

在评价某个方案时，可以将评价结果分成一定的等级，如“很好”、“较好”、“一般”、“差”、“很差”五个等级。将这些评价等级构成评价论域。为固定其顺序，可用向量表示论域，记作：$\boldsymbol{V}=(V_1,V_2,\cdots,V_m)$，如 $\boldsymbol{V}$ =（很好，好，一般，差，很差）。一般要用数值表示这些文字化的评价，成为评价值。较优的评价对应较高的评价值，如上例的评价论域可用向量 $\boldsymbol{V}=(2,1,0,-1,-2)$ 表示，称 $\boldsymbol{V}$ 为评价向量。对某方案是这样来进行模糊评价的：让多人独立对它就这个指标进行等级评价，某一等级得票的比例 $r_j(1\leqslant j\leqslant m)$ 叫做该等级的“隶属度”，将隶属度按与 $\boldsymbol{V}$ 相同的顺序排成向量 $\boldsymbol{R}=(r_1,r_2,\cdots,r_m)$，称之为隶属度向量。

对于多指标评价，在各评价指标 $U_i(i=1,2,\cdots,n)$ 之中，有些指标在总评价中的影响程度可能大些，而另一些指标在总评价中的影响程度可能小些，这里就存在确定一个各个指标对综合目标的权重的问题。设综合目标（也用向量表示）为：

$$\boldsymbol{U}=(U_1,U_2,\cdots,U_n) \tag{7-16}$$

首先对评价 $\boldsymbol{U}$ 中的单指标 $U_i(i=1,2,\cdots,n)$ 作单指标评价，从指标 U_i 着眼确定该被评价方案对评价等级 $V_j(j=1,2,\cdots,m)$ 的隶属度 r_{ij}，这样就可得出第 i 个指标 U_i 的单指标隶属度向量：

$$\boldsymbol{R}_i=(r_{i1},r_{i2},\cdots,r_{im}) \tag{7-17}$$

用 n 个评价指标的隶属度向量构造出一个隶属度矩阵 $\boldsymbol{R}$：

$$R = \begin{bmatrix} R_1 \\ R_2 \\ \vdots \\ R_n \end{bmatrix} = \begin{bmatrix} r_{11} & r_{12} & \cdots & r_{1m} \\ r_{21} & r_{22} & \cdots & r_{2m} \\ \vdots & & & \vdots \\ r_{n1} & r_{n2} & \cdots & r_{nm} \end{bmatrix} \tag{7-18}$$

设指标向量的权重向量为 $A=(a_1,a_2,\cdots,a_n)$，权重向量的确定可以采用两种方法：

(1)先构造指标间的比较矩阵，而后求比较矩阵最大特征值的特征向量，再将特征向量归一化。归一化了的特征向量即为权重向量。

(2)用专家调查方法。请若干名专家，让他们独立评定各指标相对综合目标的权重。将指标 U_i所得的权重值求平均值，设 a_i，a_i就是指标 U_i对综合目标的权重，向量 $A=(a_1,a_2,\cdots,a_n)$就是所要求的权重向量。

隶属度矩阵 R 是综合目标 U 到评价论域 V 的一个映射。当权重向量 A 已知时，作映射得出方案关于综合目标 U 的隶属度向量：

$$B=(b_1,b_2,\cdots b_m)=A\cdot R=(a_1,a_2,\cdots,a_n)\begin{bmatrix} r_{11} & r_{12} & \cdots & r_{1m} \\ r_{21} & r_{22} & \cdots & r_{2m} \\ \vdots & \vdots & & \vdots \\ r_{n1} & r_{n2} & \cdots & r_{nm} \end{bmatrix} \tag{7-19}$$

B 中各元素 b_j是 A 与 R 通过“广义模糊合成运算”得出结果。最后，将 B 与评价向量 V 的转置向量相乘，即：

$$W=BV^{\mathrm{T}} \tag{7-20}$$

其结果 W 就是该方案的模糊评价结果。

7.3.2　广义模糊合成运算

现在来介绍广义模糊合成运算。B 中各元素 b_j定义为：

$$b_j=(a_1\otimes r_{1j})\oplus(a_2\otimes r_{2j})\oplus\cdots\oplus(a_n\otimes r_{nj})(j=1,2,\cdots,m) \tag{7-21}$$

简记之为合成模型 $M(\otimes,\oplus)$，其中$\otimes$为广义模糊“乘”运算，$\oplus$为广义模糊“加”运算。

在广义模糊合成运算下，合成模型 $M(\otimes,\oplus)$的意义在于：$r_{ij}(i=1,2,\cdots,n;j=1,2,\cdots,m)$为单独考虑指标 U_i时，方案对等级 V_j的隶属度，而通过广义模糊“乘”运算($a_i\otimes r_{ij}$)所得的结果，就是在全面考虑各种指标时，方案关于指标 U_i的对等级 V_j的隶属度，即在考虑指标 U_i在总评价中的影响程度 a_i时，对隶属度 r_{ij}所进行的限制或调整。最后，通过广义模糊“加”运算对各个调整后的隶属度进行合成，即可得出综合评价结果。

就理论上而言，上述的广义模糊合成运算有多种，但在实际应用中经常采用的具体模型有以下四种。

模型1　$M(\wedge,\vee)$，即用$\wedge$代替$\otimes$，$\vee$代替$\oplus$，有：

$$b_j = \bigvee_{i=1}^{n} (a_i \wedge r_{ij}) \quad (j = 1,2,\cdots,m) \tag{7-22}$$

其中,“∧”、“∨”分别为取最小(min)和取最大(max)运算。这是一种“主指标决定性”的综合评价。

模型2　$M(\cdot,\vee)$,即用普通数乘·代替⊗,∨代替⊕,有:

$$b_j = \bigvee_{i=1}^{n} a_i \cdot r_{ij} \quad (j = 1,2,\cdots,m) \tag{7-23}$$

其中,“·”为普通实数乘法,“∨”为最大(max)运算。这是一种“主指标突出型”的综合评价。

模型3　$M(\wedge,\mp)$,即用∧代替⊗,∓(有界和算子)代替⊕,有:

$$b_j = \mp\sum_{i=1}^{n} a_j \wedge r_{ij} \quad (j=1,2,\cdots,m) \tag{7-24}$$

这里“∧”为最小(min)运算,“有界和”的定义是:$\alpha \mp \beta = \min(1, \alpha + \beta)$,$\mp\sum$ 为对 n 个数在∓运算下求和。这是一种对每一等级 V_j 都同时考虑各种指标的综合评价。

模型4　$M(\cdot,\mp)$,即用·代替⊗,∓代替⊕,有:

$$b_j = \mp\sum_{i=1}^{n} a_i \cdot r_{ij} \quad (j = 1,2,\cdots,m) \tag{7-25}$$

此模型是在模型$(\cdot,\vee)$的基础上改进而成的,是一种“加权平均型”的综合评价。实际应用时,应根据具体情况决定采用模型的类型。

7.3.3　递阶模糊评价

评价系统具有层次结构,即总目标与评价指标之间相隔有一层或多层的评价准则层,则模糊综合评价就更复杂些。以三层为例阐明递阶模糊评价,如图7-2所示。

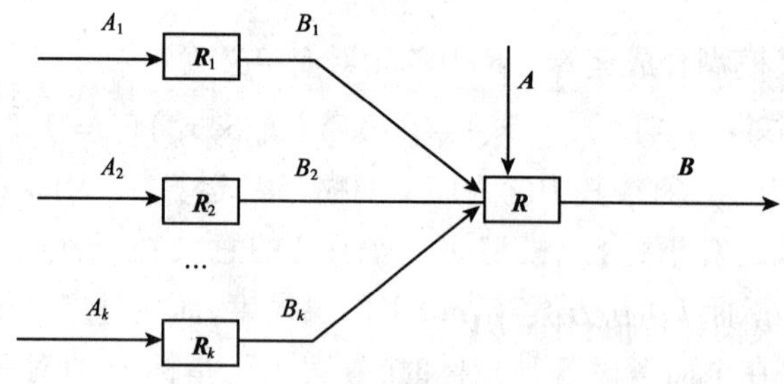

图7-2　三层模糊综合评价模型

设 $\boldsymbol{U}$ 为评价指标向量,对 $\boldsymbol{U}$ 划分成若干个(k 个)子向量 $\boldsymbol{U}_t$,使之满足:

$$\begin{aligned} &\bigcup_{t=1}^{k} \boldsymbol{U}_t = \boldsymbol{U} \\ &\boldsymbol{U}_t \cap \boldsymbol{U}_s = \boldsymbol{\varphi} \quad (t \neq s \text{ 且 } s,t = 1,2,\cdots,k) \end{aligned} \tag{7-26}$$

其中，$\boldsymbol{U}_t$包含的各分量恰是第 t 个评价准则的所有评价指标，$\boldsymbol{U}_t=(U_{t1},U_{t2},\cdots,U_{tn_t})$。设 $\boldsymbol{A}_t=(a_{t1},a_{t2},\cdots,a_{tn_t})$是 $\boldsymbol{U}_t$中各指标的权重向量，$\sum_{j=1}^{n_t}a_{tj}=1$。评价向量 $\boldsymbol{V}$ 同前，某方案关于指标子向量 $\boldsymbol{U}_t$的隶属度矩阵为 $\boldsymbol{R}_t$，则关于第 t 个评价准则的隶属度向量为：

$$\boldsymbol{B}_t=(b_{t1},b_{t2},\cdots,b_{tm})=\boldsymbol{A}_t\boldsymbol{R}_t\quad(t=1,2,\cdots,k)\tag{7-27}$$

再由各 $\boldsymbol{B}_t(t=1,2,\cdots,k)$构成上一级的隶属度矩阵 $\boldsymbol{R}$：

$$\boldsymbol{R}=\begin{bmatrix}\boldsymbol{B}_1\\\boldsymbol{B}_2\\\vdots\\\boldsymbol{B}_k\end{bmatrix}=\begin{bmatrix}b_{11}&b_{12}&\cdots&b_{1k}\\b_{21}&b_{22}&\cdots&b_{2k}\\\vdots&\vdots&&\vdots\\b_{m1}&b_{m2}&\cdots&b_{mk}\end{bmatrix}\tag{7-28}$$

假定各准则对于总目标的权重向量为 $\boldsymbol{A}=(a_1,a_2,\cdots,a_k)$，则最后该方案关于总目标的隶属度向量为：

$$\boldsymbol{B}=\boldsymbol{A}\boldsymbol{R}\tag{7-29}$$

最后，将 $\boldsymbol{B}$ 与评价向量 $\boldsymbol{V}$ 的转置向量相乘（普通矩阵的乘法），其结果就是该方案的模糊评价结果。

概括起来，递阶模糊评价的步骤如下（以三层为例）：

(1)定义数值化的（等级）评价向量 $\boldsymbol{V}$。

(2)构造（总目标→准则→指标）评价指标体系。设共有 k 个准则 $\boldsymbol{U}_1,\cdots,\boldsymbol{U}_k$，其中第 t 个准则 $\boldsymbol{U}_t$ 含有指标 $U_{t1},U_{t2},\cdots,U_{tn_t}$。

(3)确定底层指标相对于准则的权重向量 $\boldsymbol{A}_t=(a_{t1},a_{t2},\cdots,a_{tn_t})(t=1,2,\cdots,k)$和各准则相对于总目标的权重向量 $\boldsymbol{A}=(a_1,a_2,\cdots,a_k)$。

(4)对一个待评价的方案确定它关于每个指标的隶属度向量 $\boldsymbol{R}_{tj}(t=1,\cdots,k,j=1,\cdots,n_t)$。

(5)对每一个准则，用其统辖的各指标的模糊隶属度向量构造其隶属度矩阵：$\boldsymbol{R}_t=[\boldsymbol{R}_{t1},\boldsymbol{R}_{t2},\boldsymbol{R}_{t3},\cdots,\boldsymbol{R}_{tn_t}]^{\mathrm{T}}(t=1,2,\cdots,k)$，并求该方案关于各准则的隶属度向量 $\boldsymbol{B}_t=\boldsymbol{A}_t\boldsymbol{R}_t$。

(6)由 $\boldsymbol{B}_t$构造各准则关于总目标的隶属度矩阵：$\boldsymbol{R}=[\boldsymbol{B}_1,\boldsymbol{B}_2,\cdots,\boldsymbol{B}_k]^{\mathrm{T}}$，并求该方案关于总目标的隶属度向量 $\boldsymbol{B}=\boldsymbol{A}\boldsymbol{R}$。

(7)求该方案的模糊评价值：$\boldsymbol{W}=\boldsymbol{B}\boldsymbol{V}^{\mathrm{T}}$。

7.4　实例分析

7.4.1　背景

某新城未来年多模式公共交通线网包括地铁、有轨电车、BRT、普线公交线路，其线网布局如图 7-3 所示。使用 TRANSCAD 软件建立交通需求预测模型分析得出部分评价指标,进而利用本书建议的模糊评价方法建立评价模型并进行评价。

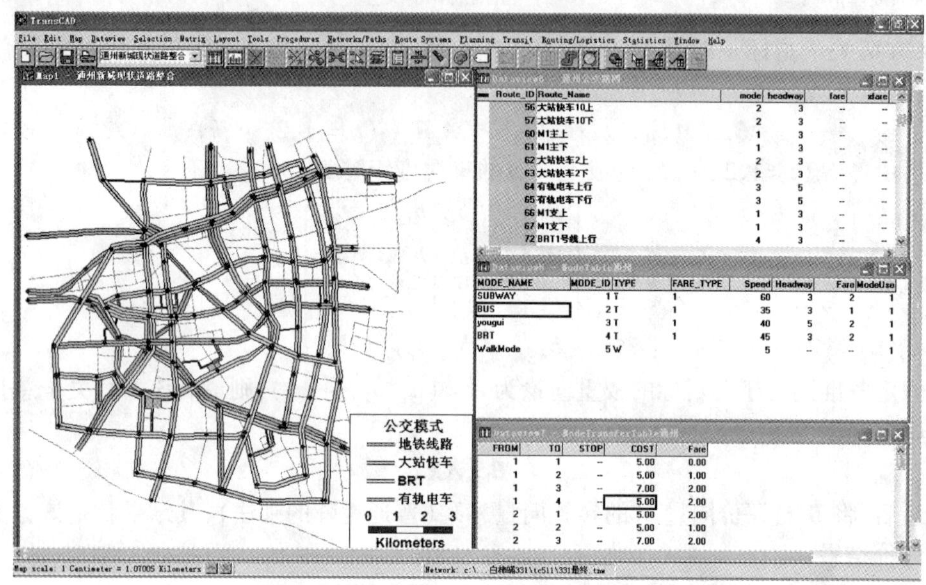

图 7-3 某新城公交线网布局示意图

7.4.2 评价指标值计算

1)高峰小时公交出行平均速度 U_{11}

由 TRANSCAD 输出各个小区起讫点之间公共交通出行的总里程(km)、总时间(min)。通过计算得到 $\overline{v_T} = 29.89\text{km/h}$。

2)单程最大出行时耗 U_{12}

$$T_{\max} = \max\{T_{T_{ij}}\} = 39.42(\text{min})$$

3)换乘系数 U_{13}

换乘系数为 1.47。

4)站点覆盖率 U_{14}

站点覆盖率按站点服务半径为 500m 的区域计算,站点覆盖面积 101.45km^2,规划区面积 155km^2,站点覆盖率为 0.65。公交站点覆盖面积如图 7-4 所示。

5)高峰小时满载率 U_{21}

$$\text{高峰小时满载率} = \frac{\text{主要线路高单向、最大断面上的实际载客量}}{\text{车辆的额定载客量}} = 0.67\text{。}$$

6)道路断面公交负荷度 U_{22}

$$\text{道路断面公交负荷度} = \frac{\text{道路断面公交客流量}}{\text{断面最大实际公交载客量}} = 0.79\text{。}$$

7）快线公交线路平均非直线系数 U_{31}

通过计算，平均非直线系数为1.21。

8）常规公交线路平均非直线系数 U_{32}

通过计算，平均非直线系数为1.36。

9）公交线网密度 U_{33}

通过计算，线网密度为2.94km/km²。

10）线路重复系数 U_{34}

新城的道路长度为418.23km，公交线路共456.09km。线路重复系数

$$\mu = \frac{\sum l_1}{\sum l_2} = 456.09/418.23 \approx 1.09$$

11）大容量快速公交占公交线网总运力比例 U_{41}

通过计算轨道交通、BRT线路运力与公交线网总运量之比，得出该比例为0.22。

12）主枢纽关联度 U_{42}

由于主枢纽关联度用来衡量线路与公交枢纽或轨道交通、快线的衔接程度，涉及各线路站点在枢纽点空间布局，所以本书假设主枢纽关联度取2，属于紧密关联程度。

13）枢纽运能匹配度 U_{43}

通过计算，运能匹配度为0.91。

14）线路断面客流不均匀系数 U_{44}

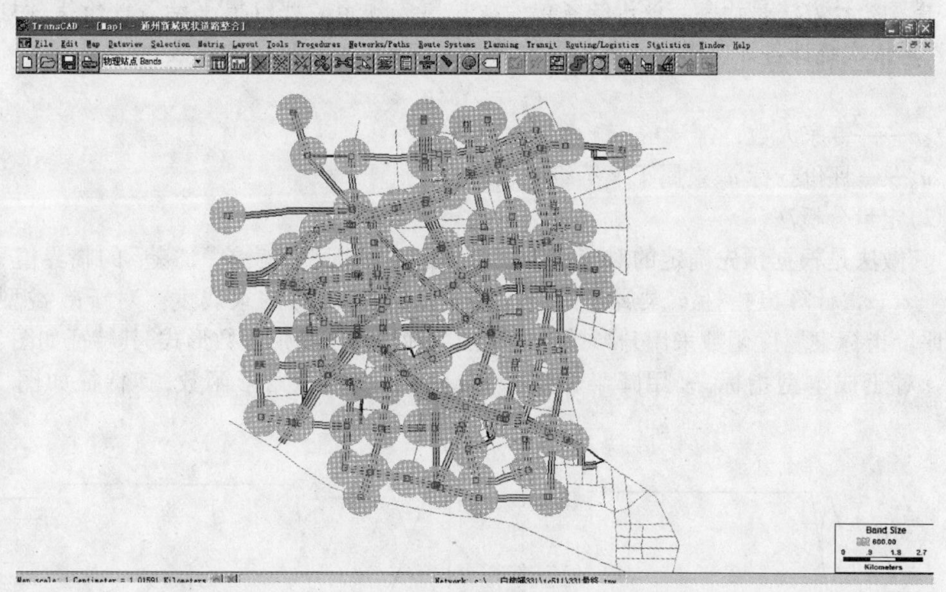

图7-4　公交站点覆盖面积图

通过计算，线路断面客流不均匀系数平均为0.79。

15）线路客流方向不均衡系数 U_{45}

高峰小时方向不均匀系数 $\mu_n = \max V_i / \left(\dfrac{V_1 + V_2}{2} \right) = 1.172$。

7.4.3 评价权重向量的确定

通过层次分析法，确定各评价指标和评价准则的权重向量。其中，$\boldsymbol{A}_1 = (a_{11}, a_{12}, a_{13}, a_{14}) = (0.35, 0.35, 0.15, 0.15)$、$\boldsymbol{A}_2 = (a_{21}, a_{22}) = (0.4, 0.6)$、$\boldsymbol{A}_3 = (a_{31}, a_{32}, a_{33}, a_{34}) = (0.35, 0.20, 0.20, 0.25)$、$\boldsymbol{A}_4 = (a_{41}, a_{42}, a_{43}, a_{44}, a_{45}) = (0.20, 0.30, 0.25, 0.15, 0.10)$；$\boldsymbol{A} = (a_1, a_2, a_3, a_4) = (0.30, 0.30, 0.20, 0.20)$。

7.4.4 评价指标隶属度的确定

多目标决策的一个显著特点之一是目标间的不可公度性，即各个目标之间没有统一的度量标准、难以比较，所以在进行综合评价前，应先确定评价指标体系中各个指标的评价值，即计算隶属度。对于那些难以用数量表示的指标，采用模糊统计方法确定其隶属度；对于评价指标体系中定量指标的隶属度关系的确定，可以分为效益型指标（越大越好型，如速度）和成本型指标（越小越好型，如成本）两种情况考虑。

1）模糊统计法

模糊统计方法是让参与评价的各位专家按事先规定的评价集 $\boldsymbol{V}$ 给各评价指标划分等级，再依次统计各评价指标 u_i属各评价等级 $V_j(j=1,2,3,4,5)$的频数 N_{ij}，记

$$u_{ij} = N_{ij}/n \tag{7-30}$$

式中：n——专家人数；

u_{ij}——评价指标 u_i 隶属于 V_j等级的隶属度。

2）定量分析法

其做法是根据预先确定的对应于“优”、“良”、“一般”、“较差”、“差”的临界值 x_5、x_4、x_3、x_2、x_1，计算出指标 u_i隶属于等级 $V_j(j=1,2,3,4,5)$的隶属度。对于效益型指标，评价指标隶属度函数采用升半梯形分布函数和线性三角形函数形式，其特征如图7-5所示；对于成本型指标，采用降半梯形分布函数和线性三角形函数，其特征如图7-6所示。

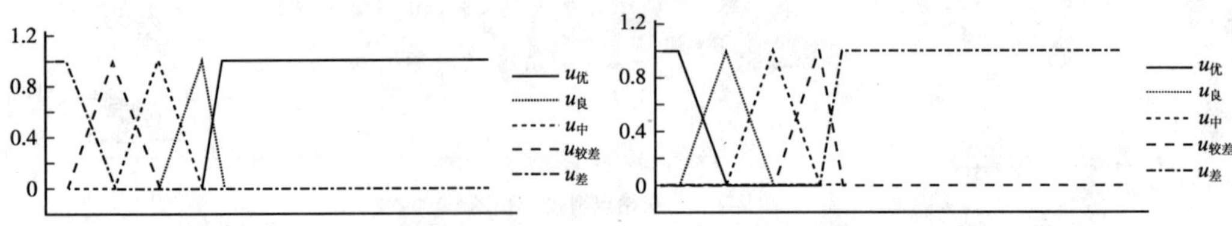

图7-5 效益型指标的模糊隶属函数曲线　　图7-6 成本型指标的模糊隶属函数曲线

效益型指标隶属度函数形式为：

$$u_{i1}=\begin{cases}1 & ,u_i > x_5\\(u_i - x_4)/d, & x_4 \leqslant u_i \leqslant x_5\end{cases} \tag{7-31}$$

$$u_{ij}=\begin{cases}(x_{6-j+1} - u_i)/d, & x_{6-j} \leqslant u_i < x_{6-j+1}\\(u_i - x_{6-j-1})/d, & x_{6-j-1} \leqslant u_i < x_{6-j}\end{cases} \tag{7-32}$$

$$u_{i5}=\begin{cases}(x_2 - u_i)/d, & x_1 \leqslant u_i \leqslant x_2\\1 & ,u_i < x_1\end{cases} \tag{7-33}$$

其中，$j=2,3,4$；$d=(x_5-x_1)/4$。

成本型指标隶属度函数形式为：

$$u_{i1}=\begin{cases}1 & ,u_i < x_5\\(x_4 - u_i)/d, & x_5 \leqslant u_i \leqslant x_4\end{cases} \tag{7-34}$$

$$u_{ij}=\begin{cases}(u_i - x_{6-j+1})/d, & x_{6-j+1} \leqslant u_i < x_{6-j}\\(x_{6-j-1} - u_i)/d, & x_{6-j} \leqslant u_i < x_{6-j-1}\end{cases} \tag{7-35}$$

$$u_{i5}=\begin{cases}(u_i - x_2)/d, & x_2 \leqslant u_i \leqslant x_1\\1 & ,u_i > x_1\end{cases} \tag{7-36}$$

其中，$j=2,3,4$；$d=(x_5-x_1)/4$。

7.4.5　方案综合评价

各方案可以定量化的评价指标值通过前文交通规划需求预测软件分析得出，其结果见表 7-2。

方案评价指标值　　表 7-2

指标	U_{11}	U_{12}	U_{13}	U_{14}	U_{21}	U_{22}	U_{31}	U_{32}
计算值	29.89	39.42	1.47	0.65	0.67	0.79	1.21	1.36
指标	U_{33}	U_{34}	U_{41}	U_{42}	U_{43}	U_{44}	U_{45}	
计算值	2.94	1.076	0.22	2	0.91	0.79	1.172	

评价集 $\boldsymbol{V}$ 分五级，$\boldsymbol{V}=\{V_5$(优)，V_4(良)，V_3(中)，V_2(较差)，V_1(差)$\}$，相应的评价向量 $\boldsymbol{V}=\{2,1,0,-1,-2\}$，对应的分级值为 x_5、x_4、x_3、x_2、x_1。对于可以定量化的评价指标建议采用的评判标准的 5 个分级值，见表 7-3。

各因素评判标准的 5 个分级值　　表 7-3

指标	x_5	x_4	x_3	x_2	x_1
U_{11}	30	20	10	5	0
U_{12}	20	30	40	50	60
U_{13}	1.2	1.4	1.6	1.8	2.0
U_{14}	0.8	0.7	0.6	0.5	0.4
U_{21}	0.4	0.5	0.6	0.7	0.8
U_{22}	0.4	0.5	0.6	0.7	0.8
U_{31}	1.0	1.1	1.2	1.3	1.4
U_{32}	1.2	1.3	1.4	1.5	1.6
U_{33}	4.5	3.5	3.0	2.5	2
U_{34}	1.2	1.3	1.4	1.5	1.6
U_{41}	0.5	0.4	0.3	0.2	0.1
U_{42}	1	2	3	4	5
U_{43}	0.8	0.9	1.0	1.1	1.2
U_{44}	1.2	1.3	1.4	1.5	1.6
U_{45}	1.2	1.3	1.4	1.5	1.6

1)第一级模糊评价

对于规划方案,确定它关于每个指标的隶属度向量 $\boldsymbol{R}_{tj}(t=1,\cdots,k,j=1,\cdots,n_t)$。非定量指标的隶属度向量由模糊统计法确定;定量指标隶属度向量由定量分析法确定。对每一个准则,由其统辖的各指标的模糊隶属度向量构造其隶属度矩阵 $\boldsymbol{R}_t=[\boldsymbol{R}_{t1},\boldsymbol{R}_{t2},\boldsymbol{R}_{t3},\cdots,\boldsymbol{R}_{tn_t}]^{\mathrm{T}}(t=1,2,\cdots,k)$,并求该方案关于各准则的隶属度向量 $\boldsymbol{B}_t=\boldsymbol{A}_t\boldsymbol{R}_t$ 和隶属度矩阵 $\boldsymbol{R}=[\boldsymbol{B}_1,\boldsymbol{B}_2,\cdots,\boldsymbol{B}_k]^{\mathrm{T}}$。

该公交线网规划方案各评价准则中各指标的隶属度矩阵和各准则的隶属度矩阵计算结果为:

$$\boldsymbol{R}_1=\begin{bmatrix}0.99 & 0.01 & 0 & 0 & 0\\ 0 & 0.02 & 0.98 & 0 & 0\\ 0 & 0.65 & 0.35 & 0 & 0\\ 0 & 0.50 & 0.50 & 0 & 0\end{bmatrix}$$

$$\boldsymbol{R}_2=\begin{bmatrix}0 & 0 & 0.3 & 0.7 & 0\\ 0 & 0 & 0 & 0.1 & 0.9\end{bmatrix}$$

$$R_3=\begin{bmatrix}0 & 0 & 0.93 & 0.07 & 0\\0 & 0.4 & 0.6 & 0 & 0\\0 & 0 & 0.88 & 0.12 & 0\\1.0 & 0 & 0 & 0 & 0\end{bmatrix}$$

$$R_4=\begin{bmatrix}0 & 0 & 0.2 & 0.8 & 0\\0 & 1.0 & 0 & 0 & 0\\0 & 0.9 & 0.1 & 0 & 0\\0 & 0 & 0.9 & 0.1 & 0\\1.0 & 0 & 0 & 0 & 0\end{bmatrix}$$

$$R_5=\begin{bmatrix}0.35 & 0.18 & 0.47 & 0 & 0\\0 & 0 & 0.12 & 0.34 & 0.54\\0.25 & 0.08 & 0.62 & 0.05 & 0\\0.10 & 0.53 & 0.20 & 0.17 & 0\end{bmatrix}$$

2)第二级模糊评价

各指标层的单指标评价完成后,对上一级准则层进行综合评价,得出综合评价隶属度向量$\boldsymbol{B}=\boldsymbol{AR}$。同样,$\boldsymbol{B}$由$\boldsymbol{A}$和$\boldsymbol{R}$通过广义模糊合成运算得出。方案一的综合评价隶属度向量为:

$$\boldsymbol{B}=(0.3\quad 0.3\quad 0.2\quad 0.2)\boldsymbol{R}=(0.17\quad 0.18\quad 0.34\quad 0.15\quad 0.16)$$

3)模糊评价最终结果

$$\begin{aligned}W_{方案一}&=\boldsymbol{B}_{方案一}\cdot \boldsymbol{V}^{\mathrm{T}}\\&=(0.17\quad 0.18\quad 0.34\quad 0.15\quad 0.16)(2\quad 1\quad 0\quad -1\quad -2)^{\mathrm{T}}=-0.05\end{aligned}$$

根据最大隶属度原则确定该公交线网规划方案的评价等级为V_3(中)。对于多个公交线网规划方案,可以使用该方法进行综合评价和方案比选,确定推荐方案。

第8章 公交线路调整方法及评价

8.1 研究背景

对于很多历史较长且还在不断扩建的城市，由于历史原因，往往缺乏最初的多层次线网整体规划，因此普遍存在多层次公交网络体系尚不完善、中心区部分路段重复线路依然较多、边缘地区公交线网覆盖仍有欠缺等问题。此外，随着城市轨道交通线路的陆续开通，周边公交线路与城市轨道交通之间的衔接换乘也有待于优化整合。因此，迫切需要优化线网、改善换乘、中心区减少重复、边缘区扩大覆盖，从而改善居民的公交出行。

由于对现有线网进行全面的结构调整难度较大，因此，各城市往往采取对局部线路或区域进行分批分期调整优化的方法。以北京为例，北京市公交线网调整的一般做法为：由公交运营公司提出公交开调的方案，交由运输局和交管局审批。然而，目前这种模式尚缺乏对调整方案的可行性分析与效果论证，对线路调整的风险和实施效果没有清晰的预期。

因此，有必要建立公交调整方案的可行性研究和评估机制，明确公交线路调整所影响的乘客出行人数、引发的换乘、对沿线走廊内车辆的影响以及由此带来的社会经济效益，为政府审批开调方案提供决策咨询意见和建议。同时，公交线网调整后，应对公交线路自身运行效率、服务水平以及沿线社会车辆的运行状况等进行后评估，并给出持续改进的建议,从而保证整个公交调整线路工作的科学化、合理化和规范化。

本章根据目前常规公交线路调整的思路,提出调整方案的预评估指标体系和评价方法,确定具体评估指标的评估值合理范围及分级标准,为政府决策人员提供参考。

8.2 调整思路

常规公交线路的调整主要包括以下几类:新开、撤销线路,延长或缩短线路以及调整线路走向。常规公交线路的调整应以满足客流需求为主要目标,并保证调整线路和受影响线路具有良好的服务水平。同时,还应考虑与交通设施(道路设施、公交站场、站点)供给水平相协调,保证调整公交线路具有可靠的站场设施停靠。另外,线网几何结构应能保证公交系统的高效运营及末端可达性以及和其他线路(包括公交和轨道)的方便接驳,并保证与接驳线路之间具有良好的运力匹配。因此,本研究中,公交线路调整将首先明确各种调整方案的适用对象或范围,并主要侧重于从客流均衡性、线路间协调性、设施供需平衡性以及线路几何合理性四个准则建立评估指标体系,进而给出实用且易于操作的评估方法。

其调整思路如图8-1所示。

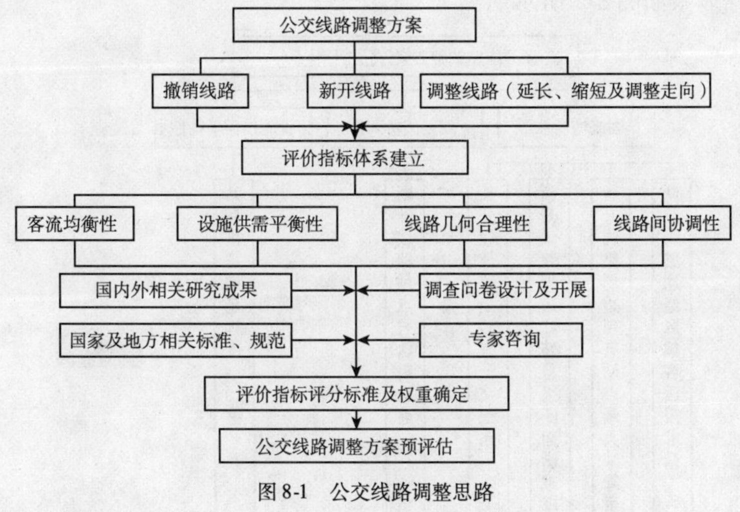

图8-1 公交线路调整思路

8.3 公交线路调整评估指标及评分标准

公交线路调整方案包括新开线路、撤销线路、缩短线路、延长线路、调整线路走向五种类型。本章针对不同类型的公交线路调整方案,分别从调整对象、评估原则、评价指标及评分标准、综合评估汇总四个方面展开研究。

对于不同的公交线路的调整方案,将按照调整方案评估指标体系计算各项指标值,根据各指标评分标准进行打分。考虑到本方法的实用性,评分标准分为三级(+1、0 和 -1)。+1 代表指标计算值对预定评价准则有利; -1 代表指标计算值对预定评价准则不利;0 代表指标计算值对预定评价准则无影响。

8.3.1 新开线路

1)主要调整对象

(1)在新城和城区边缘地区新开与城市轨道交通、公交快线形成"饲喂"关系的支线;

(2)部分地区有路无车问题的线路;

(3)可解决部分地区现有公交运力不足问题的线路。

2)评估原则

(1)有利于提高对换乘城市轨道交通及公交快线的伺服能力;

(2)站点设置与城市轨道交通及公交快线换乘方便、距离短;

(3)具有一定的客流需求;

(4)公交站场满足停放及调度需求。

3)评估指标及评分标准

评估指标体系如图 8-2 所示。

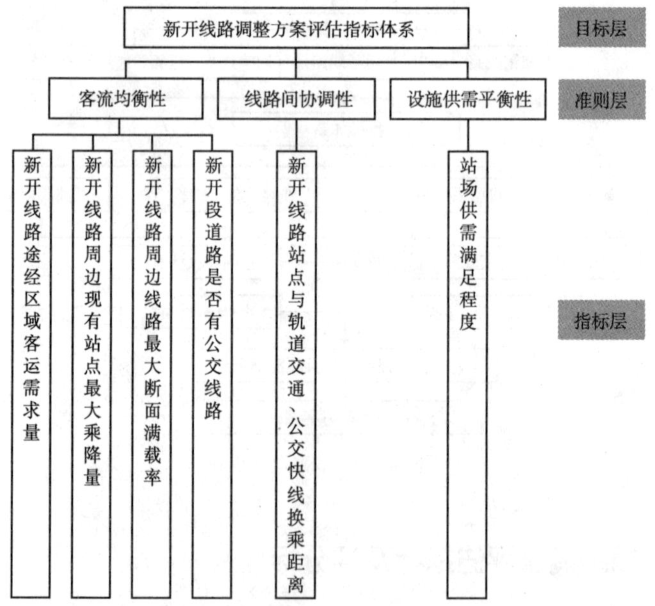

图 8-2 新开线路评估指标体系

X_1:新开线路途经区域客运需求量。

在一定服务水平的要求下,客运需求量大的区域,要求布设的公交线网客运能力较大。

新开线路的目的是满足沿线客流的需求，达到线路的客运量与客运需求量较好的协调。同时，公交线路的新开对所连接 OD 对之间的乘客需求量有一定的要求。乘客需求量以全天乘客需求量来衡量。对目前北京市运营的部分公交线路和新开支线线路全天客流量进行统计，其结果如图 8-3 和图 8-4 所示。

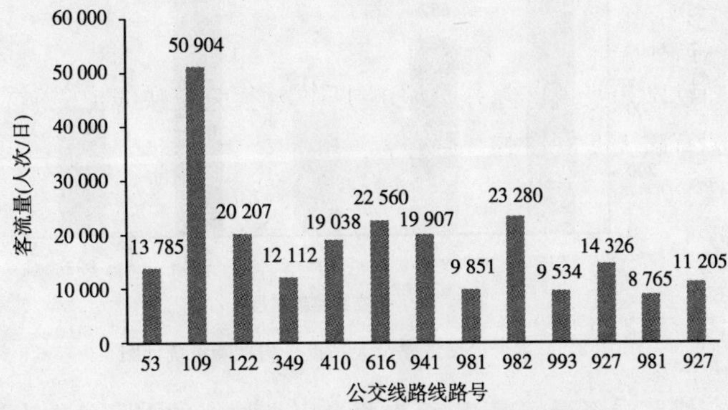

图 8-3　部分公交线路全天客流量统计图

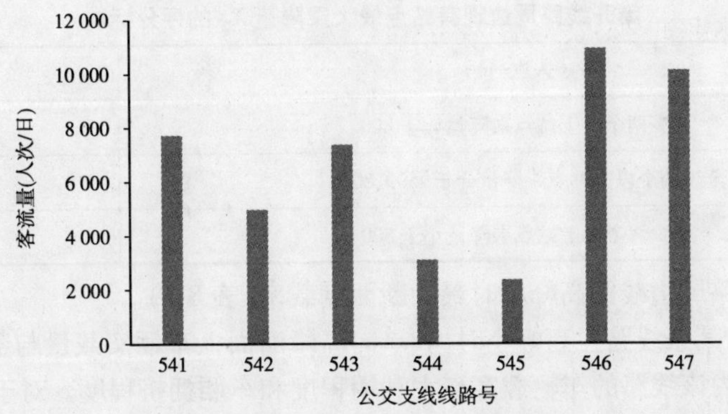

图 8-4　部分新开公交支线线路全天客流量统计图

根据目前公交线路全天客流情况，给出新开线路途经区域客运需求量 X_1 的评分标准，见表 8-1。对于新开的支线公交 X_1 的取值可适当低于本表给出的建议值。

新开线路途经区域客运需求量 X_1 的评分标准　　表 8-1

X_1（人次/日）	评分标准
>8 000	+1
∈[3 000,8 000]	0
<3 000	−1

X_2：新开线路周边现有站点最大乘降量。

该指标反映了现有公交站点的客运需求量大小，当最大乘降量达到一定值时，新开公交线路可提高公交线路服务水平。对目前北京市运营的部分公交线路全天站点平均乘降量进行统计，其结果如图 8-5 所示。

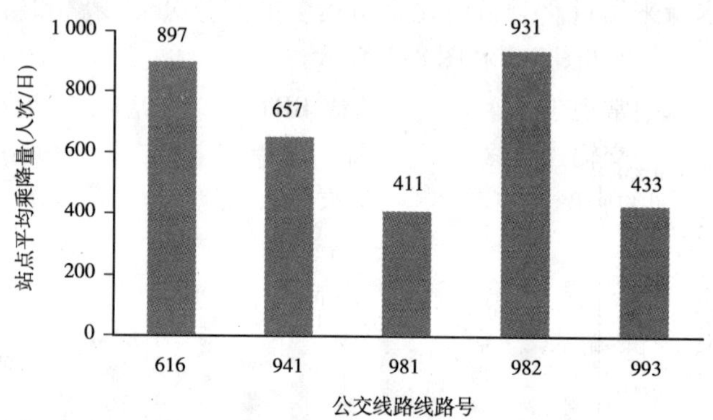

图 8-5　部分公交线路全天站点平均乘降量统计图

根据目前公交线路乘降量情况，以至少两个以上站点的乘降量作为该指标评分标准的依据，见表 8-2。

新开线路周边现有站点最大乘降量 X_2 的评分标准　　表 8-2

X_2（人次/日）	评分标准
至少两个以上站点乘降量大于 800	+1
至少两个以上站点乘降量介于[500,800]	0
至少两个以上站点乘降量小于 500	-1

X_3：新开线路周边线路高峰小时最大断面满载率（表 8-3）。

该指标是指某条线路在高峰小时内、单向高峰断面上车辆实载量与额定载客量的比值，表示统计期内该线路的车辆载客最大利用程度和车厢拥挤程度。对于单条线路：

$$Z = Q_{高峰}/Q_0 \tag{8-1}$$

式中：$Q_{高峰}$——单条公交线路在高峰小时内、单向高峰时段断面上车辆实载量，人次；

Q_0——单条公交线路车辆的额定载客量与高峰时段发车频率之积，人次。

新开线路周边线路最大断面满载率 X_3 的评分标准　　表 8-3

X_3	评分标准
>0.6	+1
∈[0.4,0.6]	0
<0.4	-1

新开段道路是否有公交线路 X_4 的评分标准　　表 8-4

X_4	评分标准
无	+1
有	-1

X_4:新开段道路是否有公交线路(表 8-4)。

解决部分地区“有路无车”或公交运力不足的问题,尽可能消除公交空白区。

X_5:新开线路站点与城市轨道交通、公交快线换乘距离。

新开常规公交线路,应与城市轨道交通或 BRT 衔接,方便乘客换乘,而主要调整的线路是与 BRT 公交线路垂直的常规公交线路。在进行常规公交车站与地铁或 BRT 公交车站协调布置时,要尽量使常规公交车站与地铁或 BRT 公交车站靠近,缩小换乘距离或实现零距离换乘,为快速公交输送更多的客流,提高快速公交的竞争力、吸引力。

城市轨道交通线网的密度不可能很高,其直接吸引范围有限,这就需要接运公交为其接驳与换乘。接运公交线路与轨道交通线路衔接后,根据其客流密集情况设置不同等级的公交换乘站。在进行轨道交通车站和接运公交车站接驳时,要尽量使常规公交车站与轨道交通车站靠近,缩小换乘距离或实现零距离换乘,为轨道交通输送更多的客流,同时方便乘客,提高轨道交通的吸引力。新开线路站点与轨道交通、公交快线换乘距离的评分标准见表 8-5。

X_6:场站供需满足程度——新开线路首末站可利用的周转车位数。

首末站是公交线路的基础设施,在公交线路调整过程中,首末站分析主要有以下两部分内容:公交线路调整要以具有可用首末站为基础,确保线路调整思路的可行性;首末站的规模大小要与各层次公交线路相匹配,确保首末站运载能力能满足客流需求。

本研究中,新开线路的设施供需平衡性主要考虑首末站位置与用地,即重点考虑是否有足够的空地以便公共汽车进行停车和掉头作业。这里主要考察新开线路首末站可利用的周转车位数。

公交线路原则上起终点站应有两个停车场,需要一定的空间。一般来说,城市的用地是非常紧张的,在近期优化的范围内不一定会有新的公交停车场出现。所以,在调整公交线路时,应优先考虑利用现有的首末站停车场。

场站供需满足程度以新开线路首末站可利用的周转车位数来判定,其评分标准见表 8-6。

新开线路站点与轨道交通、公交快线换乘距离 X_5 的评分标准　　表 8-5

X_5(m)	评分标准
<300	+1
∈[300,400]	0
>400	-1

新开线路首末站可利用的周转车位数 X_6 的评分标准　　表 8-6

X_6	评分标准
>3	+1
3	0
<3	-1

8.3.2　撤销线路

当公交线路的服务与其他公交线路服务有较大的重叠,或者该公交线的服务被更高服务水平的公交方式取代，在运能充足的情况下，可以考虑撤销该公交线路。

1）主要调整对象

（1）与地铁、BRT 线路重叠的公交线路；

（2）客运交通走廊内与其他线路重叠较多的公交线路。

2）评估原则

公交线的撤销对乘客的影响较大，应尽量提供出行替代方案。基本原则如下：

（1）应优先撤销与其他线路重叠较多且线路客运量较小的线路；

（2）替代线路应能满足撤销线路的客流需求；

（3）撤销后引发换乘客流在允许范围内。

3）评估指标及评分标准

评估指标体系如图 8-6 所示。

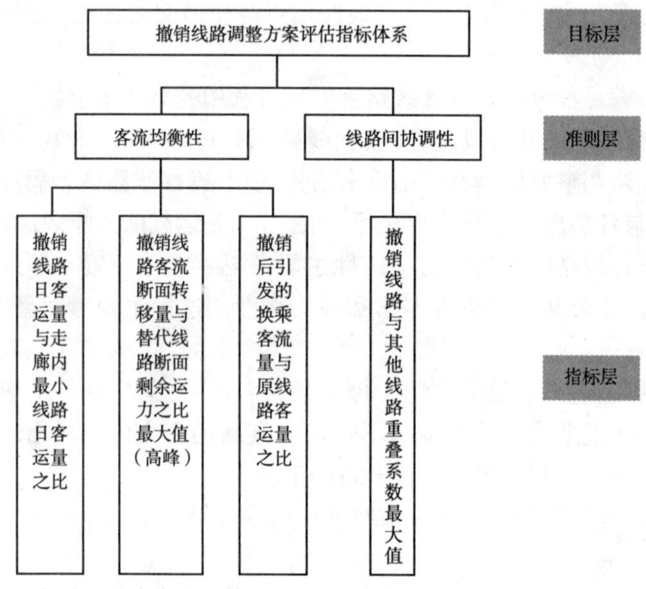

图 8-6　撤销线路调整方案评估指标体系

C_1：撤销线路与其他线路重叠系数最大值（表 8-7）。

重叠系数是指撤销线路与其他线路的重叠站点的数目占撤销线路站点数的比例。在此，考察最大值 C_1，即：

$$C_1 = \max\{K_1/K_0, K_2/K_0, \cdots, K_n/K_0\} \tag{8-2}$$

式中：K_n——撤销线路与第 n 条路线的重叠站点的数目；

K_0——撤销线路的站点数。

C_2：撤销线路日客运量与走廊内线路日客运量最小值之比（表 8-8）。

$$C_2 = Q/Q_{\min} \tag{8-3}$$

式中：Q——撤销线路日客运量，人次/日；

Q_{min}——走廊内线路日客运量最小值，人次/日。

撤销线路与其他线路重叠系数最大值 C_1 的评分标准　表 8-7

C_1	评分标准
>0.8	+1
∈[0.6,0.8]	0
<0.6	-1

撤销线路日客运量与走廊内线路日客运量最小值之比 C_2 的评分标准　表 8-8

C_2	评分标准
<1.2	+1
∈[1.2,1.4]	0
>1.4	-1

C_3：撤销线路客流断面转移量与替代线路断面剩余运力之比最大值（表 8-9）。

线路的撤销会引起原线路客流向替代线路转移，考虑高峰小时内断面转移量与替代线路断面剩余运力的比值的最大值。此值不能过大，过大则表明不宜撤销该线路。

C_4：撤销后引发的换乘客流量与原线路客运量之比（表 8-10）。

撤销线路应尽量减少换乘客流量，考察撤销后引发的换乘客流量与原线路客运量之比。线路撤销后引起的换乘客流量可通过 IC 卡数据进行分析。

撤销线路客流断面转移量与替代线路断面剩余运力之比最大值 C_3 的评分标准　表 8-9

C_3	评分标准
<0.75	+1
∈[0.75,0.9]	0
>0.9	-1

撤销后引发的换乘客流量与原线路客运量之比 C_4 的评分标准　表 8-10

C_4	评分标准
<0.1	+1
∈[0.1,0.3]	0
>0.3	-1

8.3.3　缩短线路

1）调整对象

（1）拟撤出中心城区的市郊公交线路；

（2）穿越中心区的长距离公交线路。

2）评估原则

（1）断点一般设在乘降量较大、断面客流量较小的站点；

（2）出行起终点分别在缩短段与保留段的客运量占总客运量的比例应较小；

（3）替代线路应能满足缩短线路段客流需求；

（4）公交站场满足线路停放及调度需求。

3）评估指标及评分标准

评估指标体系如图 8-7 所示。

S_1:断点乘降量 V_a 与平均乘降量 V 之比。

$$S_1 = V_a/V \tag{8-4}$$

断点乘降量 V_a 是指选取作为断点的站点的上下车乘客量之和;平均乘降量 V 是指原线路的各个站点上下车乘客量的平均值。

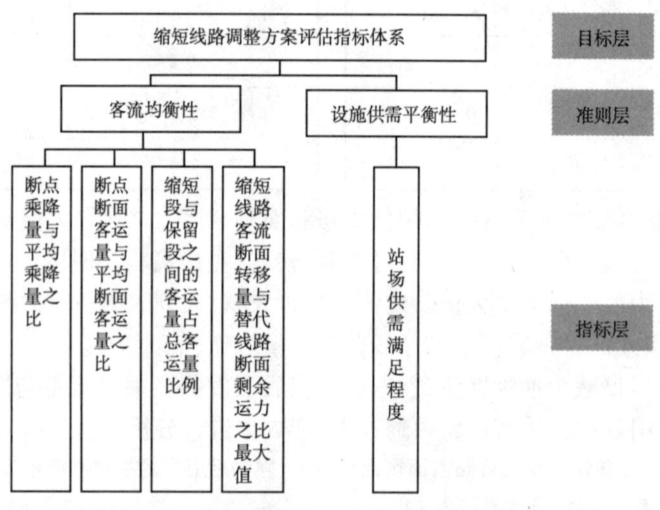

图 8-7 缩短线路调整方案评估指标体系

对目前北京市运营的部分公交线路全天站点乘降量与平均乘降量之比进行统计,其结果如图 8-8 所示。断点乘降量与平均乘降量之比的评分标准见表 8-11。

断点乘降量与平均乘降量之比 S_1 的评分标准 表 8-11

S_1	评分标准
>5	+1
∈[3,5]	0
<3	-1

S_2:断点断面客流量 Q_a 与平均断面客流量 Q 之比。

$$S_2 = Q_a/Q \tag{8-5}$$

断点断面客流量 Q_a 是指每小时通过该断面的乘客数量。

平均断面客流量 Q 是指通过各个断面(一个站点对应一个断面)的乘客数量的平均值。

断面客流量越大,表明该断面的客流通过量越大。断点一般设在断面客流量较小的站点,在该站点断开线路,可相对减少线路客流的换乘。

对目前北京市运营的部分公交线路全天站点断面客流量与平均断面客流量之比进行统计,其结果如图 8-9 所示。给出该评估指标的评分标准见表 8-12。

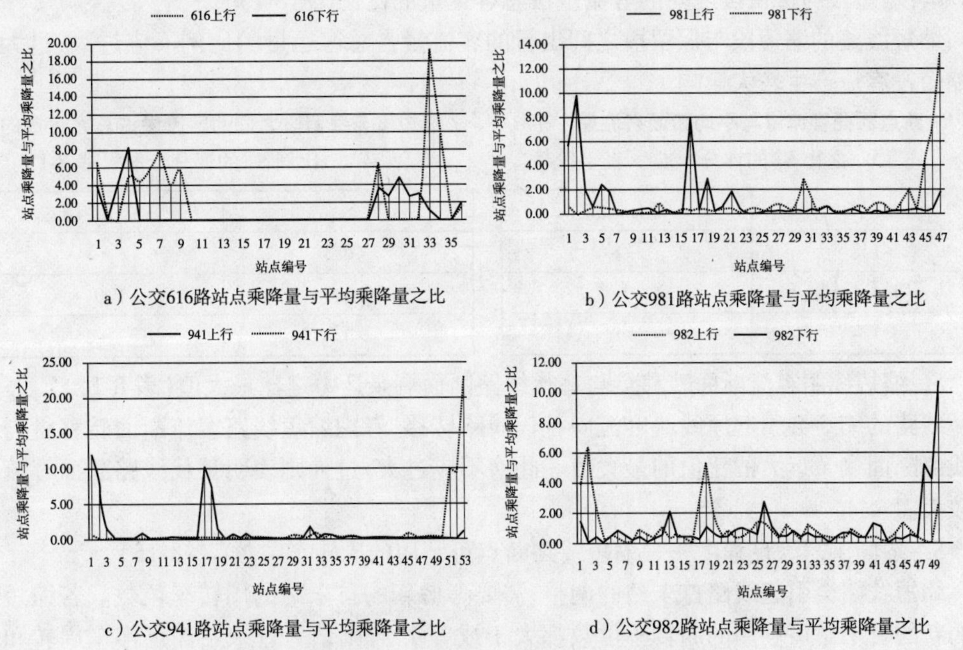

a）公交616路站点乘降量与平均乘降量之比

b）公交981路站点乘降量与平均乘降量之比

c）公交941路站点乘降量与平均乘降量之比

d）公交982路站点乘降量与平均乘降量之比

图8-8　部分线路站点乘降量与平均乘降量之比统计结果

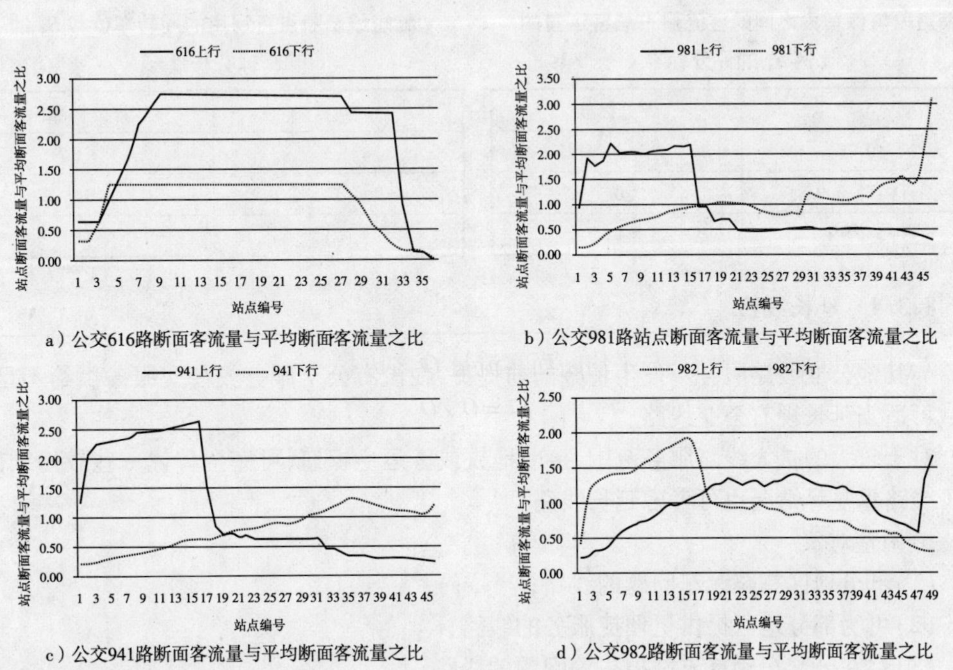

a）公交616路断面客流量与平均断面客流量之比

b）公交981路站点断面客流量与平均断面客流量之比

c）公交941路断面客流量与平均断面客流量之比

d）公交982路断面客流量与平均断面客流量之比

图8-9　部分公交线路全天站点断面客流量与平均断面客流量之比统计结果

S_3:缩短段与保留段之间的客流量占总客运量的比例(表8-13)。

缩短线路的缩短段与保留段之间出行的客流量占总客运量的比例不应过大,过大将对缩短段客流产生较大影响。

断点断面客流量与平均断面客流量之比 S_2 的评分标准 表8-12

S_2	评分标准
>1.8	-1
∈[1.4,1.8]	0
<1.4	+1

缩短段与保留段之间的客流量占总客运量的比例 S_3 的评分标准 表8-13

S_3	评分标准
<0.3	+1
∈[0.3,0.4]	0
>0.4	-1

S_4:缩短线路客流断面转移量与替代线路断面剩余运力之比最大值(表8-14)。

线路的缩短会引起原线路客流向替代线路转移,考虑缩短线路客流断面转移量与替代线路断面剩余运力的比值的最大值。此值不应过大,过大则表明替代线路断面客流负荷较大。

S_5:站场供需满足程度——缩短线路断点可利用的周转车位数(表8-15)。

缩短线路会引起线路首末站的调整,需要考虑新的首末站的周转车位数。若缩短线路的新的首末站可利用的周转车位数都大于或等于3,则认为首末站满足停车周转和调度要求。

缩短段与保留段之间的客流量占总客运量的比例 S_4 的评分标准 表8-14

S_4	评分标准
<0.75	+1
∈[0.75,0.9]	0
>0.9	-1

缩短线路断点可利用的周转车位数 S_5 的评分标准 表8-15

S_5	评分标准
>3	+1
3	0
<3	-1

8.3.4 延长线路

与其他公交线路服务不发生重叠的前提下,在没有公交服务或公交服务供给不足的区域可适当延长现有公交线路。

对于较大的扩大线路服务范围,接驳地铁或客运主枢纽,可完全替代一些较短线路,减少线路重复等情况也可考虑延长线路。

1)调整对象

(1)部分地区有路无车问题的线路;

(2)可为部分地区提供更便捷服务的线路;

(3)存在公交车辆首末站掉头等问题的线路。

2)评估原则

(1)满足没有公交线路地区的公交出行需求；

(2)有公交线路运行时,延长段吸引客运量占总客运量的比例应较高；

(3)线路不宜过长；

(4)公交站场满足停放及调度需求。

3)评估指标及评分标准

评估指标体系如图8-10所示。

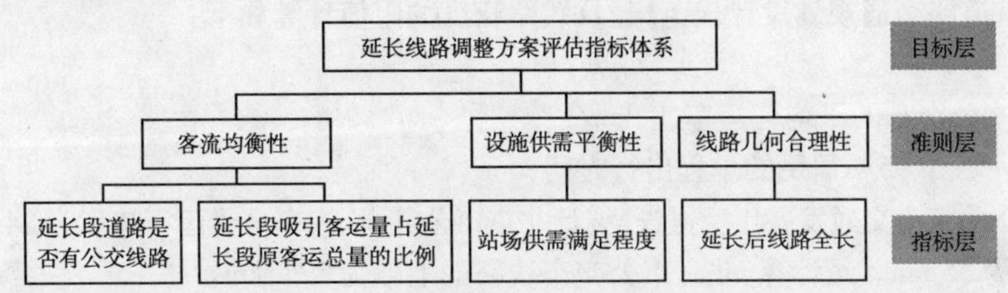

图8-10　延长线路调整方案评估指标体系

Y_1:延长段道路是否有公交线路(表8-16)。

解决部分地区“有路无车”或公交运力不足的问题,尽可能消除公交空白区。

Y_2:延长段吸引客运量占延长段原客运总量的比例(表8-17)。

若延长线路延长段吸引客运量占延长段原客运总量的比例较大,说明延长线路是有客流需求的。

延长段道路是否有公交线路 Y_1 的评分标准　表8-16

Y_1	评分标准
无	+1
有	-1

延长段吸引客运量占延长段原客运总量的比例 Y_2 的评分标准　表8-17

Y_2	评分标准
>0.4	+1
∈[0.2,0.4]	0
<0.2	-1

Y_3:站场供需满足程度——延长线路首末站可利用的周转车位(表8-18)。

延长线路会引起线路首末站的调整,需要考虑新的首末站的周转车位数。延长线路新的首末站可利用的周转车位数大于或等于3,认为首末站满足停车周转和调度要求。

延长线路首末站可利用的周转车位 Y_3 的评分标准　表8-18

Y_3	评分标准
>3	+1
3	0
<3	-1

Y_4:延长后线路全长。

线路长度一般指单程线路长度,即公共交通车辆沿着依托城市街道布设的固定线路在首、末站之间运行的实际距离。

$$l_{max} \leqslant l \leqslant l_{min} \tag{8-6}$$

式中：l_{max}、l_{min}——分别为路线长度的上、下限，km。

线路长度过长，会使行车途中的累计延误增大，准点率下降，行车时间较难保证，而且沿线客流分布不均，还会增加系统的营运费用；线路过短，则会造成资源浪费，不利于运营调度，增加乘客的换乘次数。公交线路的适宜长度没有统一的标准，线路长度的大小可根据城市规模的大小、城市居民的平均乘距大小等来确定。

《城市道路交通规划设计规范》建议线路长度的限值计算如下：

$$l_{max} = v \cdot T_{max} \tag{8-7}$$

式中：v——公交车的平均营运车速，km/h；

T_{max}——城市95%居民的单程出行时间，min。

《2010北京市交通发展年度报告》统计北京市公共电、汽车全天运行速度为24.8km/h，出行时耗为55min。经计算，北京市公交车线路的上限为22.7km。

对北京市常规公交线路的长度及其频数进行统计（统计量为257条线路的长度），结果见表8-19、表8-20。

北京市常规公交线路长度的统计值　　表8-19

统计值	平均值	最小值	最大值
线路长度（km）	18.3	5.15	49.8

北京市常规公交线路长度的频数统计表　　表8-20

线路长度（km）	(0,15]	(15,30]	(30,50]	合　计
频数（条）	213	232	52	497
比例（%）	42.9	46.7	10.4	100
累计比例（%）	42.9	89.6	100	——

根据以上统计，取90%百分位数30km作为临界值，延长后线路全长最好不超过30km，见表8-21。

延长后线路全长 Y_4 评分标准　　表8-21

Y_4（km）	评分标准
<25	+1
∈[25,30]	0
>30	-1

8.3.5　调整线路走向

1）调整对象及评估原则

调整对象及评估原则见表8-22。

调整对象和评估原则　　表 8-22

调整对象	评估原则
相邻道路有路无车的线路	①满足没有公交线路地区的公交出行需求 ②撤销段受影响客流应较小，换乘比例应较低 ③调整段替代线路应能满足被调整线路转移过来的客流需求
调整中间站点方便换乘轨道交通的线路	①撤销段受影响客流应较小，增加换乘比例应较低
拟撤出中心城区、延长至其他地区的市郊公交线路	①满足没有公交线路地区的公交出行需求 ②撤销段受影响客流应较小，增加换乘比例应较低 ③有公交线路运行时，延长段内向调整线路转移的客运量比例应较高 ④线路不宜过长 ⑤公交站场满足停放及调度需求

2)评估指标及评分标准

(1)相邻道路有路无车的线路。

对于相邻道路有路无车的线路，只考虑客流均衡性准则。评估指标体系如图 8-11 所示。

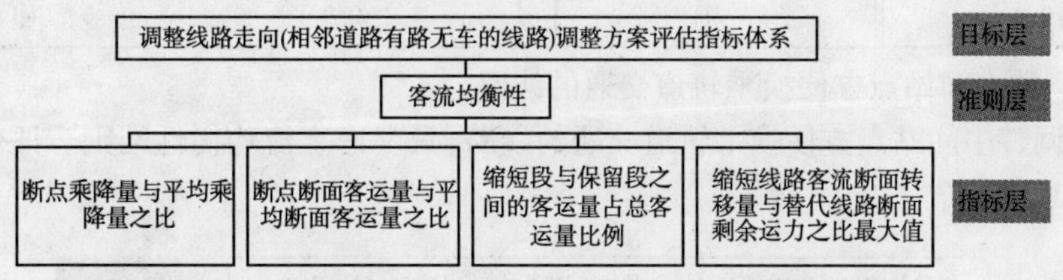

图 8-11　相邻道路有路无车进行调整的公交线路评估指标体系

T_{11}：断点乘降量与平均乘降量之比(表 8-23)。

$$T_{11} = V_a / V$$

断点乘降量 V_a 是指选取作为断点的站点的上下车乘客量之和；平均乘降量 V 是指原线路的各个站点上下车乘客量的平均值。

T_{12}：断点断面客流量与平均断面客流量之比(表 8-24)。

$$T_{12} = Q_a / Q$$

断点乘降量与平均乘降量之比 T_{11} 的评分标准　　表 8-23

T_{11}	评分标准
>4	+1
∈[3,4]	0
<3	−1

断点断面客运量与平均断面客运量之比 T_{12} 的评分标准　　表 8-24

T_{12}	评分标准
>1.4	−1
∈[1.4,1.8]	0
<1.4	+1

断点断面客流量 Q_a 是指每小时通过该断面的乘客数量;平均断面客流量 Q 是指通过各个断面(一个站点对应一个断面)的乘客数量的平均值。

T_{13}:调整段与保留段之间的客流量占总客运量的比例(表 8-25)。

调整段与保留段之间出行的客流量占总客运量的比例不应过大,过大则对原线路客流的影响较大。

T_{14}:调整段线路客流断面转移量与替代线路断面剩余运力比值的最大值(表 8-26)。

线路的调整会引起原线路客流向替代线路转移,考虑调整段客流断面转移量与替代线路断面剩余运力比值的最大值。此值不应过大,过大则表明替代线路断面客流负荷较大。

调整段与保留段之间的客运量占总客运量的比例 T_{13} 的评分标准

表 8-25

T_{13}	评分标准
<0.3	+1
∈[0.3,0.4]	0
>0.4	-1

调整段线路客流断面转移量与替代线路断面剩余运力比值的最大值 T_{14} 的评分标准

表 8-26

T_{14}	评分标准
<0.75	+1
∈[0.75,0.9]	0
>0.9	-1

(2)调整中间站点方便换乘轨道交通的线路。

对于调整中间站点方便换乘轨道交通的线路,只考虑客流均衡性准则。评估指标体系如图 8-12 所示。

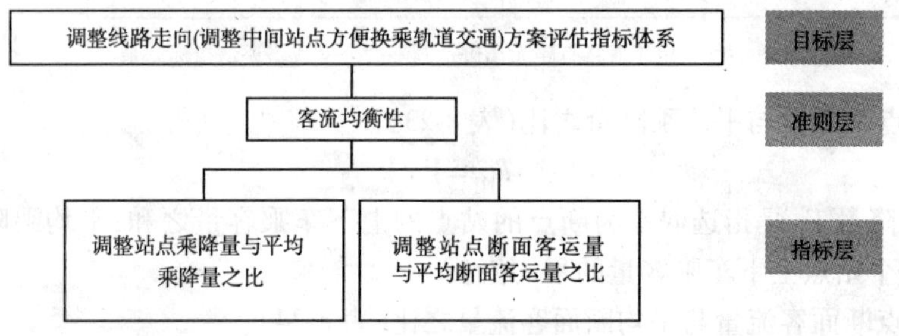

图 8-12 相邻道路有路无车进行调整的公交线路评估指标体系

T_{21}:调整站点乘降量与平均乘降量之比(表 8-27)。

调整站点宜设置在乘降量较大的站点,在该站点调整线路,可相对减少线路客流的换乘。

T_{22}:调整站点断面客流量与平均断面客运量之比(表 8-28)。

断面客流量越大,表明该断面的客流通过量越大。为方便线路客流换乘轨道交通,应选择断面客流量较大的站点。调整站点的通过量越大,调整该站点对于原客流的影响越小。

调整站点乘降量与平均乘降量之比

T_{21}的评分标准 表8-27

T_{21}	评分标准
>4	+1
∈[3,4]	0
<3	-1

调整站点断面客流量与平均断面客运量之比

T_{22}的评分标准 表8-28

T_{22}	评分标准
>1.8	+1
∈[1.4,1.8]	0
<1.4	-1

(3)拟撤出中心城区、延长至其他地区的市郊公交线路。

其评估指标体系如图8-13所示。

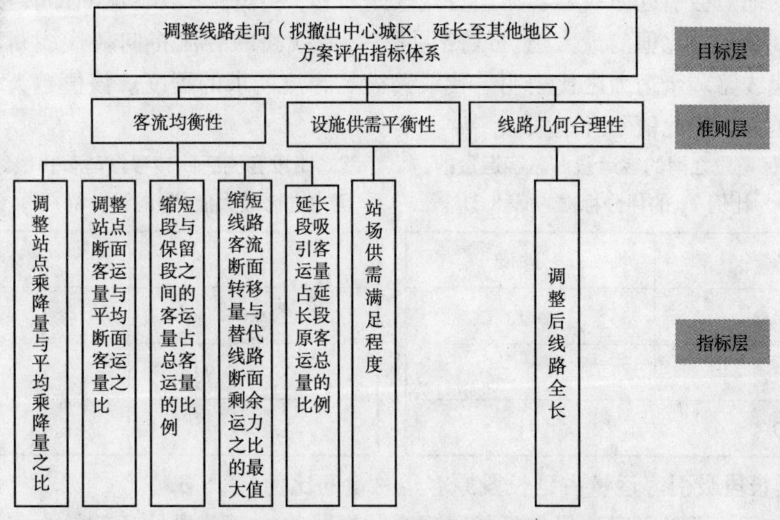

图8-13 拟撤出中心城区、延长至其他地区的市郊公交线路评估指标体系

T_{31}:断点乘降量与平均乘降量之比(表8-29)。

$$T_{31}=V_a/V \tag{8-8}$$

断点乘降量V_a是指选取作为断点的站点的上下车乘客量之和;平均乘降量V是指原线路的各个站点上下车乘客量的平均值。

T_{32}:断点断面客流量与平均断面客流量之比(表8-30)。

$$T_{32}=Q_a/Q$$

断点乘降量与平均乘降量之比

T_{31}的评分标准 表8-29

T_{31}	评分标准
>4	+1
∈[3,4]	0
<3	-1

断点断面客运量与平均断面客运量之比

T_{32}的评分标准 表8-30

T_{32}	评分标准
>1.8	-1
∈[1.4,1.8]	0
<1.4	+1

断点断面客流量 Q_a 是指每小时通过该断面的乘客数量;平均断面客流量 Q 是指通过各个断面(一个站点对应一个断面)的乘客数量的平均值。

断面客流量越大,表明该断面的客流通过量越大。断点一般设在断面客流量较小的站点,在该站点断开线路,可相对减少线路客流的换乘。

T_{33}:缩短段与保留段之间出行的客运量占总客运量的比例(表 8-31)。

缩短段与保留段之间的客流量占总客运量的比例不应过大,过大将会对线路原客流产生较大影响。

T_{34}:缩短段客流断面转移量与替代线路断面剩余运力之比的最大值(表 8-32)。

线路的缩短会引起原线路客流向替代线路转移,考虑缩短段客流断面转移量与替代线路断面剩余运力比值的最大值。线路调整后,原线路的客流将向替代线路转移,该转移量与替代线路剩余运力之比表明替代线路满足客流需求的程度。该值越大,表明替代线路负荷越大。但此值不宜过大。

缩短段与保留段之间的客运量占总客运量的比例 T_{33} 的评分标准 表 8-31

T_{33}	评分标准
<0.3	+1
∈[0.3,0.4]	0
>0.4	-1

缩短路段客流断面转移量与替代线路断面剩余运力之比最大值 T_{34} 的评分标准 表 8-32

T_{34}	评分标准
<0.75	+1
∈[0.75,0.9]	0
>0.9	-1

T_{35}:延长段吸引客运量占延长段原客运总量的比例(表 8-33)。

若线路延长段吸引客运量占延长段现有公交线路客运总量的比例较大,表明延长段有客流需求。

T_{36}:站场供需满足程度——调整后首末站可利用的周转车位数(表 8-34)。

延长段吸引客运量占延长段原客运总量的比例 T_{35} 的评分标准 表 8-33

T_{35}	评分标准
>0.4	+1
∈[0.2,0.4]	0
<0.2	-1

调整后首末站可利用的周转车位数 T_{36} 的评分标准 表 8-34

T_{36}	评分标准
>3	+1
3	0
<3	-1

调整线路会引起线路首末站的调整,需要考虑新的首末站的周转车位数。调整线路的新首末站可利用的周转车位数都大于或等于 3,表明首末站满足停车周转和调度要求。

T_{37}:调整后线路全长(表 8-35)。

同延长线路的全长限定,以 30km 为临界值。

调整后线路全长 T_{37} 的评分标准　　表 8-35

T_{37}(km)	评分标准
<25	+1
∈[25,30]	0
>30	-1

8.4　公交线路调整方案评估方法

对于调整方案,采用两级评价进行预评估。在一级评价中,根据专家咨询意见的结果确定各调整方案的一级重要指标,要求一级重要指标的评分标准必须全部为 +1;否则,不建议实施该调整方案。调整方案满足一级评价要求后,结合各准则和指标的权重通过加权平均计算调整方案综合分,依据其结果判定是否建议实施该方案。公交线路调整方案预评估流程如图 8-14 所示。

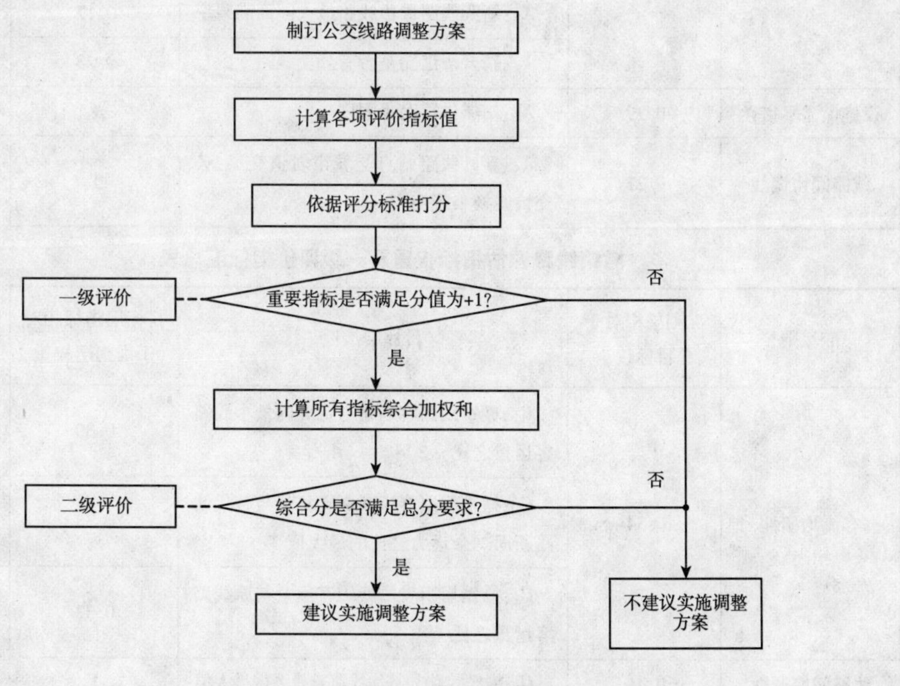

图 8-14　公交线路调整方案预评估流程图

8.5 线路调整方案一级评价

为了确定各种公交线路调整方案一级评价中的重要指标和所有评价指标的权重，本书进行了问卷设计及专家咨询。主要咨询了北京市城市规划设计研究院、中国城市规划设计研究院、北京市市政工程设计研究总院、北京市公交集团、北京交通发展研究中心等多家单位的交通规划专业专家。对调查结果进行分析汇总后，得到不同调整方案评价指标相对于评价准则权重和评价准则相对于评价总目标权重以及评价指标体系中的重要评价指标。这些指标在一级评价中要求其评分必须为 +1 才进行二级评价，否则不建议实施该公交线路调整方案。各种调整方案准则层及指标层相对于上一层的权重值及一级评价的重要指标结果见表 8-36 ~ 表 8-42。

新开线路评估指标权重及一级评价指标汇总表 表 8-36

准　则	准则层相对于总目标权重	目标层指标	目标层指标相对于准则层权重	是否为一级评价指标
客流均衡性	0.44	X_1：新开线路途经区域客运需求量	0.43	是
		X_2：新开线路周边现有站点最大乘降量	0.19	
		X_3：新开线路周边线路最大断面满载率	0.17	
		X_4：新开段道路是否有公交线路	0.23	是
设施供需平衡性	0.29	X_6：站场供需满足程度	1	
线路间协调性	0.27	X_5：新开线路站点与城市轨道交通、公交快线换乘距离	1	

撤销线路评估指标权重及一级评价指标汇总表 表 8-37

准　则	准则层相对于总目标权重	目标层指标	目标层指标相对于准则层权重	是否为一级评价指标
客流均衡性	0.54	C_2：撤销线路客运量与走廊内最小线路客运量之比	0.30	
		C_3：撤销线路客流断面转移量与替代线路断面剩余运力之比的最大值	0.38	是
		C_4：撤销后引发的换乘客运量与原线路客运量之比	0.32	
线路间协调性	0.46	C_1：撤销线路与其他线路重叠系数最大值	1	是

缩短线路评估指标权重及一级评价指标汇总表　　表 8-38

准　则	准则层相对于总目标权重	目标层指标	目标层指标相对于准则层权重	是否为一级评价指标
客流均衡性	0.59	S_1：断点乘降量与平均乘降量之比	0.20	是
		S_2：断点断面客运量与平均断面客运量之比	0.23	
		S_3：缩短段与保留段之间的客运量占总客运量的比例	0.30	
		S_4：缩短线路客流断面转移量与替代线路断面剩余运力之比的最大值	0.27	
设施供需平衡性	0.41	S_5：站场供需满足程度	1	

延长线路评估指标权重及一级评价指标汇总表　　表 8-39

准　则	准则层相对于总目标权重	目标层指标	目标层指标相对于准则层权重	是否为一级评价指标
客流均衡性	0.46	Y_1：延长段道路是否有公交线路	0.42	是
		Y_2：延长段吸引客运量占延长段原客运总量的比例	0.58	是
设施供需平衡性	0.24	Y_3：站场供需满足程度	1	
线路几何合理性	0.30	Y_4：延长后线路全长	1	

相邻道路有路无车调整线路评估指标权重及一级评价指标汇总表　　表 8-40

准　则	准则层相对于总目标权重	目标层指标	目标层指标相对于准则层权重	是否为一级评价指标
客流均衡性	1	T_{11}：断点乘降量与平均乘降量之比	0.23	是
		T_{12}：断点断面客运量与平均断面客运量之比	0.20	
		T_{13}：缩短段与保留段之间的客运量占总客运量的比例	0.33	
		T_{14}：缩短线路客流断面转移量与替代线路断面剩余运力之比的最大值	0.23	

调整中间站点方便换乘轨道交通线路评估指标权重及一级评价指标汇总表　　表 8-41

准　则	准则层相对于总目标权重	目标层指标	目标层指标相对于准则层权重	是否为一级评价指标
客流均衡性	1	T_{21}：调整站点乘降量与平均乘降量之比	0.55	是
		T_{22}：调整站点断面客运量与平均断面客运量之比	0.45	是

拟撤出中心城区、延长至其他地区的市郊公交线路调整评估指标权重及一级评价指标汇总表

表 8-42

准　则	准则层相对于总目标权重	目标层指标	目标层指标相对于准则层的权重	是否为一级评价指标
客流均衡性	0.44	T_{31}:调整站点乘降量与平均乘降量之比	0.17	
		T_{32}:调整站点断面客运量与平均断面客运量之比	0.20	
		T_{33}:缩短段与保留段之间的客运量占总客运量的比例	0.25	是
		T_{34}:缩短线路客流断面转移量与替代线路断面剩余运力之比的最大值	0.17	
		T_{35}:延长段吸引客运量占延长段原客运总量的比例	0.22	
设施供需平衡性	0.30	T_{36}:站场供需满足程度	1.00	
线路几何合理性	0.25	T_{37}:调整后线路全长	1.00	

8.6　线路调整方案二级评价

公交线路调整方案满足一级评价要求后,结合各准则和指标的权重通过加权平均计算调整方案综合分,进行调整方案二级综合评价,依据其结果判定是否建议实施该方案。其步骤为:

(1)定义数值化的(等级)评价向量 $\boldsymbol{V}$。本项目中评价等级向量为$(+1,-1)$,即前文中定义的评分标准。

(2)构造(总目标→准则→指标)评价指标体系,设共有 k 个准则 $U_1,\cdots,U_k$,其中第 t 个准则 U_t 含有指标 $U_{t1},U_{t2},\cdots,U_{tn_t}$。本项目中准则包括客流均衡性、线路间协调性、设施供需平衡性以及线路几何合理性。对于具体的公交线路调整方案有所不同,各准则层的评价指标在第二章中已经提出。

(3)确定底层指标相对于准则的权重向量 $\boldsymbol{A}_t=(a_{t1},a_{t2},\cdots,a_{tn_t})(t=1,2,\cdots,k)$ 和各准则相对于总目标的权重向量 $\boldsymbol{A}=(a_1,a_2,\cdots,a_k)$。

(4)对一个待评估公交线路方案,根据评分标准确定各评价指标的评分等级为 $R_{tj}(t=1,\cdots,k,j=1,\cdots,n_t)$。

(5)对每一个准则,由其统辖的各指标评分等级向量 $\boldsymbol{R}_t=[R_{t1},R_{t2},R_{t3},\cdots,R_{tn_t}]^{\mathrm{T}}$ $(t=1,2,\cdots,k)$,通过各指标的权重和评分等级求其加权平均和,得到各准则的评价分值 $\boldsymbol{B}_t=\boldsymbol{A}_t\cdot\boldsymbol{R}_t$。

(6)由 $\boldsymbol{B}_t$ 构造各准则关于总目标的评价分值向量 $\boldsymbol{R}=[\boldsymbol{B}_1,\boldsymbol{B}_2,\cdots,\boldsymbol{B}_k]^{\mathrm{T}}$,并求该方案关于总目标的综合评分值 $\boldsymbol{B}=\boldsymbol{AR}$。

(7)根据综合评分值 $\boldsymbol{B}$ 的计算结果,判断是否建议实施该方案。综合评分值大于 0 时,建议实施该公交线路调整方案;综合评分值小于或等于 0 时,不建议实施该公交线路调整方案。

8.7　实例分析

8.7.1　撤销公交线路方案评估实例

1)背景

公交 4 路起点为靛厂新村,终点为四惠,全长 23.2km,拟全线撤销。撤销后,取消路段由地铁 1 号线、公交 1 路替代。

公交 4 路撤销后,公交 1 路延至靛厂新村,增加配车,同时采取发区间等调度方法,解决客流需求(图 8-15)。

2)评估指标计算

C_1:撤销线路与其他线路重叠系数最大值。

公交 4 路和公交 1 路两条线路重叠站点数最多为 20 个,公交 4 路原站点个数 23 个。所以,$C_1=20/23\approx0.87$,该指标得分为 +1。

C_2:撤销线路日客运量与走廊内线路日客运量最小值之比。

走廊内各线路日客运量如表 8-43 所示。

走廊内各条公交线路日客运量统计表　　表 8-43

公交线路	1	4	10	37	52	337	728	地铁 1 号线
日客运量(万人次/日)	5.87	6.60	2.49	3.44	3.54	3.71	3.55	102

所以,$C_2=6.60/2.49\approx2.65$,该指标得分为 −1。

C_3:撤销线路客流断面转移量与替代线路断面剩余运力之比的最大值。

目前,长安街走廊公交线路基本能满足客流需求,全天运力比较富余。表 8-44 中列出了长安街走廊上主要线路早晚高峰及全天供需情况。

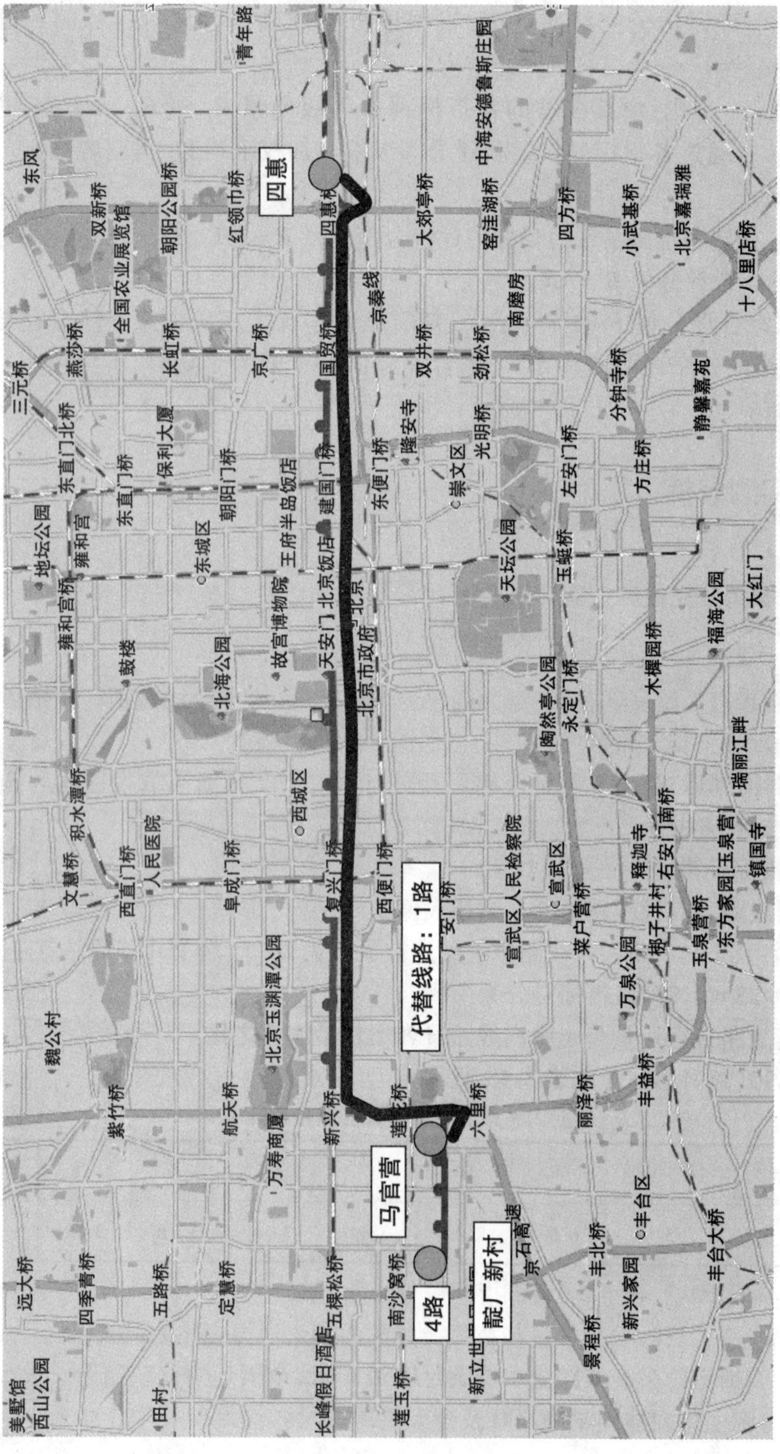

图8-15 公交1路和公交4路线路走向图

长安街走廊上主要公交线路早晚高峰及全天供需情况　　表 8-44

公交线路	额载人数	早高峰实载人数	早高峰满载率（%）	晚高峰实载人数	晚高峰满载率（%）	全天实载人数	全天满载率（%）
1	135	84	62	64	48	81	60
4	135	69	51	87	65	82	61
10	105	40	38	41	39	41	39
37	105	64	61	58	55	62	59
52	135	42	31	53	40	51	38
337	135	56	42	58	43	58	43
728	105	61	58	35	33	34	32

根据模型测算，公交 4 路撤销后，40% 的客流转移到公交 1 路上，其余客流比较均匀地转移到公交 52 路、公交 37 路、公交 728 路、公交 68 路等多条并行线路上，对这些线路客流的影响不明显。

$$C_3 = \max[69\times40\%/(135\times38\%),87\times40\%/(135\times35\%),82\times40\%/(135\times40\%)]$$
$$=\max(0.54,0.74,0.61)=0.74$$

该指标得分为 +1。

C_4：撤销后引发的换乘客流量与原线路客运量之比。

公交 4 路撤销后，公交 1 路延至靛厂新村，所以延长后的公交 1 路与公交 4 路线路基本一致，原公交 4 路客流可以使用公交 1 路不需要换乘，所以撤销线路引起的换乘客流较少。该指标得分为 +1。

3）撤销线路方案评估

撤销线路包括客流均衡性和线路间协调性两个准则。指标相对于准则的权重向量 $\boldsymbol{A}_1=(0.30,0.38,0.32)$，$\boldsymbol{A}_2=(1)$；各准则相对于总目标的权重向量 $\boldsymbol{A}=(0.54,0.46)$。

对于客流均衡性准则，各指标评分等级向量 $\boldsymbol{R}_1=(-1,+1,+1)^{\mathrm{T}}$。对于线路间协调性准则，各指标评分等级向量 $\boldsymbol{R}_2=(+1)^{\mathrm{T}}$，通过各指标的权重和评分等级求其加权平均和，得到两个准则的评价分值分别为 $\boldsymbol{B}_1=\boldsymbol{A}_1\cdot\boldsymbol{R}_1=(0.4)$ 和 $\boldsymbol{B}_2=\boldsymbol{A}_2\cdot\boldsymbol{R}_2=(1)$。

由 $\boldsymbol{B}_t$ 构造各准则关于总目标的评价分值向量 $\boldsymbol{R}=[0.4,1]^{\mathrm{T}}$，并求该方案关于总目标的综合评分值 $\boldsymbol{B}=\boldsymbol{AR}=(0.54,0.46)(0.4,1)^{\mathrm{T}}=0.674$。

综合评分值 $\boldsymbol{B}$ 大于 0，建议实施该公交线路调整方案。将所有的评估指标得分值及评价结论汇总到表 8-45。

撤销线路评估汇总表

表 8-45

准则	准则层相对于总目标权重	目标层指标	目标层指标相对于准则层权重	指标计算值	得分	是否为一级评价指标
客流均衡性	0.54	C_2:撤销线路客运量与走廊内最小线路客运量之比	0.30	2.65	-1	
		C_3:撤销线路客流断面转移量与替代线路断面剩余运力之比最大值	0.38	0.74	+1	是
		C_4:撤销后引发的换乘客运量与原线路客运量之比	0.32	<0.1	+1	
线路间协调性	0.46	C_1:撤销线路与其他线路重叠系数的最大值	1	0.87	+1	是
一级评价结论	一级指标的评分全部为 +1,进行二级评价					
二级评价结论	综合评分值 $B = 0.674 > 0$,建议实施该方案					

8.7.2 缩短公交线路方案评估实例

1)背景

公交 690 路起点为前门,终点为颐和园,线长 21.9km,缩短后起点为颐和园,终点为新街口西,线长 13km(图 8-16)。撤出路段有西单大街、前门西大街共 6km,重复设站 12 个。替代线路为地铁 4 号线、2 号线、公交 22 路。

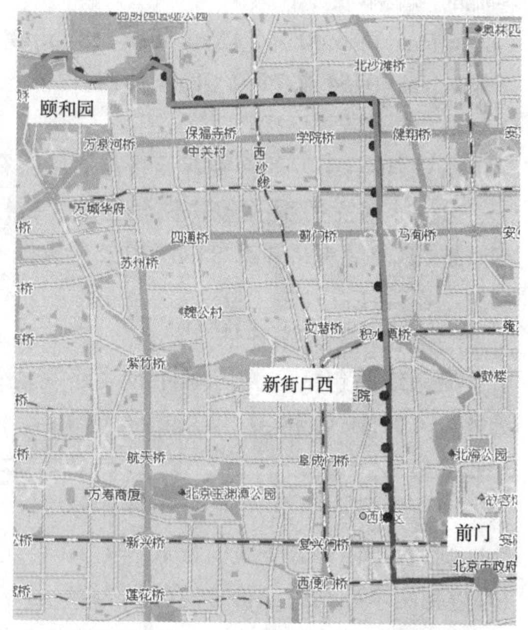

图 8-16 690 路调整前后线路图

2)评估指标计算

S_1:断点乘降量与平均乘降量之比。

通过公交 IC 卡数据统计分析,公交 690 路上下行全天站点乘降量以及站点乘降量与平均乘降量之比计算结果分别如图 8-17 和图 8-18 所示。断点新街口西站乘降量与平均乘降量之比为 2.07,该指标得分为 -1。

S_2:断点断面客流量与平均断面客流量之比。

通过公交 IC 卡数据统计分析,公交 690 路上下行全天断面客流量与平均断面客流量之比计算结果如图 8-19 所示。断点新街口西站断面客流量与平均断面客流量之比为 1.15,该指标得分为 0。

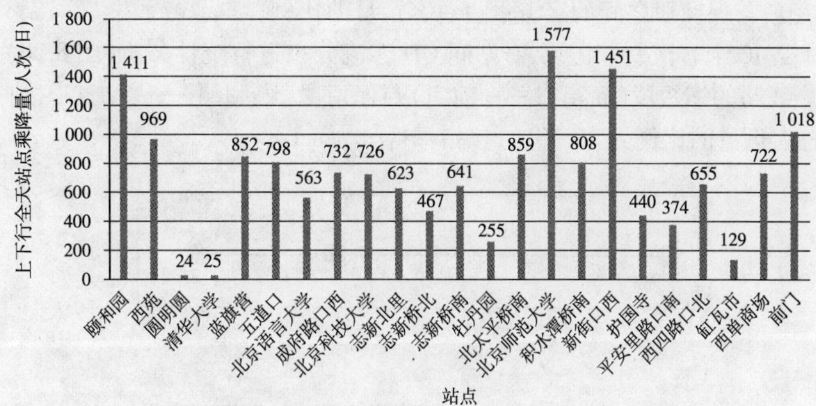

图8-17　公交690路上下行站点全天乘降量分布图

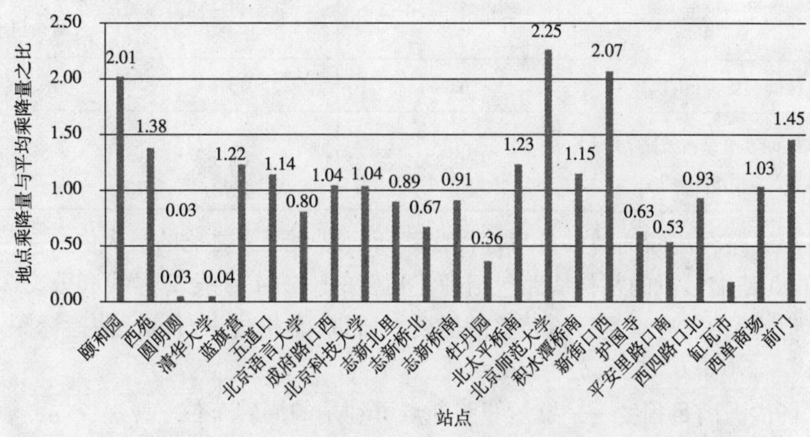

图8-18　公交690路上下行站点全天站点乘降量与平均乘降量之比分布图

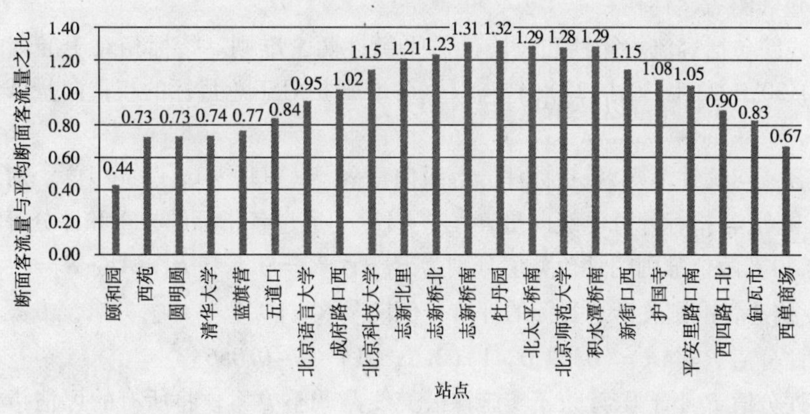

图8-19　公交690路上下行全天断面客流量与平均断面客流量之比分布图

S_3:缩短段与保留段之间的客流量占总客运量的比例。

通过线路IC卡客流刷卡记录,对站间OD客流分布进行统计分析(图8-20),其结果见表8-46。线路的缩短段(新街口——前门)与保留段(颐和园——新街口)之间出行的客流量占总客运量的比例为25.79%,该指标得分为+1。

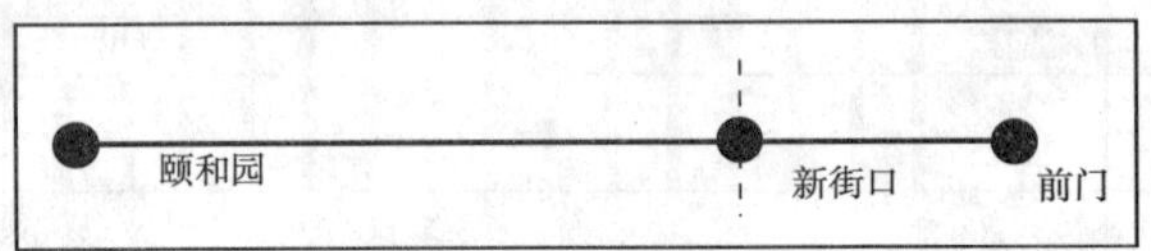

图8-20 公交690路站间客流OD分析示意图

690路站间OD客流分布统计结果 表8-46

线路站点区间	颐和园—新街口	新街口—西门	(颐和园-新街口)—(新街口-西门)
站点区间客流量(人次)	6274	1376	2658
站点区间客流量占线路总客流量比例(%)	60.87	13.35	25.79

S_4:缩短线路客流断面转移量与替代线路断面剩余运力之比的最大值。

公交690路缩短段的替代线路包括即将运营的地铁4号线、2号线和公交22路。替代线路的剩余运力完全满足客流转移的需要。所以,本报告未对该评估指标深入计算分析,认为该指标小于0.75,得分为+1。

S_5:站场供需满足程度——缩短线路断点可利用的周转车位。

新街口站目前不能满足停车周转和调度要求,该指标得分为-1。

3)缩短线路方案评估

缩短线路包括客流均衡性和设施供需平衡性两个准则。指标相对于准则的权重向量$\boldsymbol{A}_1=(0.20,0.23,0.30,0.27)$,$\boldsymbol{A}_2=(1)$;各准则相对于总目标的权重向量$\boldsymbol{A}=(0.59,0.41)$。

对于客流均衡性准则,各指标评分等级向量$\boldsymbol{R}_1=(-1,+1,+1,+1)^{\mathrm{T}}$。对于设施供需平衡性准则,各指标评分等级向量$\boldsymbol{R}_2=(-1)^{\mathrm{T}}$。通过各指标的权重和评分等级求其加权平均和,得到两个准则的评价分值分别为$\boldsymbol{B}_1=\boldsymbol{A}_1\boldsymbol{R}_1=0.6$和$\boldsymbol{B}_2=\boldsymbol{A}_2\cdot\boldsymbol{R}_2=-1$。

由$\boldsymbol{B}_t$构造各准则关于总目标的评价分值向量$\boldsymbol{R}=(0.6,-1)^{\mathrm{T}}$,并求该方案关于总目标的综合评分值$\boldsymbol{B}=\boldsymbol{AR}=(0.59,0.41)(0.6,-1)^{\mathrm{T}}=-0.056$。

综合评分值$\boldsymbol{B}$小于0,建议不实施该公交线路调整方案。将所有的评估指标得分值及评价结论汇总,见表8-47。

缩短线路评估汇总表　　表8-47

准则	准则层相对于总目标权重	目标层指标	目标层指标相对于准则层权重	指标计算值	得分	是否为一级评价指标
客流均衡性	0.59	S_1:断点乘降量与平均乘降量之比	0.20	2.07	−1	是
		S_2:断点断面客运量与平均断面客运量之比	0.23	1.15	+1	
		S_3:缩短段与保留段之间的客运量占总客运量的比例	0.30	25.79%	+1	
		S_4:缩短线路客流断面转移量与替代线路断面剩余运力之比的最大值	0.27	<0.8	+1	
设施供需平衡性	0.41	S_5:站场供需满足程度	1	0.87	−1	
一级评价结论	一级指标的评分全部为+1,进行二级评价					
二级评价结论	综合评分值$B = -0.056 < 0$,建议不实施该方案					

第9章 公交出行时间可靠性分析

利用多层次公交出行各环节可靠的高效运行是公交线网一体化建设的关键问题之一。出行可靠度直接影响公交服务水平和公交对于大众的吸引力。

系统可靠性是指在规定的使用期间和预定的工作条件下,系统能完成预定功能的能力,是系统在规划、设计和执行过程中的主要考虑因素。

公共交通系统的可靠性可定义为:在一定的运营条件下和规定时间内,完成规定任务的能力。这里规定的时间体现的是公交的运行时间、乘客的候车时间和换乘时间。规定的任务则是将每位乘客安全、舒适地送到目的地,体现的是公交系统为乘客提供的服务水平。公共交通系统的可靠性表征了整个系统提供稳定可靠服务的水平,对人们是否选择公共交通出行的方式产生直接影响。

本章引入系统可靠度理论,以公交系统的时间可靠度为基准,将公交系统的可靠度分为运行时间可靠度、等车时间可靠度、换乘时间可靠度。对复杂公交线网进行简化,并对点与弧的可靠性进行分析,建立相应的时间可靠度模型和算法。随后运用 Monte Carlo 模拟和 JAVA 程序语言对公交系统的时间可靠度进行仿真、分析与评价。

9.1 公交系统可靠性概述

可靠性问题最早是由美国军用航空部门提出的,Bober Lusser 于 1952 年提出了可靠性的定义。作为生命线的一个重要组成部分,交通系统的可靠性研究初期主要限于发生灾害时交通系统的可靠性研究。但随着社会的进步,人们对交通线网处理日常问题和偶发性交通问题的应变能力提出了更高的要求,由此也越来越重视交通系统在日常交通状态下的服务水平和管理建设水平。可靠性技术在道路交通领域的研究目前还处于初级阶段,它的研究内容主要限定在三个方面:日本的 Mine 和 Kawai 在 1982 年提出的连通可靠度、Asakura 和 Kashiwadani 于 1991 年提出运行时间可靠性和美国犹他州州立大学 Anthony Chen 等提出的路网容量可靠性的概念。在公共交通系统中,对于可靠性的研究也尚处于初级阶段。

9.1.1　国外公共交通系统可靠性研究

Bowman 和 Turnquist(1981)从时间的角度指出乘客在车站的等候时间比公交车的发车频率对时间可靠性的影响更重要。乘客长时间等车会造成出行成本提高,同时也会影响出行者最终对交通方式的选择。

公共交通服务的不可靠由许多因素造成,可以分为内因和外因(Woodholl,1987)。内因包括乘客需求的差异、线路结构、站点分布、准点性以及驾驶员的行为;外因包括交通拥堵、交通事故、交通信号、路边停车以及天气状况等因素。常发事件,如交通拥挤等可以通过发车时间的调度来解决;而偶发事件,如车辆熄火、交通事故等就会增加系统管理的复杂性。

英国的 Malachy Carey(1999)认为对于公共交通这样一个复杂的系统而言,要衡量其可靠性,分析方法仅适合比较简单的系统结构,而仿真方法又非常耗时,而且需要的很多数据不易得到,因而也不适合用于对象的研究。所以,他选用启发式算法,从事前分析的角度说明了车辆产生延误概率所需的信息,研究了公共交通运输服务时刻表的可靠性和准时性的计算方法,讨论了这些计算方法的前提和特性以及相互关系,建立了随机的仿真模型,并得到可以用于预测的基于时刻表延误的可靠性计算方法。

随后,荷兰的 P Rietveld 和 Bruinsma 等人(2001)通过分析各种公交方式(地铁、轻轨、常规公交等)的不可靠性,建立了荷兰城市的车辆到达和离开的密度分布函数,得到了具有代表性的公交链样本,并用计算机对出行链的出行时间进行了模拟,提出了提高公交可靠性的策略,并对其进行了分析和评价。他同时还指出有待于进一步研究的两个问题:一是分析公交车驾驶员和/或交通控制的行为因素,如在发生延误的情况下调节车速,等待延误车辆,以确保需要换乘的乘客能够顺利完成此次出行;二是进一步研究系统中各种扰动因素的相互依赖关系,如可以考虑车辆离开时间和一次简单出行时间的相互关系以及各个出行链之间的相互依存关系,也就是说一个出行链中某一个出行的离开时间可能取决于这个出行链中上一个出行的到达时间。

英国的 John Bates 和 John Polak 等人(2001)也是从时间的角度研究了基于效用理论

的出行时间可靠性评价及该评价对出行方式选择的影响,并给出了可靠性评价的计算方法。

2001 年,美国波特兰州立大学的 Thomas Jeffrey 在他的博士论文中从时间上论述了公交系统的服务可靠性。他指出提高公交服务的可靠度对出行者和运营者是双赢的,而且掌握社会经济和土地利用的特性对交通需求的决定作用比仅仅对运营单位进行控制和管理更为重要。

9.1.2 国内公共交通系统可靠性研究

国内对公共交通可靠性的研究起步比较晚,但随着人们对城市交通问题认识的加深,系统可靠性分析在交通中的应用也逐渐受到重视。

东南大学交通学院的朱顺应(2000 年)等将交通网络可靠性定义为从网络一节点到另一节点在一定服务水平以上的通达概率。考虑到利用二值法确定的可靠性与实际交通流不符的特点,他采用了饱和度(V/C)确定法来计算路段的可靠性。

上海交通大学管理学院的侯立文(2000,2002)在分析路网可靠性与服务水平关系的基础上对城市道路网进行了可靠性的研究,并将基于出行时长的路径可靠性定义为从路网上的一点到另一点,不论选择哪条有效路径,其所用时间不超过在该路径上正常行驶时间若干倍(阈值)的概率,建立了基于出行时长的路网可靠性模型,并对模型进行了仿真计算。

北京交通大学理学院的毛林繁(2002 年)采用图论的方法建立了城市公共交通网络的重图模型,并根据图的弧连通度等刻画图的连通性的概念,分析公共交通网络的可靠性指标,定义城市公交网络的可靠性及其对应的重图的弧连通度。同时,采用组合优化的方法,建立了一种包含可靠性指标的公交网络的双层规划模型。

北京交通大学交通运输学院的赵航(2005 年)从公交企业角度出发,考虑出行需求变化及公交运行时间由于延误带来的可靠性变化,对公共交通系统营运服务的可靠性进行了定义和分析,把公交系统营运可靠性分为时间可靠性、乘客服务可靠性和公交营运可靠性。

北京工业大学交通研究中心的陈艳艳教授借鉴可靠度理论,从交通供需随机性出发,以达到预期服务水平作为道路单元及系统运行可靠的标准,从道路单元服务水平角度对路网进行了研究,并建立了道路运行状态畅通可靠度的评价指标。

综上可知,国内研究交通网络可靠性的文献较多,而研究公交可靠性的较少;国外对公交时刻表的可靠性进行了一定的研究,但是从现有文献来看,多是从运营者的角度来进行研究和分析,并没有从出行者的切身利益对公交的运行可靠性进行深层次的分析和研究。因此,本文以整个公交出行链为落脚点,对公交的运行时间可靠性、等候时间可靠性、换乘时间可靠性进行深入研究。

9.2　公交系统可靠度模型

在乘客的一次出行中，出行链的时间一般由步行（或自行车）到达车站时间、在站等车时间、车内运行时间、换乘时间（步行时间＋等车时间）、步行（或自行车）到达目的地的时间几部分组成，如图9-1所示。

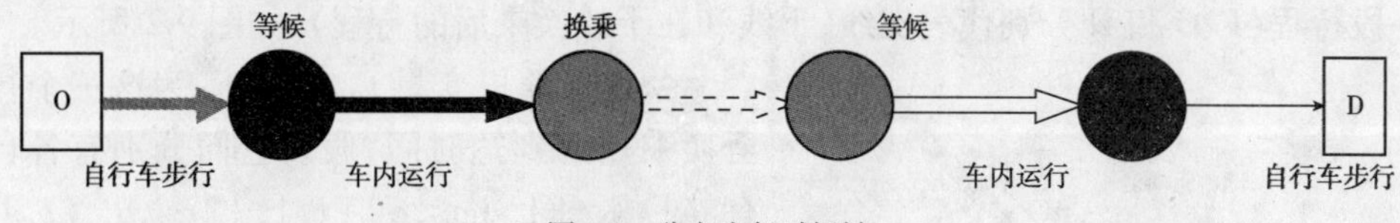

图9-1　公交出行时间链

本书将公交系统的时间可靠度分为车辆的运行时间可靠度 R_T、乘客的等车时间可靠度 R_W 和换乘时间可靠度 R_F 三项。

1）运行时间可靠度 R_T

假设车辆运行到车站 i，车辆运行时间可靠度为：

$$R_i = P(D_i \leqslant d_i) \tag{9-1}$$

式中：D_i——车辆的实际延误时间；

d_i——公交车辆延误时间的期望值。

根据最不利单元假设，对于有 n 个车站的线路 k，车内的运行时间可靠度为：

$$R_T^k = \min\{P(D_1^k \leqslant d_1), P(D_2^k \leqslant d_2), \cdots, P(D_i^k \leqslant d_i), \cdots, P(D_n^k \leqslant d_n)\} \tag{9-2}$$

2）候车时间可靠度 R_W

城市公共交通系统的行车时间和时间间隔是非常易受影响的，即使排定的发车间隔固定，实际的发车间隔也会有很大变化。另外，一些不确定因素，如乘客到达的时间、到达的数量、车辆的发车时间和车辆的行驶速度以及重大或一般交通事故造成的交通瘫痪、与其他交通方式的相互影响等，都会导致乘客等车时间受到影响。一旦阻塞发生，与已排定的时刻表的偏差就会在该公交线路上扩大，势必会增加乘客的等待时间和导致乘客不满，进而影响公共交通的竞争力。因此，在对公交系统进行优化设计时考虑不确定因素已越来越被人们所重视。

假设某一路线 k 有 n 个车站，每个车站上乘客等候时间的可靠度为：

$$R_i^k = P_i(T_i^k \leqslant t_a^k - t_b^k) \quad (i = 1, 2, \cdots, n) \tag{9-3}$$

式中：T_i^k——车辆到达第 i 个车站的时间；

t_a^k——乘客到达分布函数；

t_b^k——车辆到达分布函数。

根据最不利单元假设，对于线路 k，乘客在站台等候公交车的时间可靠度为每个站点乘客等候时间可靠度的最小值。

$$R_{\mathrm{W}}^{k}=\min\{P(T_{1}^{k}\leqslant t_{\mathrm{a}}^{k}-t_{\mathrm{b}}^{k}),P(T_{2}^{k}\leqslant t_{\mathrm{a}}^{k}-t_{\mathrm{b}}^{k}),\cdots,P(T_{i}^{k}\leqslant t_{\mathrm{a}}^{k}-t_{\mathrm{b}}^{k}),\cdots,P(T_{n}^{k}\leqslant t_{\mathrm{a}}^{k}-t_{\mathrm{b}}^{k})\} \tag{9-4}$$

3）换乘时间可靠度 R_{F}

（1）零距离换乘时间可靠度 R_{FZ}。

假定在支线 L_{F} 上的行程为 F，接驳线 L_{C} 上的行程是 C，N 为衔接 C 在 L_{C} 上的换乘后下一段行程（F、C 和 N 分别代表支线、干线和在干线换乘后的行程），如图 9-2 所示。

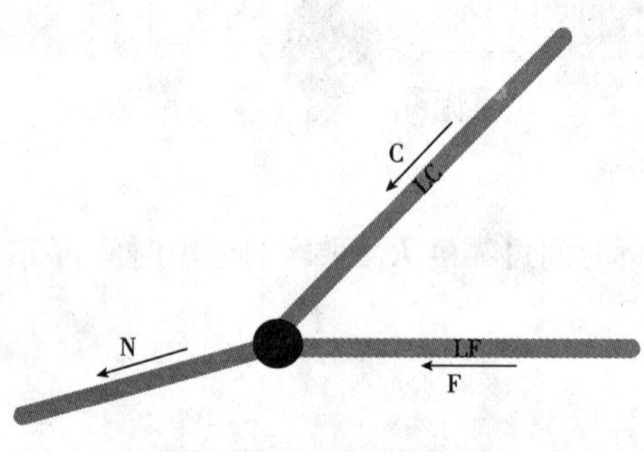

图 9-2　零距离换乘示意图

令独立随机变量 t_{F}、t_{C} 和 t_{N} 为这三个行程至换乘点的到达时间，假设它们分别有各自的有限区间 $[\alpha_{\mathrm{F}},\alpha_{\mathrm{F}}+\delta_{\mathrm{F}}]$，$[\alpha_{\mathrm{C}},\alpha_{\mathrm{C}}+\delta_{\mathrm{C}}]$ 和 $[\alpha_{\mathrm{N}},\alpha_{\mathrm{N}}+\delta_{\mathrm{N}}]$，时间 δ 为到达时间限制，它们的下限 α 是最早可能的到达时间（通常早于时间表的期望到达时间）。进一步假设：$\delta_{\mathrm{C}}\leqslant\left(\frac{1}{2}\right)h_{\mathrm{C}}$；$\delta_{\mathrm{F}}\leqslant\left(\frac{1}{2}\right)h_{\mathrm{C}}$，其中 $h_{\mathrm{C}}=\alpha_{\mathrm{N}}-\alpha_{\mathrm{C}}$ 是接驳线 L_{C} 的时间间隔，确保 N 不会超过 C，从 F 到 L_{C} 换乘的乘客总是在 C 或者 N 上车，且换乘等待时间主要取决于 t_{C}、t_{N} 和 t_{F}。

等待时间函数 $\bar{\omega}(t_{\mathrm{C}},t_{\mathrm{N}},t_{\mathrm{F}})$ 代表在给定到达时间 t_{C}、t_{N} 和 t_{F} 下的换乘连接等候时间，假设行程 C 和 N 在规定的时间 d_{C} 和 d_{N} 离开，可以用它来建立换乘点的等候时间模型，则等候时间为：

$$\bar{\omega}(t_{\mathrm{C}},t_{\mathrm{N}},t_{\mathrm{F}})=\begin{cases}d_{\mathrm{C}}-t_{\mathrm{F}},t_{\mathrm{C}}\leqslant d_{\mathrm{C}},t_{\mathrm{F}}\leqslant d_{\mathrm{C}}\\ t_{\mathrm{C}}-t_{\mathrm{F}},t_{\mathrm{C}}>d_{\mathrm{C}},t_{\mathrm{C}}\geqslant \mathrm{t_F}\\ d_{\mathrm{N}}-t_{\mathrm{F}},t_{\mathrm{F}}>t_{\mathrm{C}},t_{\mathrm{N}}\leqslant d_{\mathrm{N}},t_{\mathrm{F}}\leqslant d_{\mathrm{N}}\\ t_{\mathrm{N}}-t_{\mathrm{F}},\text{否则}\end{cases} \tag{9-5}$$

负效用函数 $g(\omega)$ 是等候时间 ω 的理想值，一般取 $g(\omega)=\bar{\omega}$。所以，这里的平均负效用就是平均等候时间，用期望的换乘等待时间 ω^{*} 除以平均等候时间 $\bar{\omega}$ 就是本书定义的换乘可靠度，即 $R_{\mathrm{FZ}}=\dfrac{\omega^{*}}{\bar{\omega}(t_{\mathrm{C}},t_{\mathrm{N}},t_{\mathrm{F}})}$，$\bar{\omega}(t_{\mathrm{C}},t_{\mathrm{N}},t_{\mathrm{F}})$ 由式（9-5）得到，用于衡量公交车辆在随机运行条件下换乘的不便程度。等待时间越大，换乘可靠性就越差，反之亦然。

（2）非零距离换乘时间可靠度 R_{FN}。

由于目前公交的换乘不能实现零距离换乘，一些线路的衔接并不理想，换乘距离比较长，因此，还要考虑非零距离换乘的可靠度。假设乘客从线路 a 的 L 站下车到线路 b 的站点 L 进行换乘，令 $t_{a,\mathrm{L}}$ 为线路 a 的车辆从始发站到达站点 L 的行程时间；$t_{b,\mathrm{L}}$ 为线路 b 的车辆从始发站到达站点 L 的行程时间。$a_{1}+t_{a,\mathrm{L}}$ 是线路 a 在某一时间区间内第一班车到达站点 L 的时间；$b_1+t_{b,L}$是线路 b 在某一时间区间内第一班车到达站点 L 的时间。$a_n+t_{a,L}$表示线路 a 在某一时间区间的车辆 n 到达站点 L 的时间；$b_m+t_{b,L}$表示线路 b 在某一时间区间的车辆 m 到达站点 L 的时间。t_L 表示乘客从线路 a 下车到线路 b 进站所需要的时间。其中，$a_n=a_1+(n-1)I_a$，$b_m=b_1+(m-1)I_b$，I_a 和 I_b 分别是线路 a 和线路 b 的发车间隔。因此得到两条线路间的平均换乘时间 $\bar{\omega}$ 为

$$\bar{\omega}=\frac{1}{N}\sum_{n=1}^{N}\min_{m}\{(b_m+b_{t,L})-(a_n+t_{a,L}+t_L)\mid[(b_m+b_{t,L})-(a_n+t_{a,L}+t_L)]\geqslant 0\}\tag{9-6}$$

所以，非零距离换乘的换乘可靠度 R_{FN}为：

$$R_{FN}=\frac{\omega^*}{\bar{\omega}}=\frac{\omega^*}{\frac{1}{N}\sum\limits_{n=1}^{N}\min\limits_{m}\{(b_m+b_{t,L})-(a_n+t_{a,L}+t_L)\mid[(b_m+b_{t,L})-(a_n+t_{a,L}+t_L)]\geqslant 0\}}\tag{9-7}$$

但是，由于以上两种情况的平均等候时间 $\bar{\omega}$ 避开了长短不一的等候时间，所以在衡量换乘可靠性时不够确切。譬如，它不能辨别等候时间是 0 和 10min，概率均为 50% 的可靠性与等候时间是 5min 的可靠性之间的区别。因此，需要对换乘可靠度模型进行修正。

(3)模型的修正。

当换乘的等候时间 ω 超过可接受的换乘等候时间 ω^* 时($\omega>\omega^*$)，即使平均换乘等候时间很小，换乘可靠度仍然会降低。为了避免平均换乘等车时间不能表达等候时间 ω 不均匀的缺陷，本书引入罚长函数 $f(t)$，保证 95% 的值能落入时间区间$[0,\omega^*]$。

$$f(t)=\begin{cases}(k\lambda)\exp(-\lambda t),t\in[0,\omega^*]\\0,否则\end{cases}\tag{9-8}$$

其中，$\lambda=\frac{-\ln(1-0.95)}{\omega^*}\approx\frac{3}{\omega^*}$，表示指数随机变量有 95% 的分布在长度区间 ω^* 内的参数；$k=\frac{1}{0.95}$是确保 $P(t\in[0,\omega^*])=1$ 的因子，t 为实际的换乘等候时间。

修正后的换乘可靠度模型可表示为：

$$R_F=\int_0^{\infty}-\frac{\omega^*}{\bar{\omega}}\cdot f(t)\mathrm{d}t\tag{9-9}$$

将式(9-6)和式(9-7)分别代入式(9-9)，可得到零距离换乘可靠度 R_{FZ}和非零距离换乘可靠度 R_{FN}，表示如下：

$$R_{FZ}=\begin{cases}\int_0^{\infty}-\frac{3.16\exp\left(-\frac{3t}{\omega^*}\right)}{\overline{\omega}(t_C,t_N,t_F)}\mathrm{d}t,t\in[0,\omega^*]\\0,否则\end{cases}\tag{9-10}$$

$$R_{\mathrm{FN}}=\begin{cases}N\int_{0}^{\infty}\dfrac{-3.16\exp\left(-\dfrac{3t}{\omega^{*}}\right)}{\sum\limits_{n=1}^{N}\min\limits_{m}\{(b_m+b_{t,L})-(a_n+t_{a,L}+t_L)\mid[(b_m+b_{t,L})-(a_n+t_{a,L}+t_L)]\geqslant 0\}}\mathrm{d}t, t\in[0,\omega^{*}]\\ 0,否则\end{cases}\tag{9-11}$$

4)公交线网时间可靠度

(1)公交线网的复杂性及其简化。

复杂系统是由特定功能、相互间具有有机联系的大量单元通过高维的、关联的逻辑关系所构成的一个整体。复杂系统具有规模大、结构复杂、功能多样、因素众多等特征。因而,通常描述复杂系统的数学模型是高阶、多维、多节点、多支路的,每一个环节都直接影响到整个系统的运作。

公交线网和道路网络一样,是一种具有拓扑性质的线网图,由公交线路和站点构成。地面公交线网虽然依附于路网,但又有别于路网。单独的公交线路并不完全连通,只有通过换乘衔接才能组成完整的公交线网,而且站点之间的连接以及站距的设置直接影响到换乘的便利程度和整个公交出行的时间链。以北京市为例,北京市的公交线路多达600余条,公交车站高达上千个,且线网由分层分级的多种模式组合而成,包含地铁、轻轨、BRT(Bus Rapid Transit)、巴士,分轨道交通、公交快线、公交普线和公交支线等,各种模式的功能和相互衔接也各有差异,道路交通状况处在不断的变化之中,因而具有典型的复杂性。

一般而言,影响公交线网可靠性的因素可以分为内部因素和外部因素两类。内部因素包括:公交线网的结构,公交快线、公交普线、公交支线分别所占的比例,线网的覆盖范围,线路运行速度(是否公交专用道)以及换乘节点的布设及其效率等。外部因素包括:道路交通状况、客流交通需求状况、交叉口拥堵程度以及天气气候状况等。大城市的公共交通线网是一项庞大而且复杂的系统工程,它不是一个静止不变的量,而是随时随地处于变化之中,其复杂性主要表现为不确定性、随机性和不可预测性,而且它的可靠性与诸多的因素密切相关,各种因素共同决定了系统的发展态势。

图9-3就是一个递阶的公交网络系统,其中S_0代表整个公共交通系统,各级子系统的表示方法由下标识别。从左向右第1个数字代表该系统级数,第2个数字代表来自上一级子系统的序号,第3个数字代表该子系统在同级子系统中的序号。如市区线S_{221}就表示该子系统属于第二级的第1个子系统,它是上一级(普线支线系统)的第2个子系统的下属子系统。通过对城市公交线网进行分级和分层,可以将复杂系统的问题变成一些种类较少、结构较简单的子系统来研究,使系统描述得到大量简化,以便对公交系统进行网络可靠性的计算。

一般来说,居民的一次出行可能包含不止一种的交通模式,中间还需要有一定的换

乘,这使得出行线网变得更加复杂。可以假设公交网 $\boldsymbol{S}=(\boldsymbol{U},\boldsymbol{V})$,$\boldsymbol{U}$ 和 $\boldsymbol{V}$ 分别是公交线网的物理节点和弧的集合,整个公交网分成 w 个子网络。b 代表其中的一种出行方式(轨道交通、BRT、常规公交、自行车、出租汽车、步行等),$\boldsymbol{B}$ 代表各种出行方式的集合,则 $w=|\boldsymbol{B}|$,$\boldsymbol{M}_b=(\boldsymbol{U}_b,\boldsymbol{V}_b)$,其中 $b\in\boldsymbol{B}$,$U_b\subseteq\boldsymbol{U}$,$V_b\subseteq\boldsymbol{V}$。$\boldsymbol{U}_b$ 和 $\boldsymbol{V}_b$ 分别为子网 $\boldsymbol{M}_b$ 的节点和弧的集合。运用状态增广方法把这些子网转化成一个组合网 $\boldsymbol{G}=(\boldsymbol{N},\boldsymbol{A})\boldsymbol{X}$,$\boldsymbol{N}$ 是节点集,$\boldsymbol{A}$ 是弧集。这些合成的节点和弧随状态变量 s(各种方式的换乘)和 n(换乘最大次数)扩张,这里的网络 $\boldsymbol{G}$ 为SAM(State Augmentation Approach)网。在SAM网中,用四个变量用来描述每个节点,包括:

①位置 i,节点的物理位置,用来说明是O点、D点或是各种换乘点;

②换乘状态 s,与换乘方式有关;

③换乘次数 n,用来作为最大可能换乘次数的约束;

④上下车指标,说明出行弧段的情况,在出行弧段上,1(0)分别为起点和终点。

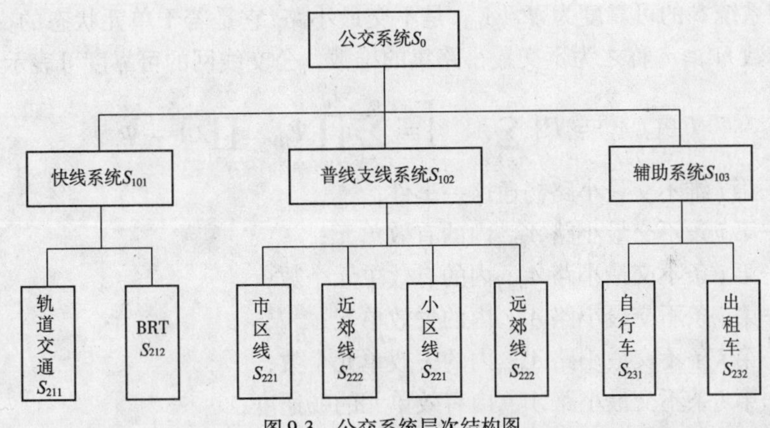

图9-3 公交系统层次结构图

因此,每个节点就由(i,s,n,l)表示,O点和D点需要特别注意,它是出行者进入和离开网络的地方,分别定义O$(i,0,0,1)$和D$(i,0,0,0)$。图9-4就是一个四模式的换乘状态图。每一个节点表示一种换乘状态和相应的出行方式,箭头表示可能的换乘,换乘状态0是出行的O、D点。令 s 为多模式网络换乘状态空间 S 的元素,每个换乘状态 s 都与交通方式有关,记为 $\eta(s)\in B$,$\eta(1)=$公交车,$\eta(2)=$地铁,$\eta(3)=$出租汽车。乘客可以采用公交车、地铁、出租汽车或自行车(在我国一些大城市,自行车与地铁、公交的换乘也相当普遍)。一旦公交是第一个部分,随后的可能换乘状态可能是地铁。当然,也可以直接乘坐出租汽车不经换乘直接到达D点,但是费用会高很多。

通过上述方法,就可以将多模式的复杂公交线网转化为若干个简单网的起讫对(OD对),在此基础上,对公交系统进行分析和规划。

(2)公交线网可靠度模型。

公交系统为多源、多汇的网络，通过对各源汇对进行线网可靠度评价，并经过加权平均，则可得到整个公交网的可靠度。

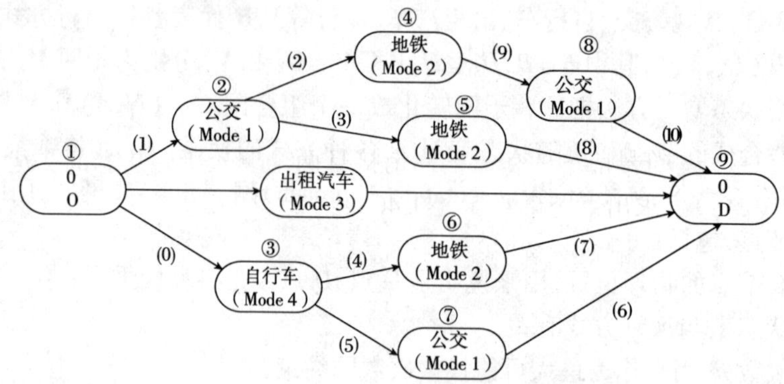

图 9-4　出行模式状态图

设公交系统 S 的可靠度为 $\boldsymbol{\Psi}_S$，$A_{\mathrm{dis},i}$ 是不交最小路，它是若干单元状态的交集。不交最小路的个数 $m' \geqslant m$ 称之为不交最小路集的维数。公交线网的可靠度可表示为：

$$P\{\bigcup_{i=1}^{m} A_i\} = P\{\sum_{i=1}^{m'} A_{\mathrm{dis},i}\} = \sum_{i=1}^{m'} \prod_{j_{1i}}^{J_{1i}} \boldsymbol{\Psi}_{j_{1i}} \cdot \prod_{j_{2i}=1}^{J_{2i}} (1 - \boldsymbol{\Psi}_{j_{2i}}) \tag{9-12}$$

式中：A_i——第 i 维不交最小路畅通这一事件；

j_{1i}——第 i 条不交最小路 $A_{\mathrm{dis},i}$ 内的有效单元；

J_{1i}——第 i 条不交最小路 $A_{\mathrm{dis},i}$ 内的有效单元个数；

j_{2i}——第 i 条不交最小路 $A_{\mathrm{dis},i}$ 内的失效单元；

J_{2i}——第 i 条不交最小路 $A_{\mathrm{dis},i}$ 内的失效单元个数；

$\boldsymbol{\Psi}_{j_{1i}}$——第 i 条不交最小路 $A_{\mathrm{dis},i}$ 内有效单元的畅通度；

$\boldsymbol{\Psi}_{j_{2i}}$——第 i 条不交最小路 $A_{\mathrm{dis},i}$ 内失效单元的畅通度。

在实际问题中，求解公交线网可靠度的比较实用的计算机方法是找出全部最小路后，再进行不交化处理。

(3)公交线网可靠性计算。

在图 9-4 所示的线网 S 中，各点、弧单元的可靠度分别如表 9-1 和表 9-2 所示。由此可计算从 O 到 D 点的可靠度。

点单元可靠度　　表 9-1

点单元	①	②	③	④	⑤	⑥	⑦	⑧	⑨
可靠度	0.90	0.40	0.41	0.90	0.90	0.84	0.38	0.4	0.90

弧单元可靠度　　表 9-2

弧单元	(0)	(1)	(2)	(3)	(4)	(5)	(6)	(7)	(8)	(9)	(10)
可靠度	0.85	0.85	0.60	0.42	0.84	0.84	0.43	0.90	0.90	0.90	0.42

由搜索法求得该网络的最小路集为：

A_1：⑨∗⑽∗⑧∗(9)∗④∗(2)∗②∗(1)∗①；

A_2：⑨∗(8)∗⑤∗(3)∗②∗(1)∗①；

A_3：⑨∗(7)∗⑥∗(4)∗③∗(0)∗①；

A_4：⑨∗(6)∗⑦∗(5)∗③∗(0)∗①。

符号"∗"表示该符号前后的单元相互衔接且两个单元所处状态的交运算。运用最小路集进行不交化，可求出系统可靠度为 0.405。

9.3　公交线路可靠性仿真模拟

9.3.1　Monte Carlo 模拟方法简介

系统可靠度的计算通常采用解析法和模拟法。采用解析法计算需要大量的数据用以统计出参数，以便确定变量的概率分布。近年来的相关研究表明，其模型对参数较为敏感，数据的小误差可能会导致可靠性分析出现较大的误差。此外，所研究问题非常复杂时，不能很容易地做出数学模型，有时即使做出数学模型，也不能得到解析解。对于这种情况，则可采用模拟法来求解。蒙特卡罗法作为模拟法的主流，为解决许多难以用传统的数学方法进行处理的复杂问题提供了一条有效而又可行的途径。本文针对交通问题的特点，采用蒙特卡罗模拟（Monte Carlo Simulation）方法计算公交线路的可靠度。

Monte Carlo 模拟方法就是以随机的方式进行抽样，人为地进行大量的模拟试验，它是一种采用统计抽样理论近似求解数学问题或物理问题的方法。利用 Monte Carlo 方法解决数学计算问题时的基本思想是：首先建立与该问题有相似性的概率模型，并利用这种相似性把这个概率模型的某些特征与数学计算问题的解答联系起来，然后对模型进行随机模拟或统计抽样，最终利用所得结果求出这些特征的统计估计值作为原来的数学计算问题的近似解。

具体进行 Monte Carlo 模拟时，通常利用计算机按照人们所关心和讨论的随机变量的某种分布方式产生足够多的随机数，然后对这些随机数进行统计推断，将所得的统计估计值作为随机变量统计特征的近似解。因此，用 Monte Carlo 法模拟的关键是求已知分布变量的随机数。为了快速、高精度地产生随机数，通常要分两步进行。首先产生在开区间(0,1)上的均匀分布随机数，然后在此基础上再变换成给定分布变量的随机数。对于每一输入变量的随机数，将这些值代入功能模型中，计算系统的输出值。

概括起来，用 Monte Carlo 方法建立系统的可靠性模型通常涉及以下步骤：

Step1：决定系统的输出与输入之间的功能模型或者数学模型；

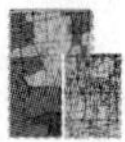

Step2:确定每一输入变量的概率分布;

Step3:产生每一输入变量的随机值(样本值);

Step4:根据上述样本值,计算功能函数输出值;

Step5:重复 Step3、Step4,设进行了 N 次这样的试验,计算概率分布曲线的面积值。

9.3.2 北京市公交线路时间特性分析

本文选取北京市 71 条普通公交线路、地铁 1 号线、八通线以及快速公交线,在晚高峰时刻进行交通调查以及乘客换乘的问卷调查,据此对北京市的公交时间特性进行分析。调查时间为 2006 年 5 月 17 日 ~19 日 16:30 ~ 19:30。

1)公交正点率

正点率表示实际运行情况与运行计划之间的时间偏差,以车辆在站点的准时性来衡量。正点运行的定义因不同的公交系统而有差别,美国联邦公共交通管理局于 1994 年在全国范围内制订的公交线路评价指标中,根据大多数城市公交系统的调查,把正点运行的范围定义为在计划内晚 5min 或早 1min。对于北京的公交系统,通常采用“快 1 慢 2”的评价标准,即运营时间比行车计划早 1min 或者晚 2min 都定义为正点运行。

图 9-5 为统计后的北京市公交线路正点率概况。由图可知,有将近 80% 的线路的正点率低于 0.3。

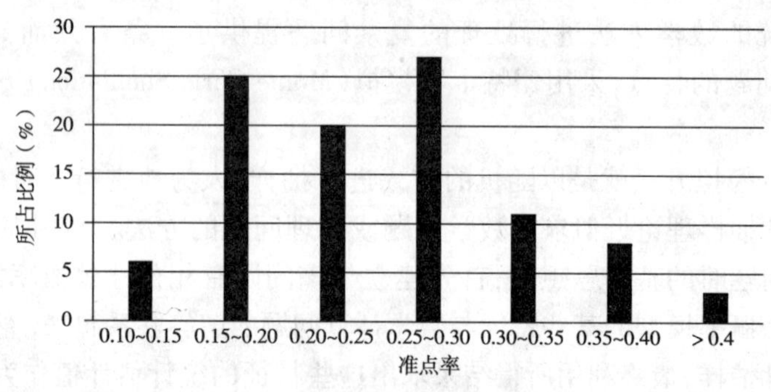

图 9-5 北京市公交线路的准点率

2)标准离差率

一般来说,方差、标准差、标准离差率 V 越大,说明变量的离散程度越大,风险越大。由于方差和标准差都属于绝对数指标,只适用于相同期望值决策方案风险程度的比较,而对于期望值不同的决策方案,评价和比较其各自的风险程度只能借助于标准离差率 V 这一相对数值。在公交系统中,车辆到站的时间在各条线路发车频率不同的情况下,标准离差率越大,可靠度越低;标准离差率越小,可靠度越高。

图 9-6 为北京市公交线路标准离差率概况。可以看到,近 80% 线路的标准离差率低于 0.4。

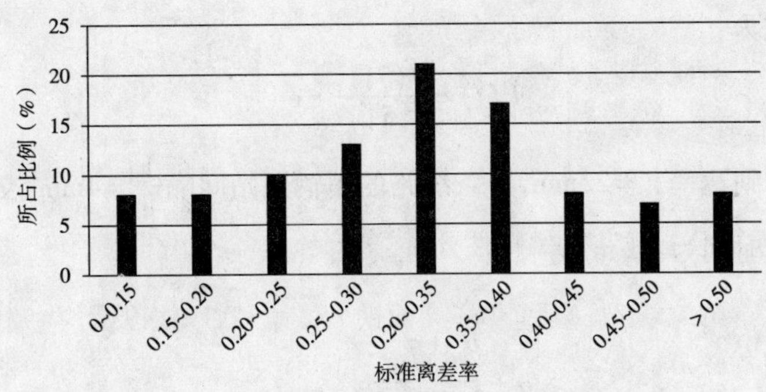

图 9-6　北京市公交线路标准离差率

表 9-3 为统计后得到的北京市轨道交通、快速公交以及普线、支线在高峰小时的车辆到站正点率和标准离差率。

北京公交线路统计值　　表 9-3

类型	正点率	标准离差率	乘客量(万人次/日)
轨道	0.95	0.029	164
快速公交	0.435	0.595	8
普线、支线	0.257	0.728	678

3）换乘距离

北京市主要换乘点的换乘距离为 350m。30% 以上的换乘距离在 500m 以上，如图9-7 所示。

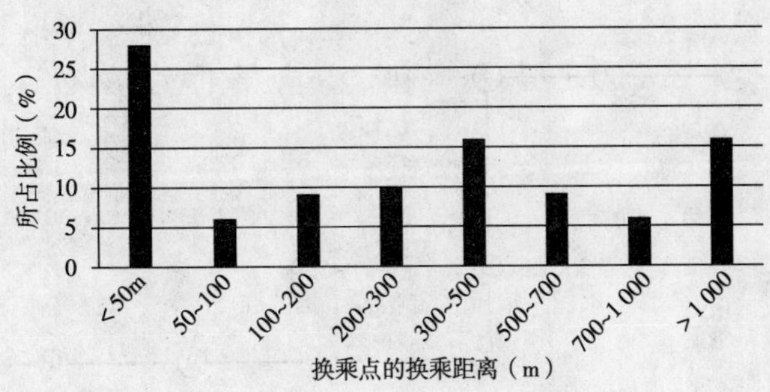

图 9-7　北京市主要换乘点的换乘距离分布

4）乘客与车辆到达分布

由调查数据整理可得，对于常规公交，乘客到达服从泊松分布，一般 $\lambda = 2$ 人/min，即单条线路上，每分钟的平均到达乘客数为 2 人。乘客到达的概率密度函数为：

$$P(x) = \frac{2^x \cdot e^{-2}}{x!} \tag{9-13}$$

由调查数据，车辆到站时间服从爱尔兰分布，计算得到 $n = 6$，$\alpha = 7$ 辆/min，车辆到站的概率密度函数为：

$$P(t)=\frac{7(7t)^5}{5!}\cdot e^{-7t} \tag{9-14}$$

由乘客平均到达率 $\lambda=2/\text{min}$，单条线路的车辆到站间隔 $\frac{1}{u}=4\text{min}$，交通强度 $\rho=\frac{1}{2}$，乘客的平均等车时间为：

$$t_w=\frac{\rho+\frac{\rho^2+\frac{\lambda_1^2}{n\mu^2}}{2(1-\rho)}}{\lambda_1}=4.95(\text{min}) \tag{9-15}$$

下面将在统计数据的基础上对公交线路的车辆运行状态进行仿真，并得到线路的可靠性。

9.3.3 公交线路仿真模拟

1）问题陈述

假设某公交线路由 11 个站点（Node）、10 条路段（Link）组成，如图 9-8 所示。发车间隔为 5min，假设各路段的行程时间服从正态分布。在某一时段内，到站乘客时间间隔服从爱尔兰分布。车辆为标准车型，最多可以容纳 90 人，车站上等待上车的乘客尽量上车，直到车满为止。车满后无法上车的人将离去或改乘其他车辆。乘客上车所需时间服从均匀分布，每位乘客上车时间为 1s，偏差为 0.5s。模拟 120 辆车在这条线路上的单向运营情况。

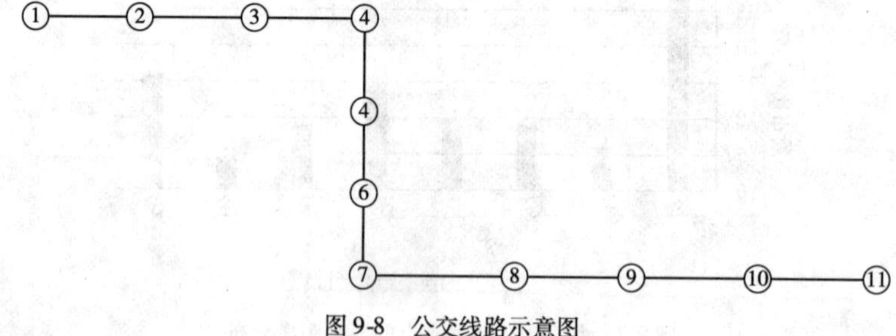

图 9-8　公交线路示意图

2）仿真结果

通过 JAVA 程序语言和 Windows XP 操作系统进行计算机编程模拟，可计算在该时段内线路运行时间和站点乘客等车时间的可靠度。

（1）站点乘客。

120 辆车共计运送乘客 11 594 人次，在每个站点的总乘客数、平均等待人数、乘客的平均等待时间如表 9-4 所示。

站点乘客情况表　　表9-4

站点	总乘客数(人)	平均等待人数(人)	乘客平均等待时间(min)
1	1 356	5	2.5
2	654	3	2.8
3	1 365	8	3.9
4	1 382	9	4.4
5	1 336	9	4.7
6	1 356	11	5.7
7	1 399	13	6.1
8	1 394	14	6.8
9	703	8	7.5
10	704	10	9.7

(2)行程时间分布。

公交车辆全程的行程时间平均为107min,标准差为29.32min。结合可靠度计算如下:

$$P(Z<0)=\int_{-\infty}^{0}\frac{1}{\sqrt{2\pi}\sigma}\exp\left|-\frac{(Z-\mu)^2}{2\sigma^2}\right|\mathrm{d}Z \tag{9-16}$$

如果每次车辆的行驶时间早到或晚到10min以内为可靠,则可靠度为0.347,如图9-9所示。以车辆的行驶时间早到或晚到5min以内为可靠,得到此公交线路可靠度为0.266。

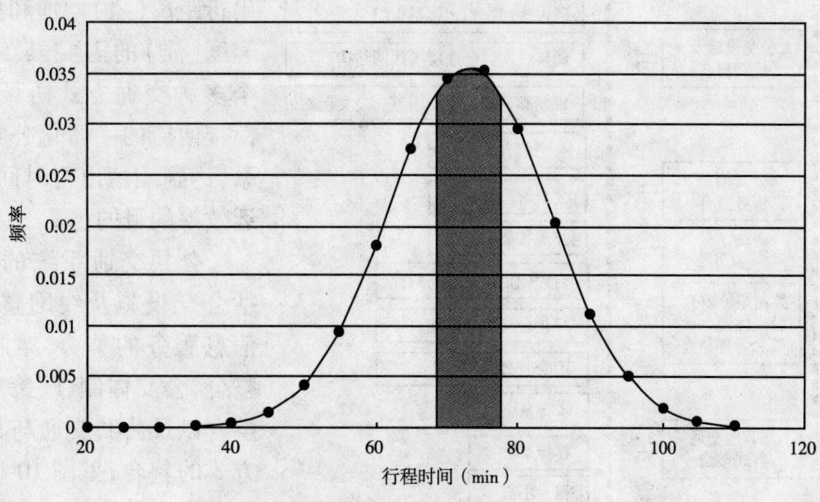

图9-9　Monte Carlo模型行程时间分布

第10章 公共交通一体化概述

为了发挥多层次公交线网规划方案的整体效益，需要对公共交通系统进行一体化整合建设。公共交通系统的一体化，不但要实现城市公共交通线网的整体优化，还要落实公交策略，即通过提高公共交通分担率来控制城市交通拥挤加剧，应对城市发展导致的出行距离（量）增加和提高出行速度（质）的需要，最终形成一个多种交通方式协调度发展、衔接便捷的一体化公共交通体系，达到缩短出行时间、提高客运效率的目的。

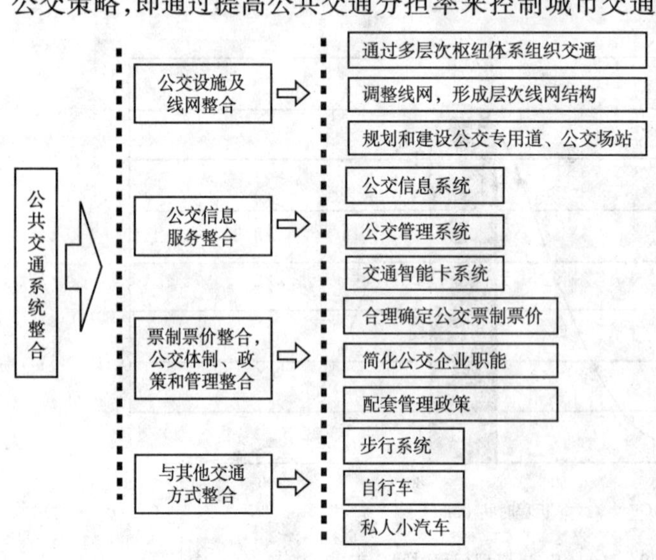

图10-1　公共交通系统整合的内容

公共交通系统的整合，包括公交设施及线网整合，公交信息服务的整合，票制票价的整合，公交体制、政策和管理的整合以及公共交通与其他交通方式的整合，见图10-1。另外，本章也对城市交通发展的多元化进行了简要介绍。

10.1 公交设施及其线网整合

10.1.1 公交专用道和场站

1)公交专用道

公交专用道网络通过道路空间专用来保障地面公交在高峰时段可靠和准时运营。其设置不仅需要满足客流需求,还必须充分考虑道路条件、道路建设计划、其他交通基础设施建设的影响。公交专用道作为硬件保障,为公交骨干线路提供快速可靠的服务,实现公交首末站向枢纽集中、骨干线路向专用道集中。

表面看来,公交专用道占有独立的道路空间,会使有限的道路资源更加紧张,并且可能抑制其他车辆的使用。但是从"以人为本"的原则上来看,城市道路资源对每个人的分配应该是公平的,公交车辆运载的人越多,就该享受更多的道路资源。这也正是目前倡导公交优先的一个方面,给公共交通更多的路权来鼓励人们使用公共交通,并以此限制小汽车出行,缓解城市道路交通拥挤的状况。公交专用道在路权上赋予了公共交通的优先权,在很大程度上保证了公交运行的可靠性,为公共交通实现一体化提供了有力保障。

但是盲目地设置专用道也可能会降低道路资源和车辆的利用率,所以应根据相应路段的客流和交通需求情况,对公交路网进行优化,使快速公交的线路和运力的配置尽量合理化,以避免不必要的运力和资源浪费。公交专用道的施划应覆盖主要客流走廊,特别是大客流走廊的拥堵路段。

2)公交场站

在很多大城市,中心区开发强度高、客流需求大、公交场站缺乏、车辆无处可停的问题比较普遍。已有的公交场站也多为独立用地、平面建设,土地利用效率不高。可以考虑将现有场站的独立用地、平面建设改建为立体场站,如北京于2004年完工的动物园公交枢纽不仅可以安排12~15条公交线路,实现集中式中转换乘,还可以提供418辆小汽车和3 000多辆自行车的停车泊位,增加了土地利用效率,同时也减少了场站用地的需求,甚至还可以考虑在中心区逐步取消首末站驻车,将首末站外迁至城市周边,进一步改善土地利用和管理水平。另外,还可以在道路条件允许的线路上选用高容量的公交车辆,以减少公交运力规模需求,从而减少公交场站面积。

此外,由于城市交通有明显的潮汐性,大量居民居住于城市周边或外围,而工作岗位又多数集中于城市中心。因此,在城市周边的一些交通枢纽场站还应设置中心站,建立城市和郊区的停车换乘系统,使城市边缘有足够的停车换乘空间,实现快速便捷

换乘。

10.1.2 公交枢纽的整合

通过扩充与完善设施系统，以专用道和枢纽建设为突破口，首末站向枢纽集中，骨干线路向专用道集中，调整线网层次结构，保障公交线路运营速度和服务质量，扩展与延伸公交线网的服务面，实现公交系统的优化调整。

将服务客流的枢纽与服务车辆的站场的两种功能适度分离，是城市发展和建立多模式公共交通系统的客观需要。使乘客在枢纽内完成方式和方向的换乘，可以有效控制换乘产生的额外时间费用；通过枢纽空间的优化设计，可减少换乘的步行距离；通过枢纽提供的信息及其他服务，可减少换乘等候时间的不确定性；通过枢纽衔接不同等级、不同层次公交线路，可提高整个公交系统的运行效率。最后，将车辆的调度、营运组织尽量集中在枢纽建筑体内，可以解决公交运营的空间需求和对周边居民生活环境影响之间的矛盾。

一般来说，城市轨道交通与常规公交换乘设施有以下四种衔接模式，见图 10-2。

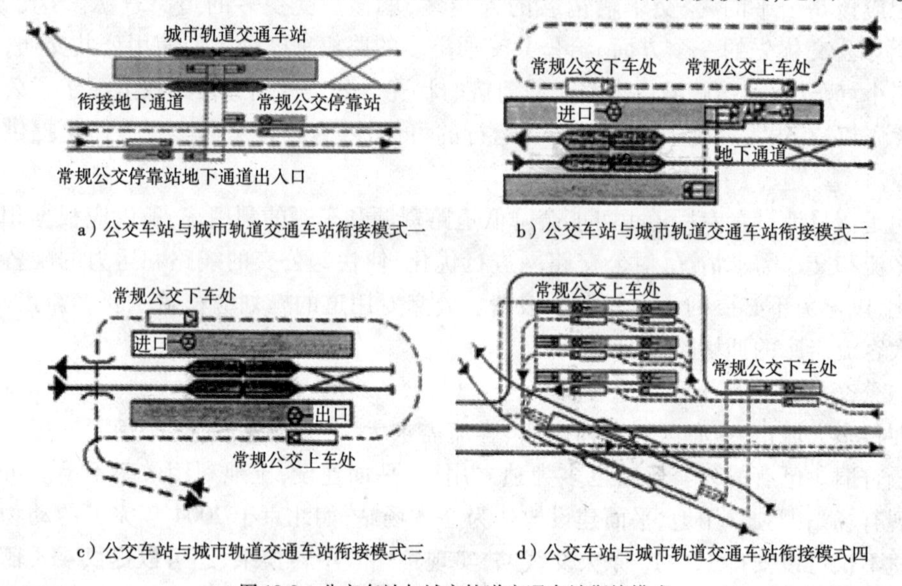

a）公交车站与城市轨道交通车站衔接模式一　b）公交车站与城市轨道交通车站衔接模式二

c）公交车站与城市轨道交通车站衔接模式三　d）公交车站与城市轨道交通车站衔接模式四

图 10-2　公交车站与城市轨道交通车站衔接模式

模式一：公共汽车直接在道路旁边停靠，将人行设施与城市轨道交通车站相连。往往适合于城市轨道交通线路和道路平行的情况，但是容易出现公交进出车站与其他道路交通相互干扰的问题。这种模式在我国较为常见，上海明珠线和北京一号线都采用该模式。

模式二：公共汽车与城市轨道交通处于同一平面，公交上下客车站与轨道交通合用同一侧式站台，并用地下通道联系两个侧式站台。该形式确保有一个方向换乘条件很好，而且步行距离很短，适合于城市轨道交通与公交换乘客流方向不均衡系数较大的情况。

模式三：公共汽车与城市轨道交通处于同一平面，使公共汽车到达站和城市轨道交通出发站同处一侧站台，而公共汽车出发站与城市轨道交通到达站同处另一侧站台。该接驳形式使城市轨道交通与常规公交共用站台，两个方向都有很好的换乘条件。

模式四：在繁忙的城市轨道交通车站，衔接的公交线路较多，上述模式会因停靠站空间不足而造成拥挤，影响周边交通。可采用集中布局模式，在路外把站台集中在一起。

第三种模式中换乘步行距离最短，是“车走人不走”的最好体现，方便公交线路的组织和其他交通流的集散，在西方发达国家较为常用。它不仅适合单一的地面城市轨道交通车站和常规公交的衔接，而且适合高架车站、交通综合体、火车站等各种情况。其应用的基础条件在于提供环绕车站的道路，可能需要修建立交，保证车站内的人流集散面积，如图 10-3 所示。

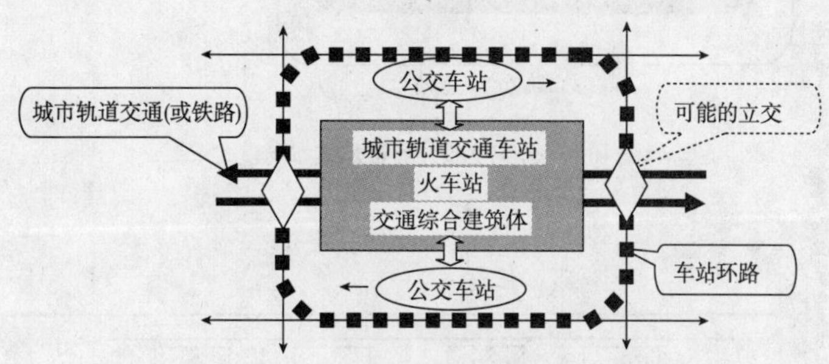

图 10-3　公共汽车与城市轨道交通衔接的推荐模式

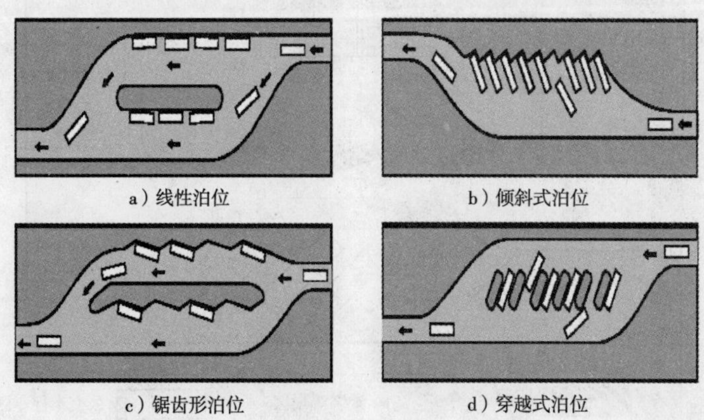

图 10-4　公交车站形式及公交枢纽布局模式

在公交枢纽站内公交车站可以采用四种形式:线性泊位、锯齿形泊位、倾斜式泊位和穿越式泊位,如图10-4所示。公交枢纽站的设置强调城市轨道交通和公交之间的换乘方便。从平面布局上看,常见的公交车站与城市轨道交通衔接布置有并行排列式、周边分布式、岛屿式三种模式,如图10-5~图10-7所示。

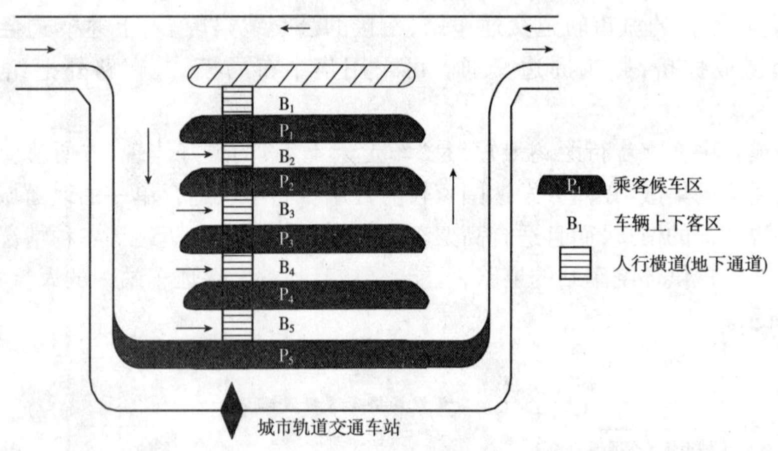

图10-5 公交枢纽并行排列式布局模式

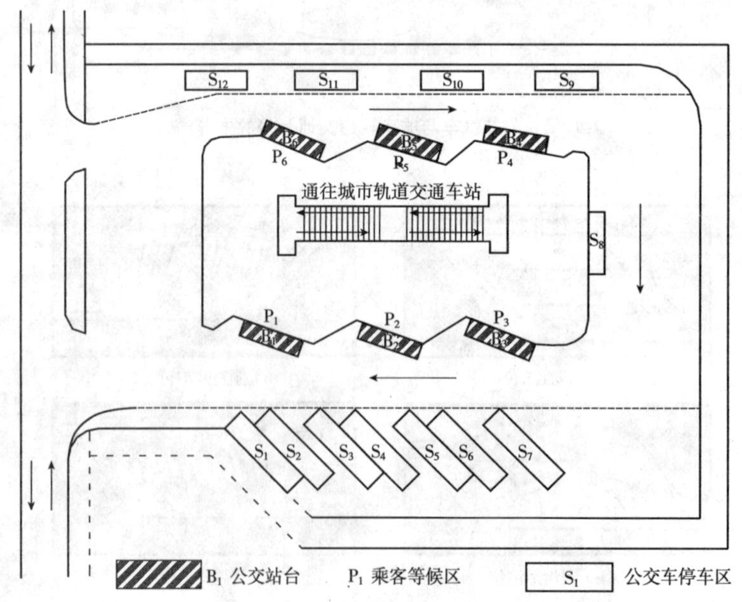

图10-6 公交枢纽周边分布式布局模式

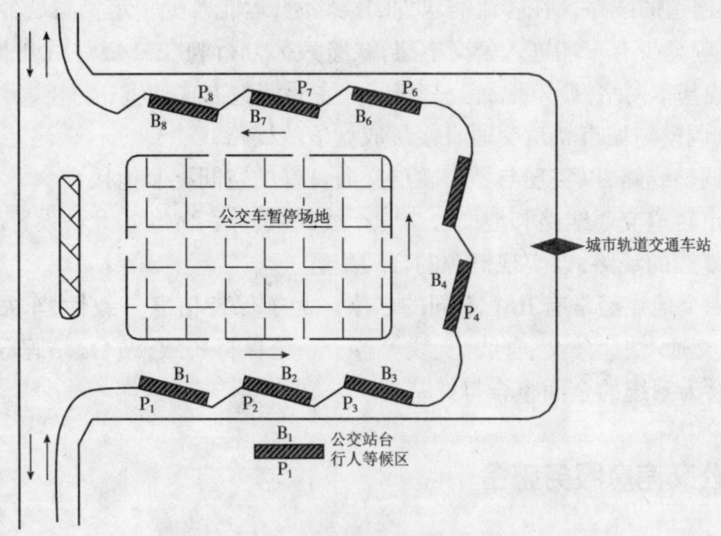

图 10-7　公交枢纽岛屿式布局模式

10.1.3　公交线网的整合

随着城市轨道交通基本线网的形成，中心城地面公交的职能将从原来全面承担长、中、短距离运输逐渐转向以中、短距离运输为主，向城市轨道交通线网驳运转移客流成为重要的任务，仅在没有城市轨道交通线路的区域，地面公交承担部分骨干客流，兼顾中长距离运输。地面公交线网仍然保持覆盖面广的优势，继续发挥重要作用。在郊区轨道交通线网还未充分覆盖的状况下，地面公交将与轨道交通共同搭架市域快速公交线网，在郊区新城和中心镇外部承担中长距离的出行，在郊区新城和中心镇的内部、重要枢纽、轨道交通站点附近承担中短的接驳服务。

随着上述职能的转变，公交系统应建立起多层次的线网，提供多层次的服务，满足多层次的需求。在城市轨道交通线网逐渐形成的过程中，及时调整公交线网，进行与道路、公交设施建设相协调的公交线网功能与结构、线路调整，形成各种线路互为呼应的多层次线网，提供多层次的服务，满足多层次的需求。多层次线网的形成有助于克服现状公交线网所存在的线网重复、运能分配不均衡、区域线路布设不均衡等弊端。通过布设专用道、线路走向、设站和票价的差别，形成优质主干公交、高密度普线、小运量便捷支线的分级公共交通体系，最终形成具有三级服务供应网络结构的公共交通一体化系统。

依托枢纽和公交专用道建设带动公交线网的优化与调整。在枢纽的有限空间内完成不同客流的转换和集散活动，与路面的车行交通形成空间上的人车分离，形成三个层次结构，明确城市轨道交通与地面公交之间的互补和配合关系。

在线路调整时，应主要考虑线路的直达性和历史延续性。在现状客运通道上尽可能全线覆盖客运通道的线路。在客流需求大的线路上，运能匹配一定要满足客流需求。

骨干线路应至少有一端进入公交枢纽，线路大部分行驶在公交专用道上。根据公交枢纽，结合快线基本网络，调整地面公交线路。主要调整方式如下：

(1)撤销、调整与城市轨道交通直接形成竞争的线路；

(2)局部调整线路，以实现与城市轨道交通良好的空间配套衔接；

(3)为城市轨道交通线路和地面公交骨干线提供驳运客流时，允许设置新线；

(4)合并复线的线路，以实现资源的合理配置。

最后，同一个地点经常有几个不同的名字。为了保持信息一致性，车站站名的设置要使城市轨道交通、快速公交、普线、支线等各个系统保持一致，站台、站牌等标志的设计也应尽量一致，为系统的全面整合打好基础。

10.2 公交信息服务整合

10.2.1 乘客公交信息服务系统

乘客公交信息服务系统为乘客的出行提供方便快捷的咨询服务，旨在为出行者在出行前或出行中选择交通方式和路径提供准确而及时的信息，还可提供公交系统的实时信息，如车辆到达时间、离开时间和延误时间等。运用先进的智能技术，可实现公交信息在多种媒体上的实时发布，为公交系统乘客提供系统外和在途的各种信息，创建信息翔实、清晰、乘坐便捷的公交系统。系统开发包括信息采集、处理、发布以及深加工利用等方面。

在出发之前，使乘客了解有何种交通工具可乘和如何选择最佳的公交线路及交通工具组合。可以通过互联网、公交热线电话、电子地图以及广播电台、报纸、电视等方式来获取这方面的信息。在出行期间，要通过广播电台、车载设备、交通导向标志、枢纽站查询机以及车站电子指示牌及时告知出行者车辆到站时间信息、换乘线路信息，或在有事故的情况下及时通告乘客以利于其改变线路，减少在换乘过程的等待时间。

10.2.2 公交智能管理系统

公交智能管理系统是通过在公交车上安装终端器通过通信技术，收集车辆运行有关的各种情报。通过收集到的情报，按时间给市民提供公交的间隔时间等运行情报，加大公交的使用便利性。运营公司也根据多种情报，监督和预防不规则驾驶。通过动态调度，调节发车间隔，保障公交运行的正点性及运力匹配。同时，可根据道路建设或大型活动等事件，确定路线变更。

实际工程中，应建设全市地面公交总运营管理中心和区域的或者分运营公司的运营管理中心,实时监控全市所有公交车辆的运行状况,记录各种运行状态数据。总运营管理中心由政府部门负责,承担全市公交系统运营计划的制订、运营情况的监控管理和实时调度;分中心执行公交运营调度计划和实时调度。

应加快实现区域智能运营调度系统的使用,以重点地区和客运枢纽为启动,以调度中心建设、车辆设备建设、车站设备建设、系统建设为主要工作,提高公交线路车辆的运营调度智能化管理,提高准点率、实现信息的全面动态采集。

10.2.3　公交智能卡系统

应用智能交通卡,有利于实现多模式票价整合和多方式换乘的一卡通用,是吸引和方便乘客乘坐公交系统的关键因素之一。

智能卡的基本功能是:按路径、站点、时间等分别记录公交客流信息,记录公交出行 OD 信息、换乘信息、收费信息等。

智能卡的交通功能应具备:不同公交付费功能,能够适应灵活的收费方式;具备其他消费功能和附加的功能,如旅游参观付费、购物、网上购物、纳税以及消费积分优惠等,使智能卡的使用范围更加广泛、灵活,也便于智能卡的推广使用。

全面实施地面公交智能卡售票系统,可为乘客提供方便、灵活的支付方式,实现乘客出行信息数据自动采集,为实现灵活的票制票价制度创造条件。

10.3　票制票价整合

一体化的票制票价体系应针对不同的乘客群体(如残疾人、老年人、儿童)、不同的出行选择方式(地铁、常规公交以及不同交通方式之间换乘)、不同的出行时间(高峰时段、平峰时段)设计合理的票制和价格体系。应将轨道交通、BRT、常规公交、出租汽车、停车场等各种公交方式的票制票价整合在一个网络系统进行整体设计。

10.3.1　城市轨道交通、BRT、常规公交

由于建设资金的来源渠道不同,各种交通方式间的车票收入也归不同部门。方式间的转换不可避免地要涉及不同交通方式间的车费问题。从乘客角度来说,换乘本身就是一种不方便的表现。要吸引乘客选择换乘,就必须在出行成本上,即出行时间和出行费用上吸引他们。随着公交优先策略的实施,在出行费用上也应进行调整。协调票价和实行联票制,使同一车票能被所有经过该站或该地区的公交企业所接受,避免乘客在换乘时购买车票所花费的时间。同时,联票也可降低乘客的出行费用。

在城市轨道交通、BRT、常规公交的票制构架形成的过程中,首先要制订基本票制结构,即单一票制、区段票制和辅助票制,然后确定适当的票种,即年票、季票、月票、周

票等。

通过对公交出行成本和地面公交、地铁运力匹配的研究，制订分阶段的公交、地铁票制票价整合方案。建立合理的票制票价体系，具体体现在以下几个方面：

(1)制订多样化票制；

(2)制订地面公交、地铁统一的票价体制；

(3)制订地面公交、地铁的基准价或按里程计价标准；

(4)制订地面公交、地铁的换乘计价标准，对定区定时的换乘实行优惠政策，鼓励通勤出行采用公共交通，既解决通勤出行问题，又满足不同层次的出行需求；

(5)制订智能卡的优惠标准。

地铁与地面公交内部的统一和相互之间的协调在经济方面体现在地铁与地面公交合理的比价、分账系统上，因此建立合理的地铁、地面公交的比价、分账系统是公交一体化的又一有力的保证。具体从以下三个方面入手：

(1)制订地铁、公交各系统之间的比价分账标准及执行方法；

(2)制订公交内部线路比价分账标准及执行方法；

(3)建立独立的票务管理公司。

10.3.2 停车换乘收费

制订具有吸引力的停车换乘收费政策，有利于一体化的公共交通发展。从经济的角度考虑换乘公共交通，大多数国家对于停车换乘都采取免费或低收费的优惠政策，大致有以下三类：第一类，停车免费，而公交换乘正常收费，如美国和英国。第二类，停车付费低廉或免费，公交换乘优惠。许多国家鼓励使用智能卡，以促使兑现停车换乘公共交通工具的收费优惠或免费政策，如新加坡。第三类，停车费用优惠，公交换乘则免费，但这种案例非常少。

停车换乘收费标准的制订主要考虑两方面因素：一方面，要有利于减少出行成本和节省出行时间，以满足大多数中等收入阶层的停车换乘出行者的出行需求；另一方面，与中心城区的停车收费体系相衔接。从国外的调查发现，选择停车换乘的重要原因是停车换乘的停车费比中心区停车费便宜。

10.4 公交体制、政策和管理整合

10.4.1 简化公交企业职能

城市公共交通是社会公益性事业，其发展要纳入公共财政体系，在管理体制和配套政策方面，政府的主要职能就是保障城市功能。对于公共交通的建设和运营，政府应加

强监管，制订票制票价，保证道路资源的配置，并给予运营企业必要的资金保证。而运营企业对于乘客，则应保证服务质量，为乘客提供最便捷的服务。乘客对于运营企业的服务和票款收入方面的问题可以向政府进行投诉，最终达到乘客、运营企业和政府三者多赢的目标，如图 10-8 所示。

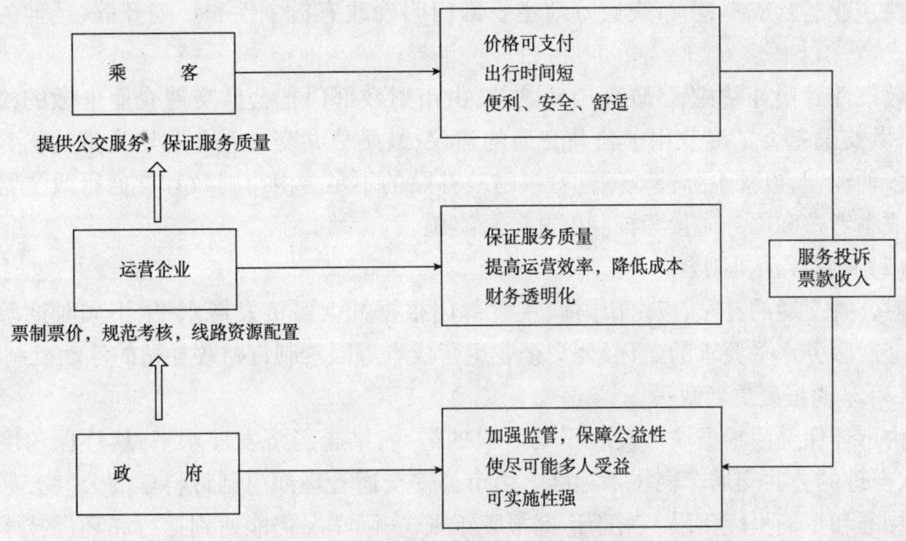

图 10-8　公交企业与乘客、政府的关系

将目前由公交公司从事的线路规划与调整、公交线路运营计划与服务标准制订、公交运营服务考核等职能剥离，由政府管理、实施。将线路的规划、审批、线路运营计划和服务标准制订权真正收归政府管理。成立专门的政府管理部门全面负责公交线网规划、线路运营计划的编制和调整工作，负责线路的运营招标和服务标准制的制订工作，负责公交运营计划执行情况监督和公交服务考核工作。

公共交通管理专职机构可在公交集团拆解的基础上，集团的中心管理层作为全市公共交通管理的专职机构框架，下属子公司作为独立的公交运营企业，参与到新的公交运营市场。

对公交线路的经营权进行招标，政府核算公交运营成本的基本标准，提出线路运营计划、服务品质要求、企业盈利标准，在统一管理和分配票款收入的基础上，企业负责提供满足标准的公交运营服务，并由政府考核企业的运营绩效，对企业进行奖罚。

10.4.2　配套政策实施

从国内外城市公交行业发展分析，公交管理存在不同的模式。应该说，不同模式的存在是公交行业发展与当地相结合的结果。哪一种模式更加有效很难一概而论。一般来讲，当政府实现对公交线路经营权后，公交企业在满足基本服务标准的同时，对政府提

出的进一步改善服务、提高品质的服务要求，相应给予补助政策，如公交企业盈利及亏损补贴政策、公交车辆更新政策、环保政策等。

(1)政策性亏损补贴机制

划分政策性亏损与经营性亏损范围。由市价格和财政主管部门确定当前票价是否能反映企业运营成本；由市交通行政主管部门明确政府指令性和计划开辟、延伸的线路范围。

政策性亏损补贴：除财政直接补贴外，由市财政部门把公共交通企业上缴的税费专设“公共交通基金”，专款用于公共交通的建议；鼓励公共交通企业利用自身的优势充分发展多种经营，以减少弥补政策性亏损财政补贴的不足。由市财政和交通行政主管部门制订成本考核和服务质量考核制度并监督实施。

(2)补贴浮动机制

对公共交通的补贴，应由市财政主管部门根据社会经济发展水平、不同时期政府对公共交通服务水平要求的变化、公交企业运营成本等因素制订财政补贴的浮动机制。

(3)车辆报废更新政策

由市环保部门根据城市发展不同阶段的需要，结合经济发展水平，从环保角度制订科学、合理的公共交通车辆技术标准。由市公安交通管理部门制订科学的公共交通车辆检测标准和车辆报废年限。对于达到报废年限、实际车况仍能达到运行和环保技术标准要求的公交车辆，可适当延长报废年限。由市财政主管部门制订公交车辆更新的财政贴息政策，鼓励公交企业加快车辆报废更新的速度，提高公交服务水平。

10.4.3 交通需求管理

鼓励公共交通发展对策，如设施用地优先安排，确保公交场站设施与土地开发项目同步建设；投资优先安排，路权优先分配，财税优先扶持等。在中心城内的旧城区和旧城以外的区域实行差别化收费，对于小汽车实施交通需求管理政策及一定的特许经营政策等，这些都为建设一体化的公共交通、提高公交出行比例提供了支持和保障。

10.5 与其他交通方式的整合

城市公共交通系统不能孤立地规划与实施，公共交通是城市的重要组成部分，公共交通系统应与其他交通方式充分整合以发挥最大效用。其他交通方式不应是公共交通的竞争对手，而是合作伙伴，他们相互结合，以满足乘客全方位的需求。应把其他交通方式当作公共交通系统的辅助形式，通过最大限度地整合公共交通系统与其他交通方式，努力挖掘潜在的客流。只有真正实现了良好的换乘条件，乘客才能得到安全、舒适的公共交通服务。

10.5.1　与步行系统的衔接

步行是实现公共交通出行不可缺少的环节。人们使用公交方式出行一般要经历步行到站、候车、乘车、步行换乘和步行到目的地等诸多环节,步行时间占了很大一部分,因此改善步行条件有助于提高公交的服务水平。在公交系统中,步行起到了接驳和换乘的作用,是乘客进行换乘的最直接的交通方式,承担了客流从家门到车站的集散。

步行系统主要是为了突出人与交通的协调关系,保护步行安全,确保安全过街、专用路权,提供舒适、和谐的步行环境;步行系统以公共交通系统作为支撑,与公交系统有效衔接整合,在商业区设置与机动车完全分离的步行街和步行区,只允许公共交通经过或靠近这些区域,既可以确保行人安全,又可以保证舒适的步行空间等,还可以提供多样化的公共交通服务供居民选择。

步行通道按实际情况划定,原则上步行半径按照 500m 范围控制。步行区域应该设置在公共交通车站覆盖 500m 的地区。步行系统应主要布设在步行人流量大的区域,联系不同功能区域。

步行系统设置时应注意:

(1)人车分离,安全穿越,确保连续、安全;

(2)强调绿化,设置树荫通道,构建舒适宜人的步行环境;

(3)利用沿线特色建筑、公园、广场绿地,突出特色,减少行人的步行疲惫感;

(4)基于居民出行需求分布布局,充分结合公共交通系统换乘的衔接;

(5)步行通道在一定范围内要有公共交通方式与其衔接,能够提供宽敞、舒适的公交服务;

(6)步行通道要能安全地连接主要出发地和目的地;

(7)有条件的区域可以设置低成本、有遮蔽的步行通道,以消除天气对行人的影响,从而使乘客可以舒适地到达最近的公交车站;

(8)在步行通道附近的公交车站要有可以达到各个方向的公共交通线路,以方便乘客换乘。

公交系统可以缓解中心的交通压力,而步行通道则可以集中乘客直接进入公交系统。因此,有必要在公交车站附近设置步行通道。

10.5.2　与自行车的衔接

自行车在我国城市交通中起着十分重要的作用,随着城市快速轨道交通的建设,许多人缩短了自行车的出行距离,转而骑车至轨道交通车站,然后换乘城市快速轨道交通到达目的地。除某些城市的地形特殊导致自行车的比例很低以外,一般的城市交通中,自行车都占有相当大的比例,如北京市区的紧凑用地布局和平坦地形适宜自行车的出行,自行车出行比例较高,自行车拥有和使用均达到较高的水平。而伴随机动车保有量的急速增长,公交服务水平又不能完全满足居民的出行要求,迫切需要对自行车通行道路系统进行调整、控制,协调自行车与各种交通方式的关系,做好公共交通与自行车的整合衔接,把部分自行车交通转移到公交方式中,优化城市交通结构。

随着城市轨道交通与道路公交的建设,可在轨道交通、常规公交增设自行车公共停车设施,发挥自行车接驳公交的优势。延伸公共交通的服务范围,是增加客流的有效方式。在进行规划时,必须要考虑适当的自行车道以及车站内停放自行车的位置,方便自行车停车换乘。许多人就可以骑车至公交车站,然后换乘公共交通到达目的地。

自行车的换乘客流来源一般在距车站500~2000m的范围内。为了实现自行车与公交的紧密衔接,必须解决好自行车的“行”与“停”的问题。自行车通行系统设置应注意:

(1)协调自行车与其他交通方式的设施、运行组织的关系,重点建立自行车与公共交通的换乘点。

(2)在主要公交车站、特别是快线的公交车站,均应考虑设置一定规模的自行车停车场地,结合车站出入口周围的用地和建筑物情况,在用地紧张的区域考虑设置地下停车场。

(3)在进行公交规划和非机动车通行系统规划时,要注意公交车站、换乘站与非机动车车道相结合的整合规划。

(4)充分利用道路绿化系统营造遮阳避雨的骑行环境。

自行车的停车场方便乘客在较短距离内实现换乘,节省换乘时间,也彻底解决了自行车乱停乱放的问题,同时提高了其安全性,有利于近距离乘客利用自行车进行二次换乘。

10.5.3 与出租汽车的衔接

出租汽车交通系统主要构成要素包括乘客、出租汽车、城市道路以及出租汽车站。各要素相互作用,实现“位移”这种特殊商品的生产。乘客通过出租汽车站与出租汽车联系,进入城市道路,必须通过对出租汽车、道路和出租汽车站统一管理来实现运输效益的最大化。

出租汽车交通,从道路效率和交通安全的角度考虑,应该实现人流和车流的分离。但出租汽车交通系统若被简单地分隔,完全割裂乘客和出租汽车的联系,就没有存在的必要了。出租汽车交通运营取决于行人和车辆的适度接触,行人需要能够随时随地、方便搭乘出租汽车。因此,出租汽车的发展要求出租汽车交通流和人行系统之间有必要的重叠交叉。在我国,目前没有解决的问题是:如何合理地实现出租汽车和乘客的有效衔接,既满足主要的出租汽车乘客的需求,又尽可能减少出租汽车对道路交通的干扰,而建立合理的路外出租汽车换乘系统是解决问题的可行办法。

枢纽的出租汽车换乘设施,即通过设置出租汽车站,满足乘客搭乘出租汽车的需求;为出租汽车进出道路系统提供缓冲的区域;实现交通功能转换,完成乘客在不同交通方式和出租汽车之间的换乘。枢纽出租汽车换乘设施的主要组成要素为:下客区域、等车循环区、排队区、上客区域,如图10-9所示。

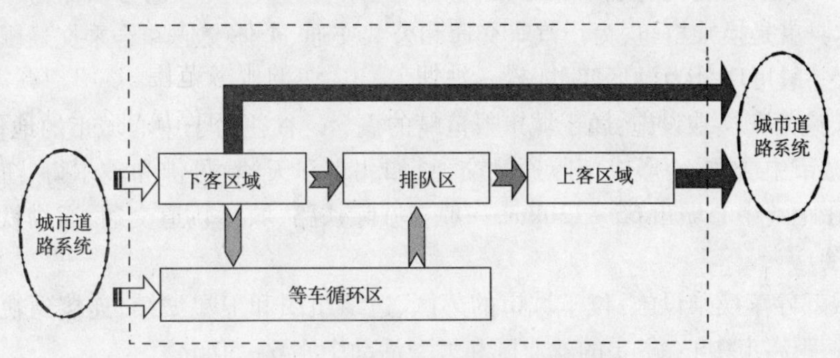

图10-9　枢纽出租汽车换乘系统的结构

出租汽车上下客区域可以在同一个位置,也可以分散布置。出租汽车下客区域的位置应尽可能设在车站进口附近较方便的位置;上客区相对可以灵活布置,尽量考虑人行系统相配合设计,其位置应较公共汽车、电车的停靠远点。出租汽车进出以及上下客的流线和等车循环区、排队区应尽可能与公共汽车、电车车行路线分离,减少出租汽车对公共汽车、电车停靠和行驶的干扰。同时,加强对出租汽车停靠的管理,保证其有序流动,禁止随意停车。

10.5.4　与私人小汽车的衔接

城市公共交通与私人小汽车的衔接主要是城市轨道交通、快速公交等与小汽车的衔接问题。私人小汽车的拥有者所追求的出行质量是快捷、方便及舒适,因此做好私人小汽车与轨道交通、快速公交的衔接可以引导一部分私人小汽车拥有者使用公共交通,从而缓解城市交通堵塞的问题。

随着我国城市经济的发展,小汽车越来越多地进入家庭,这给城市交通带来了相当大的压力,在市中心停车难的问题也更加明显。国外很多大城市都采用停车换乘(P&R)的模式来缓解机动车的增长给城市带来的交通压力。

停车换乘系统是指在城市中心区以外城市轨道交通车站、公交车站以及高速公路旁设置的停车换乘场地及辅助设施体系。停车换乘系统低价收费或免费为私人汽车、自行车等提供停放空间,辅以优惠的公共交通收费政策,引导乘客换乘公共交通进入城市中心区,以减少私人小汽车在城市中心区域的使用,缓解中心区域交通压力。也就是说私人小汽车可通过发展停车换乘设施与城市交通系统成功衔接,从而使私人小汽车更快地到达目的地。这样可以避免更多的私人小汽车进入市中心,缓解城市交通堵塞,改善交通环境。停车场与城市轨道交通、快速公交要有良好的换乘条件,也可以在城市边缘区的一些大型客流集散点规划建设小汽车停车场,为今后小汽车的停车换乘提供条件。

从狭义来说,停车换乘设施指的是布置在城市中心区外围,供小汽车出行者长时间停放小汽车,换乘轨道交通进入中心区。从广义来说,停车换乘也可以作为一种交通方式,甚至本身就是换乘枢纽,为小汽车交通和公共交通、个体交通和合乘交通提供相互衔接的场所,一般可以分为以下四类。

(1)长途停车换乘设施:属于城市群范畴的概念。往往由于中心城市的地价过高,转到相邻的城市中居住,而形成市际通勤交通,如北京和天津、丹佛和玻尔得、纽约和新泽西。坐落在距离中心城市65~130km,一般与城际铁路、城际轨道交通、通勤铁路以及高速公路相接。

(2)城郊停车换乘设施:位于城市的郊区、边缘组团和卫星城镇,连接到轨道交通和快速路上。距离市中心、主要的就业区和大型活动中心6~50km。

(3)市内内部停车换乘设施:在城市市区内部,连接到市区干线和城市主干道上,坐落在距离市中心2~7km的范围内。

(4)中心区外围停车换乘设施:在中心区的外围,连接到市区辅助线上,其主要功能在于保护中心区,禁止机动车交通进入中心区。

在停车换乘设施的规划设计中需要注意:停车换乘方式比较适合位于城市周边地区和高档居住小区的轨道交通车站;一般不适合位于中心城区的轨道交通车站,这是由中心区土地资源短缺和中心区调控要求所决定的。枢纽必须提供足够规模的停车泊位,满足停车换乘的需求。停车设施应力求靠近轨道交通车站。对狭义的停车换乘,最好是在车站的两侧建设停车楼,一侧直接连接对外快速道路和高速公路,另一侧使进入车站的行人步行距离最短,配备规模合理的步行通道,避免停车换乘乘客穿越城市道路以及与其他人流混杂,给换乘造成不便。应建立适合的停车场收费政策和管理措施,吸引乘客,并保证乘客的安全使用;减少停车场的交通影响,进行相应的交通组织,改善周边的交通"瓶颈";设置行车线路指示标志和停车诱导系统。

停车换乘设施的平面布局中,对于小汽车,主要考虑停车换乘和开车接送两种模式。根据公交与小汽车停车场的关系,可以将换乘衔接模式分为以下四类,如图10-10所示。

(1)换乘模式一:为路内换乘,公交车站为干道的路边港湾式停靠站,公交车站与小汽车停车场分离。以公交车的快速通过为主,停车场的出入口应设置在支路上。

(2)换乘模式二:为路外换乘,公交车站设在小汽车停车场内,公交车和小汽车混合。以公交服务小汽车为主,需要设置必要的人行设施,保证行人安全和方便性。

(3)换乘模式三:为路外换乘,公交车站和小汽车停车场分离,设置专门的回车道。

(4)换乘模式四:为路外换乘,多个公交车站共同构成了常规公交的换乘枢纽。

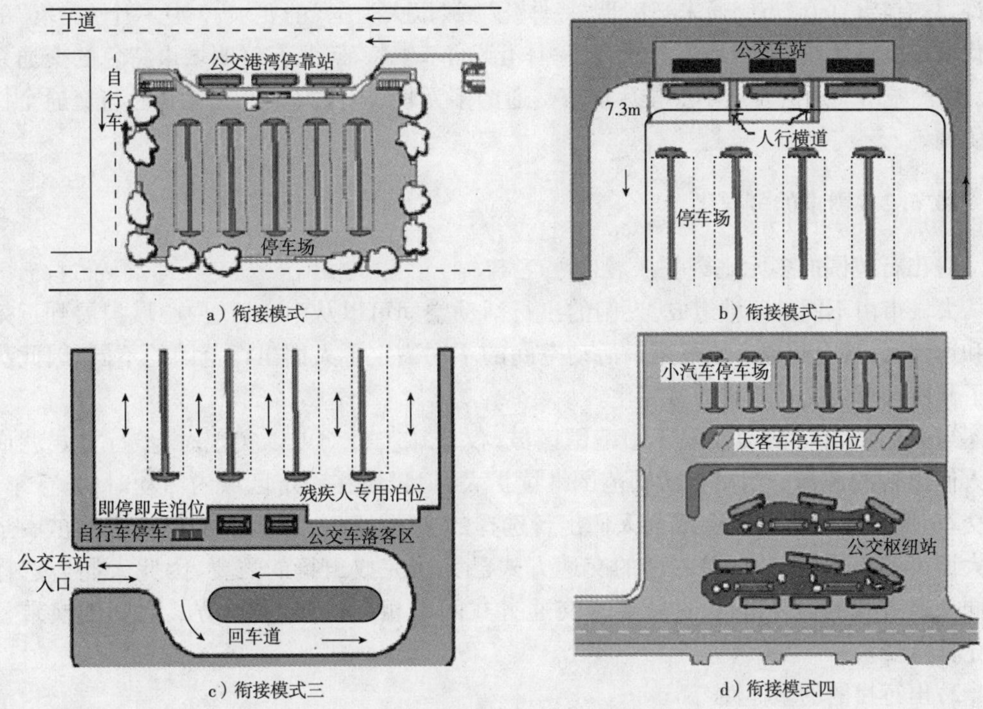

图10-10 停车场与公交站的布局模式

10.6 交通系统多元化

城市对"以人为本"交通系统的需求，使得一体化交通发展成为现代城市交通的基本特征。然而，城市交通发展战略的制订，除了坚持交通一体化，还应注重对城市特色的体现。正是基于以上观点，本书提出了基于一体化的城市交通发展多元化。

10.6.1 一体化不应排斥城市交通的多元性

尽管目前我国多数城市都面临着城市规模扩大、交通机动化、可持续发展等共同问题，但是任何城市在发展的过程中，都有各自不同的地理、历史、气候、人文条件，都有各自不同的发展阶段和发展目标。从这点而言，城市交通系统的发展应该具有其特殊性。例如，对于北京这样的特大城市而言，轨道交通必然承担主要的出行；而一些中小城市，各方式共存才是适宜的交通出行结构构成。对于我国北方城市而言，天气的寒冷使得公共交通远比摩托车受欢迎，而对于南方城市而言，摩托车、电动自行车大量发展很容易成为机动化初级阶段的普遍现象。因此，一体化交通系统的发展尽管从城市规划、建设、运营、管理各方面统一协调相互关系，但是"一体化交通"不应、也不能掩盖城市交通个性。

也许，具有特色的城市交通未必满足“一体化”或“以人为本”的要求，但是一个“典范”的现代城市交通系统，必然是一个既有“一体化”的基本特征、又有鲜明城市特色的交通系统。现代城市交通的发展不应排斥城市交通的多元性，应注重城市交通共性与交通个性的协调。

10.6.2 需求的多样化

1）出行范围的多元化

大城市由不同的区域组成，人们的出行活动空间可以从中心区、中心城扩展到近郊区和远郊区，甚至超越市域范围。活动空间的不同决定了人们出行范围的不同，因此决定了其所选择的交通方式的多元化。

当人们的出行活动仅限于小范围区域，仅依靠步行就可以实现时，步行方式就成为人们出行的选择。当出行活动范围继续扩大，但仍然在一定区域内活动时，自行车、公交车、摩托车等方式就会成为人们出行选择的主要方式。当人们的出行活动扩展至跨大城市的不同区域时，单一种的交通方式已无法完成出行的需要，因此人们会选择不同交通方式的组合出行，这就要求交通方式间的相互协调，交通方式之间的换乘显得尤其重要。

2）出行目的的多样性

人们的出行目的也是不同的，有工作和上学等通勤出行、购物休闲出行、就医出行、公务出行等。工作和上学等通勤出行一般选择公共交通方式，购物休闲、就医、公务等出行则会选择小汽车、出租汽车等相对比较灵活、方便的交通方式。

3）出行时段的多样性

出行时段主要分高峰时段和非高峰时段、工作日和非工作日。在高峰时段，城市道路交通比较拥挤，人们的出行一般选择以公共交通为主导、多方式衔接组合的方式，以减少出行时耗，提高出行效率，这就要求各种交通方式需要有协调性；在非高峰时段，城市道路交通相对比较通畅，人们会选择小汽车、出租汽车等方式。工作日人们主要选择公共交通主导的出行方式；在非工作日则可根据出行需要选择更加多样化的交通方式。

10.6.3 用地特点的多样性

大城市由不同的区域组成，不同区域有不同的用地特征，会产生不同的交通需求，而不同的交通需求需要不同的交通方式来适应。

大城市的中心区人口密度较高，就业岗位高度集中，交通发生量大。同时，大城市的中心区道路系统资源有限，能提供的道路容量相对较低，不可能容纳大量的小汽车交通。因此，大城市的中心区需要大容量的公共交通系统来支持，尤其是轨道交通系统的支持，需要发达的、高密度的公共交通网络（包括公交车线网和轨道线网）作为支撑。

与中心区相比,大城市郊区的用地布局相对分散,交通发生量也比较分散,郊区之间的出行比较分散。郊区低密度的城市用地布局、较低的出行量、分散的出行分布不适合发展容量较高的公共交通系统,否则会造成公共交通系统的高成本和低效率。小汽车灵活便捷和低容量的特征由正好适应了郊区的用地布局特征。

大城市郊区新城和中心城之间联系密切,交通需求量相对较大,由于新城与中心城之间距离较远,因此需要提供快速的交通方式为其服务,小汽车和市域快速轨道交通正好适应这种长距离的出行特征。与中心城内部出行相比,郊区新城与中心城之间的出行具有时段性特征,在早晚高峰时段,郊区新城与中心城之间的交通出行量大,其他时段则相对较小,因此高峰时段郊区与中心城之间的出行主要依赖于大容量的快速轨道交通。郊区与中心城之间的出行特征决定了两者之间需要提供一种复合式的交通走廊来支持,即高速公路与快速轨道交通形成联系郊区新城与中心城的复合走廊,提供不同的服务,满足不同的出行需求特征。

由于交通方式与城市用地有着密切的关系,因此以交通引导城市用地布局调整和城市结构优化成为交通与城市用地规划相结合的模式。TOD 成为当今世界大城市交通引导城市发展的主要模式。

10.6.4　社会收入的差别

社会的不同阶层有不同的收入水平。高收入的阶层对交通出行的要求更高,这类阶层的人需要的是既快速、又便捷的交通方式,小汽车、出租汽车等成为其出行的主要选择;低收入的阶层强调出行的低消费,因此一般选择步行、自行车等慢行方式或公交车等低票价的交通方式;中等收入水平的阶层的出行既考虑了出行的快速、便利,又要考虑出行消费,因此他们会根据不同的出行目的来选择不同的交通方式,公交车、出租汽车、小汽车和轨道交通等多方式的组合往往是这类阶层出行的最佳选择。

10.6.5　环境保护的客观要求

交通与城市环境是密不可分的,交通的发展在为人们的出行带来便利的同时,又给环境造成了一定的影响。机动化带来的噪声和机动车的各种尾气排放成为交通给城市环境带来的主要危害。

不同的交通方式对环境的影响是不同的。公交车、轨道交通等集约化交通方式对城市环境的影响比较小,而摩托车、小汽车等个体交通方式带来的噪声和尾气污染对城市环境影响最大。城市发展的不同阶段,人们生活水平的多样化对环境的要求是不同的,因此会出现不同的交通方式选择。随着城市经济的发展,人们生活水平的不断提高,对城市环境保护的要求也越来越高。城市在为人们提供了良好的出行环境的同时,也要为市民营造一个宜人的居住环境。

第11章 多层次公交线网规划决策支持系统

公交线网规划是一个涉及复杂决策过程的多目标多参数优化问题。应用数学规划等方法难以得到有效解决,通过开发辅助决策系统有利于决策者对规划方案进行预评估,得到需要的评价指标结果,从而有利于备选方案优选。本项目基于自主知识产权的地理信息系统开发的交互式辅助决策系统,实现了包括线网查询、线网评价、交通小区评价、枢纽重要度评价、公交覆盖区域评价及公交客流评价分析等功能。在此基础上,基于ARCGISENGINE + C#平台进行公交线网规划方案辅助决策系统二次开发,进行各种交通指标计算、交通数据统计,建立交通评价模型求解,具有 ARCGIS 强大的图形显示功能,能更好地辅助科研、规划决策。

11.1 GIS 技术发展综述

11.1.1 地理信息系统发展阶段

GIS 是地理信息系统的简称,是一种采集、存储、管理、分析、显示与应用地理信息的计算机系统,也是分析和处理地理数据的通用技术。地理信息系统的发展可以以下分为四个阶段。

(1)20 世纪 60 年代为地理信息系统开拓期,注重于空间数据的地学处理。例如,在 20 世纪 60 年代初期,加拿大建立了世界上第一个 GIS——加拿大地理信息系统(CGIS, Canadian GIS),用于自然资源的规划与管理。对这个时期的地理信息系统的发展来讲,专家的兴趣和政府的推动起着积极的引导作用,并且大多数地理信息系统应用限于政府及大学的范畴。早期的 GIS,由于计算机运行速度慢、存储容量小,空间分析功能极为简单。

(2)20 世纪 70 年代为地理信息系统的发展巩固期,注重于空间地理信息的管理。这种发展应归结于以下三个方面的原因:一是各国政府对资源开发、利用乃至环境保护问题的关注,产生了对 GIS 技术强烈的需求;二是计算机技术迅速发展,数据处理速度加快,内存容量增大,尤其是计算机硬件价格下降,使得政府部门、学校以及科研机构、私营公司也能够配置计算机系统,而且在软件方面,出现了利用关系数据库管理的新型地理信息系统软件;三是专业化人才不断增加。这个时期地理信息系统发展的总体特点是 GIS 在学术研究方面取得了长足的进展,但在实际应用方面尚未取得重大的突破。

(3)20 世纪 80 年代为地理信息系统技术的推广应用时期,注重于空间决策支持分析。地理信息系统的应用领域迅速扩大,从资源管理、环境规划到应急反应,从商业服务区域划分到政治选举分区等,涉及许多学科与领域。许多国家制订了本国的地理信息系统发展规划,启动了若干科研项目,建立了一些政府、学术性机构。这个时期地理信息系统发展最显著的特点是商业化实用系统进入市场。在这一时期,出现了 ACR/INFO、Mapinfo、TransCAD 等大量商业化地理信息软件。

(4)20 世纪 90 年代为地理信息系统的用户时代。一方面,地理信息系统已经成为许多机构必备的工作系统,尤其是政府决策部门在一定程度上由于受地理信息系统的影响而改变了现有机构的运行方式、设置与工作计划等;另一方面,社会对地理信息系统的认识普遍提高,需求大幅度增加,从而导致地理信息系统应用的扩大与深化。

11.1.2　地理信息系统特点

同一般的信息系统相比,地理信息系统具有以下特点:

(1)地理信息系统在分析和处理问题中使用了空间数据和属性数据,并通过数据库管理系统将两者联系在一起共同管理、分析和应用,从而提供了认识地理现象的一种新的思维方法;而管理信息系统则只有属性数据库的管理,即使存储了图形,也往往以文件形式等机械方式存储,而不能进行有关空间数据的操作,如空间查询、检索、相邻分析等,更无法进行复杂的空间分析。

(2)地理信息系统强调空间分析,通过利用空间分析模型来分析空间数据,地理信息系统的成功应用依赖于空间分析模型的研究和设计。

(3)地理信息系统的成功应用不仅取决于技术体系,而且依靠一定的组织体系。

(4)虽然信息技术对地理信息系统的发展起着重要的作用,但是实践证明,人的因素在地理信息系统的发展过程中具有越来越重要的作用,地理信息系统许多的应用问题已经超出技术领域的范畴。

11.2 公交GIS信息系统

公交GIS信息系统就是集成公交客流分配技术、公交网络优化技术、公交调度优化系统等关键基础信息,主要面向公交规划与管理的需要、利用GIS技术构建的信息系统。

11.2.1 公交基础信息引入GIS技术的必要性

公交基础信息所集成的信息大部分与空间地理位置密切相关,如公交线路走向、人口用地布局等。各项关键技术的决策过程也大多与空间地理位置密切相关。例如,对于公交线路的优化布设问题,就需要考虑道路网布局、相邻线路走向、人口分布等与空间位置密切相关的信息。在常规手段支持下(譬如纸质地图),规划者很难综合、定量地考虑各个空间因素的影响,需要引入一种能够支持空间分析决策的技术。

而GIS技术的发展注重于对空间决策的支持,GIS的空间分析与决策功能是其区别于其他信息系统的重要特征。在这种情况下,在公交基础信息系统中引入GIS成为一种必然。而且GIS技术在我国城市相关领域的应用,为GIS技术在公共交通系统中的应用提供了较好的数据基础。在我国相当一部分大城市中,为加强城市规划管理工作的需要,GIS技术在城市规划部门都有一些或深或浅的应用。此外,GIS技术在我国城市市政管理部门也有一些成功的应用。例如,深圳市利用GIS技术开发的道路维护信息系统,在城市道路管理工作中得到应用,并且取得较好的成果。在公交基础信息系统中采用GIS,为利用城市规划、市政管理等部门的基础设施资料提供了技术上的可行性。

11.2.2 公交基础信息与GIS的结合模式

公交GIS信息系统是各项关键技术的基础信息支持系统,其本身包括一些对初始信息的分析模型和处理方法,带有决策支持系统的特点。关于GIS与信息系统的结合,传统的方式为以下四种模式。

模式1:在GIS基础软件与应用分析模型之间,通过文件存取方式建立数据交换通道。

以数据文件外挂的形式,将GIS与信息系统相结合是一种简单、易行的方式,但其没有真正实现两者的结合。在这一模式中,同一数据文件在信息系统和GIS系统中有不同类型的文件副本,很难动态地保持这些副本数据之间的一致。

模式2:直接使用GIS软件提供的二次开发语言编制应用分析模型。

目前出现的 GIS 商用软件对空间数据的分析支持得较好，但其对非空间数据的支持则远不如其他商用数据处理软件，如 Oracle、Access 等。因为 GIS 支持非空间数据的能力较弱，使得对这些数据深入分析较为困难，该模式只能实现有限的决策支持功能。

模式 3：利用专业程序设计语言开发应用模型，并直接访问 GIS 软件的内部数据结构。

这种模式是一种系统耦合度最好的模式，但这种模式开发难度最大，实现最为困难。集成模式中，开发人员需从系统最底层做起。例如，设计基本的 GIS 空间函数，开发工作量很大，而且系统设计复杂。

模式 4：通过动态数据交换（DDE），建立 GIS 与应用模型之间的快速通信。

这是在 DDE 技术发展起来以后，对模式 1 的改进，可避免频繁的文件数据交换所带来的效率降低，也避免了从 GIS 外部直接访问 GIS 数据结构的代价。但是，GIS 与应用模型仍然是分离的。

从表 11-1 可以看出：这四种模式都不是最佳的结合模式。组件式 GIS（ComGIS）的出现为 GIS 的二次开发和应用带来新的思路。组件式 GIS 是基于组件式软件技术的。组件式软件技术包括组件式对象模型（COM）和 ActiveX 控件。

GIS 与信息系统结合模式比较　　表 11-1

模式类型	系统的耦合度	系统的统一性	决策支持能力	开发难度
模式 1	低	差	较强	简单
模式 2	中	好	弱	一般
模式 3	高	好	强	难
模式 4	中	一般	较强	一般

COM 是组件式对象模型（Component Object Model）的英文缩写，是 OLE（Object Linking &Em – bedding）和 ActiveX 共同的基础。COM 不是一种面向对象的语言，而是一种二进制标准。COM 所建立的是一个软件模块与另一个软件模块之间的链接，当这种链接建立之后，模块之间就可以通过称之为“接口”的机制来进行通信。ActiveX 是一套基于 COM 的、可以使软件组件在网络环境中进行互操作而不管该组件是用何种语言创建的技术。作为 ActiveX 技术的重要内容，Active X 控件是一种可编程、可重用的基于 COM 的对象。ActiveX 控件通过属性、事件、方法等接口与应用程序进行交互。

几大著名的 GIS 软件公司纷纷把 COM 技术应用于 GIS 开发，推出由一系列 ActiveX 控件组成的 ComGIS 软件，如 Mapinfo 公司的 Mapx 、ESRI 的 ArcENGINE 、Intergraph 公司的 GeoMedia 等。

组件式 GIS 的基本思想是把 GIS 的各大功能模块划分为几个控件，每个控件完成不同的功能。各个 GIS 控件之间以及 GIS 控件与其他非 GIS 控件之间，可以方便地通过可视化的软件开发工具，如 VisuaStudio 集成起来，形成最终的 GIS 应用。

同传统的 GIS 结合模式相比,组件式 GIS 具有以下几方面特点:

(1)实现了空间数据与其他数据的有效无缝结合。

ComGIS 不依赖于某一种开发语言,可以嵌入通用的开发环境(如 Visual Studio 和 Delphi)中实现 GIS 功能,其他专业模型则可以使用这些通用开发环境来实现。因此,使用 Com GIS 可以实现高效、无缝的系统集成。

(2)系统的开发容易,无需学习专门开发语言。

传统的 GIS 往往具有独立的二次开发语言,如 MapInfo 的 MapBasic、Arc/ Info 的 AML 等。对 GIS 二次开发者而言,学习 GIS 二次开发语言是不小的负担,而且使用系统所提供的二次开发语言,开发往往受到限制,难以处理复杂问题。ComGIS 则不需要额外的 GIS 二次开发语言,只需实现 GIS 的基本功能函数,按照 ActiveX 控件标准开发接口。这大大减轻了 GIS 软件开发者的负担,而且增强了 GIS 软件的可扩展性。GIS 应用开发者,不必掌握额外的 GIS 开发语言,只需熟悉基于 Windows 平台的通用集成开发环境以及 ComGIS 各个控件的属性、方法和事件,就可以完成应用系统的开发和集成。目前,可供选择的开发环境很多,如 Visual C++、Visual Basic、C#等。

(3)既充分发挥 GIS 技术空间数据分析管理的特长,又避开了 GIS 在处理常规数据能力方面较弱的缺点。

信息系统与 GIS 相结合的重要内容是将 GIS 的空间数据分析功能纳入进来。所以在公交基础信息系统中,GIS 与其结合的最佳模式是 ComGIS 模式,即以公交信息系统为核心,将 GIS 中有关支持空间分析、空间查询等功能的控件与公交信息系统相集成,以实现与空间地理信息相关的分析和操作。

11.3 基于 AE+C#平台的公交线网规划辅助决策系统

11.3.1 背景介绍

随着计算机软件技术的发展,组件技术已经成为 GIS 应用开发的主流,组件技术具有面向对象、语言无关等特性,把 GIS 的各大功能模块划分成若干个组件,每个组件完成不同的功能,用户可根据实际安装所需的 GIS 组件。各个 GIS 组件以及 GIS 组件和其他非 GIS 组件之间,可以通过可视化开发工具方便地集成起来,形成兼有属性数据处理和空间数据处理的应用系统。

ArcEngine(下文简称 AE)是美国 ESRI 公司提供的一个 GIS 技术框架,它是基于 Micosoft 的 COM 技术开发的一套 COM 组件对象集。这个组件提供了几乎全部底层 GIS 功能,就连 ArcGIS(ESRI 公司的桌面版的 GIS 商业软件)软件本身都是使用 ArcEngine 开发的 GIS 应用程序。

使用 AE 进行的 GIS 二次开发，就是采用通用的软件开发平台，如 C#. NET、VB. NET、Visual C + + 等，按照项目的具体需求将 AE 的功能组件重新进行组装，以集成一个更强大、更复杂的 COM 组件或应用程序的过程。使用 AE 进行组件式 GIS 二次开发，是目前最流行、最灵活、最稳定的 GIS 开发方式。

本软件的研究基础就是在 ARCGISENGINE + C#平台进行二次开发(图 11-1)，与传统的交通规划软件(TRANSCAD、CUBE 等)相结合。由于现有版本的交通规划软件的空间数据文件可以和 ARCGIS 完美结合，根据这一特性，将传统交通规划软件模型数据与 ARCGIS 进行整合，利用 ARCGIS 开发的灵活性，在独立开发平台，依据各种需求，进行有针对性的二次开发，建立一套辅助决策系统，进行各种交通指标的方便计算、交通数据统计，建立交通评价模型求解，同时也具有 ARCGIS 强大的图形显示功能，能更好地辅助科研、规划决策。

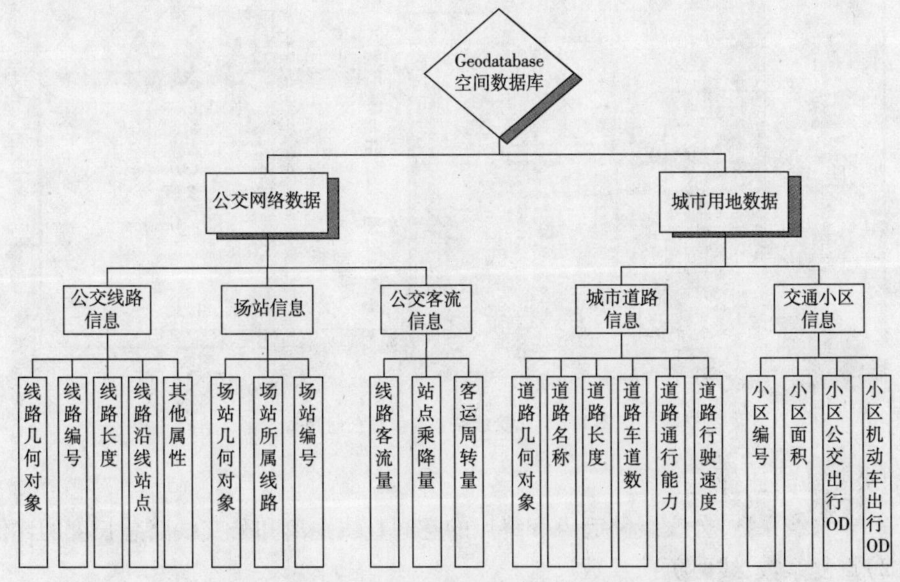

图 11-1　基于 ARCGISENGINE + C#平台的多层次公交线网辅助决策系统框架结构图

11. 3. 2　公交线网规划辅助决策系统功能

目前，软件主要实现了包括公交评价(包括普通公交与地铁)、交通小区评价在内的诸多功能，由于 ARCGIS 开发的灵活性，多元数据的可融合特性，用户可以提供不同类型的 GIS 数据以及不同交通规划软件交通模型(如 TRANSCAD、CUBE)所输出的数据，在平台内进行评价，辅助决策。

1) 地图显示功能

地图浏览、放大、缩小(支持鼠标滚轮)、移动(按鼠标左键拖动地图移动)，可以全局缩放地图,同时软件还具有鹰眼功能,可以方便快捷地查询地图元素。

多个图层显示,界面左侧为图层选择,包括道路网、公交线网、公交站点、铁路站点、地铁线网、地铁站点、交通小区等。

界面中心区为地图显示、主界面,包括中心地图显示区、左侧图层控制及路段显示控制窗口,左下角为鹰眼窗口。

2)公交线路基本信息查询及交通信息查询功能(图 11-2)

可以进行公交线路查询,包括线路名称、长度、站点数;交通小区查询包括小区编号、居民出行量、机动车出行量等信息以及两个小区之间的出行 OD(全天,高峰小时)量。

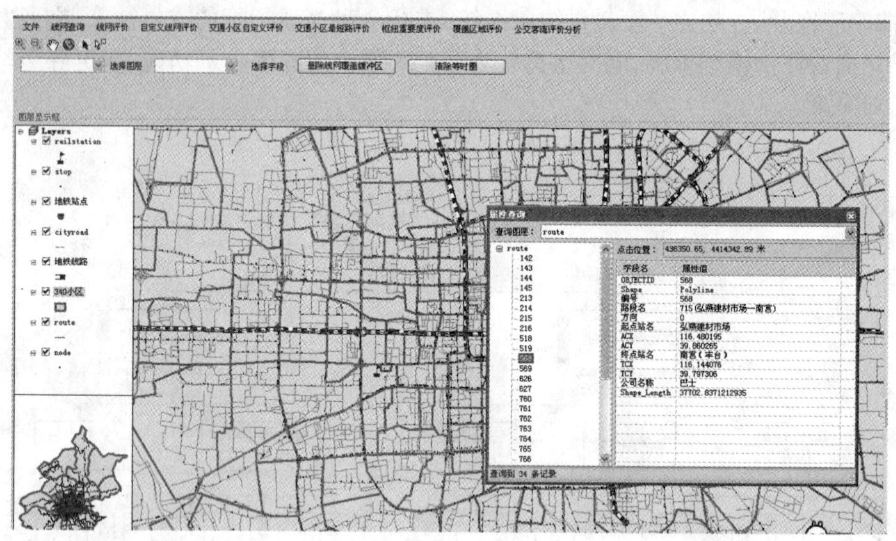

图 11-2　公交线路基本信息查询界面

3)公交线路评价

(1)非直线系数,公交线路起点和终点的空间直线距离和公交线路总长度的比值。

(2)重复系数、线路负荷系数。

(3)公交线路覆盖区域分析。

4)区域线网评价(图 11-3)

(1)公交线路个数和站点个数:查询区域内存在的公交线路个数和总的公交站点个数。

(2)公交线网密度:查询计算区域内每平方公里存在公交线网的总长度。

(3)线路覆盖率:查询计算区域内每平方公里存在公交线路个数。

(4)站点覆盖率:查询计算区域内每平方公里存在公交站点总个数。

(5)人口覆盖率:查询计算区域内每一千人平均拥有的公交站点个数。

(6)重复系数:区域内公交线网的长度和道路长度的比值。

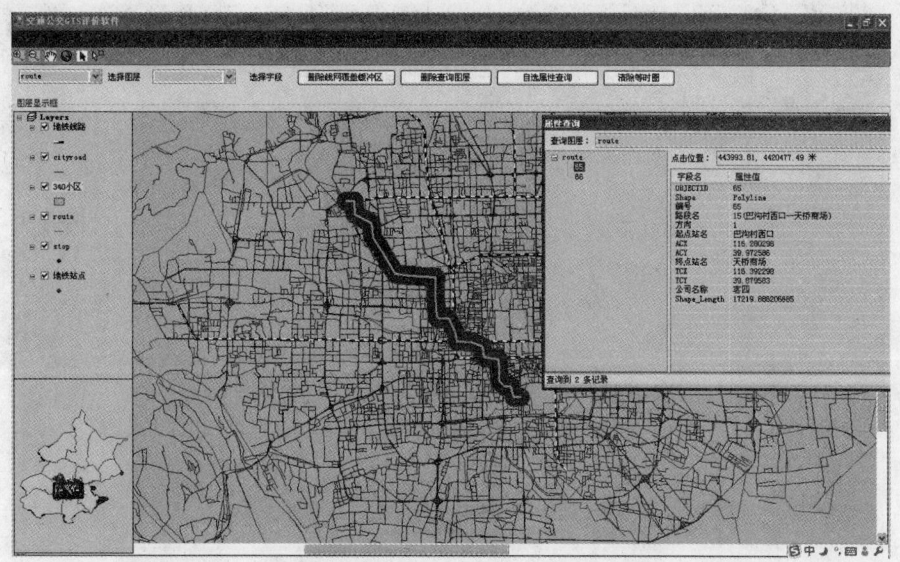

图 11-3　公交线路覆盖区域评价

5）交通小区区域公交评价

以交通小区为单位，统计小区内部的各种指标（区域线网评价功能内的各种指标）。

公共交通承载力：小区内公共交通运力与交通小区内实际出行所需公共交通运力之比，用来表征小区内的公共交通是否满足公交出行需求。

6）交通小区公交最短路径评价

以小区为出行起讫点，计算两个小区之间公交最短出行时间、最短换乘次数、最短公交出行距离；每个小区公交出行等时圈评价，小区公交可达性计算如图 11-4、图 11-5 所示。

7）节点枢纽重要度评价

以公交线路网节点为单位，计算公交路网节点的枢纽重要度（图 11-6），用来表征公交线路网节点在整体公交路网节点的客流集散强度，作为客运枢纽的重要指标。

8）公交影响区域评价

分析公交站点与公交线路、800m 影响区域内各个交通小区所影响的面积、各个交通小区所影响的出行人口数（图 11-7）。

9）公交客流分析评价

查询公交线路客流数据、公交站点上下车客流量、道路断面流量。

线路客流负荷度（图 11-8）：公交线路流量与最大载客容量之比。

线路断面客流方向不均匀系数：最大断面客流量与平均断面客流量之比。该指标反映了线路承担客流的均衡程度，用以评价线路的客运效率。

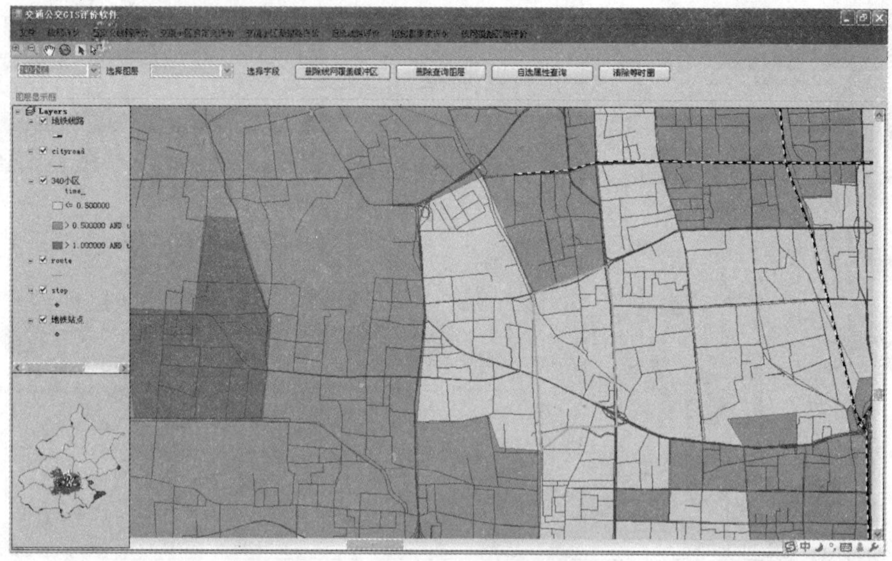

图 11-4　小区公交出行等时圈评价

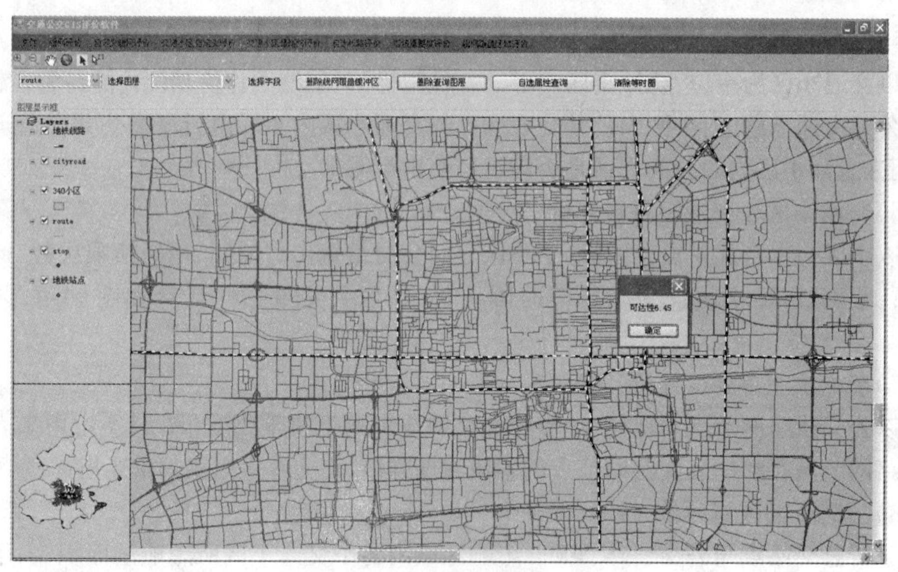

图 11-5　小区公交可达性评价计算

线路客流发现不均衡系数:一条线路最大方向客流量与双向客流量平均值的比值,表示一条线路在高峰小时内不同方向客流量的差异。

道路断面负荷度:道路断面公交客流量与道路断面最大实际公交载客容量之比。

10)地铁线路与普通公交线路间评价

(1)计算轨道交通的直接吸引范围内,与轨道交通相平行的普通公交线路总长度与轨道交通线路/线网总长度之比，该指标主要反映普通公交与轨道交通之间的竞争关系。

(2)计算平均每公里城市轨道交通线路与其交叉的普通公交线路条数，反映普通公交与轨道交通的协调关系(图 11-9)。

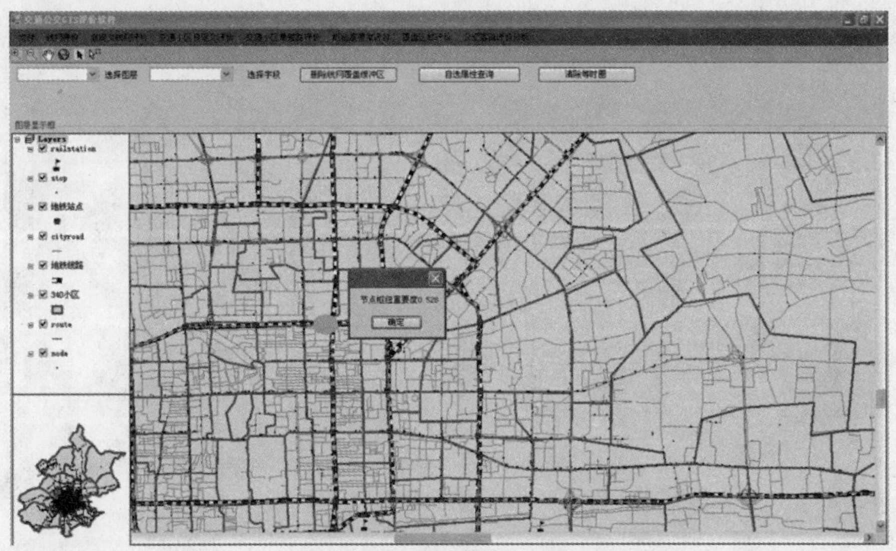

图 11-6　枢纽节点重要度评价结果

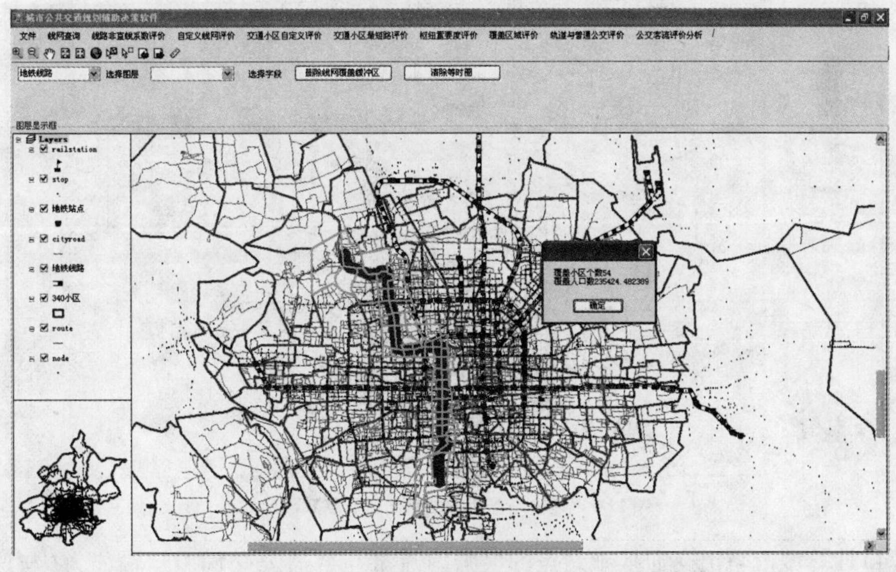

图 11-7　公交线路覆盖区域与人口计算

(3)统计分析在轨道交通站点不同距离区域内的普通公交站点，与轨道交通站点建立关联度。一方面反映轨道交通站点的布局合理性，另一方面反映轨道交通站点能有效地与普通公交衔接。

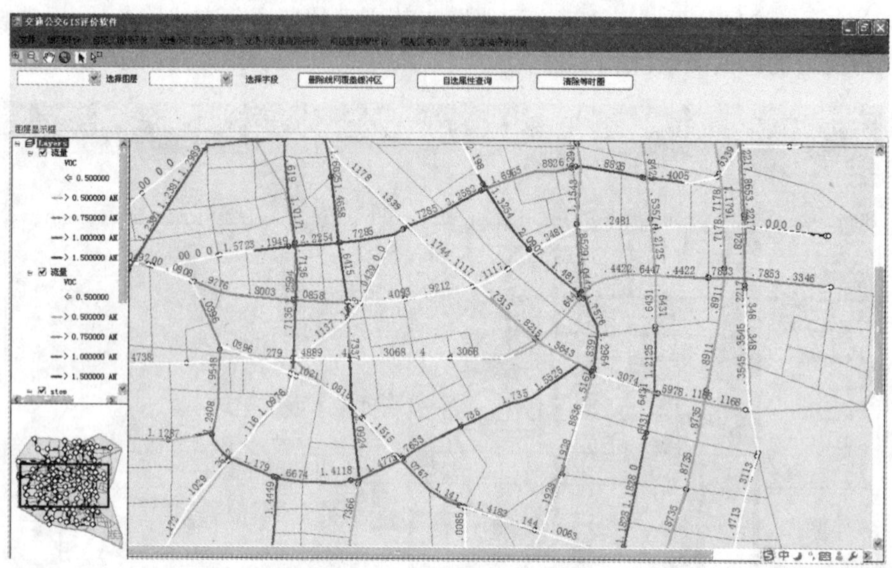

图 11-8　公交线路负荷度评价结果图

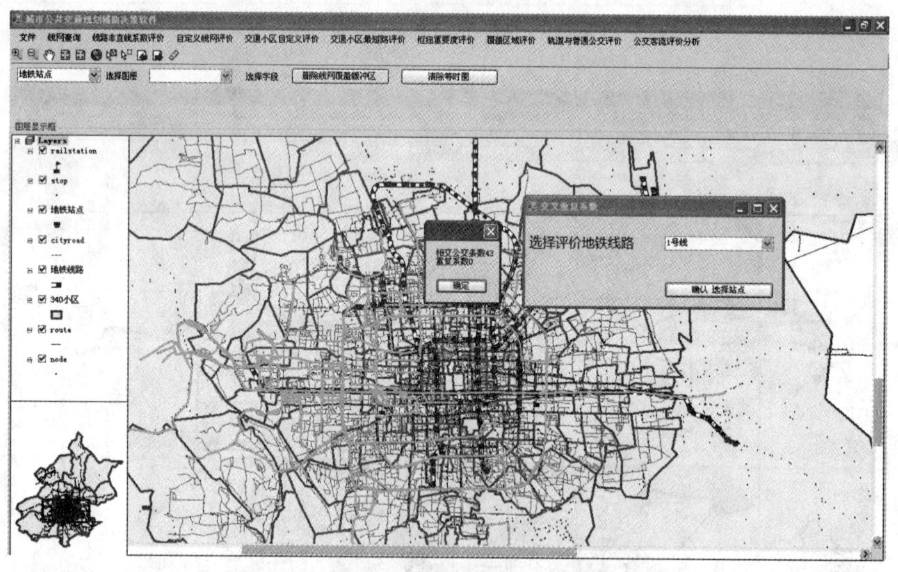

图 11-9　地铁与普通公交交叉与重复系数计算

(4)计算城市轨道交通换乘站点的换乘客流量与普通公交伺服运输能力(与该站点有换乘关系的公交线路的运输能力)的比值,用来衡量普通公交的伺服能力与轨道交通运输能力的匹配程度。

参 考 文 献

[1] Lampkin and Saalmans. The design of routes, Undertaking: A case study[J]. Transportation Research, 1967.

[2] Chua, T A. The planning of urban bus routes and frequencies: a survey[J]. Transportation, 12, 1984: 147 - 172.

[3] Baaj, M H, Mahmassani, H S. Trust: a lisp program for the analysis of transit route configurations[J]. Transportation Research, 1995, 1283: 125 - 135.

[4] Fang Zhao, Albert Gan. Optimization of transit network to minimize transfer[R]. Prepared for Research Center Florida Department of Transportation, 2003: 5 - 140.

[5] Fang Zhao, Ike Ubaka. Transit network optimization - minimizing transfers and optimizing route directness [J]. Journal of Public Transportation, 2004, 7(1), 63 - 82.

[6] 吴稼豪, 李硕, 卢丙成. 城市公共交通车线网络设计的一种优化方法[J]. 上海理工大学学报, 1983(04).

[7] 刘清, 衷仁保, 朱志勇, 等. 实现城市公交线网优化的数学模型和广义 A＊算法[J]. 系统工程理论与实践, 1992(02).

[8] 张国伍, 钱大琳. 公共交通线路网多条最短路径算法[J]. 系统工程理论与实践, 1992(04).

[9] 王炜. 实用公交线网规划方法研究[J]. 东南大学学报, 1990, 20(4): 81 - 88.

[10] 王炜, 杨新苗, 陈学武. 城市公共交通系统规划方法与管理技术[M]. 北京: 科学出版社, 2002.

[11] 王志栋. 公交线网优化模型的建立[J]. 大连铁道学院学报, 1997, 18(4): 31 - 34.

[12] 杨超, 李彬. 城市公共交通线网优化的图论模型与算法[J]. 同济大学学报, 1998(6): 294 - 298.

[13] 韩印, 李维斌, 李晓峰. 城市公交线网调整优化 PSO 算法[J]. 中国公路学报, 1999, 10(3): 100 - 104.

[14] 韩印, 鲁立刚, 李晓峰. 蚂蚁算法在智能公交网络优化中的应用研究[J]. 计算机工程与应用, 2005(30): 189 - 191.

[15] 刘闯, 韩印. 基于遗传算法的智能化公交网络优化方法研究[J]. 计算机工程与应用, 2003, 34: 208 - 209.

[16] 林伯梁, 杨富社, 李鹏, 等. 基于出行费用最小化的公交网络优化模型[J]. 中国公路学报, 1999, 12 (1): 79 - 83.

[17] 常玉林, 胡启洲. 城市公交线网优化的线性模型[J]. 中国公路学报, 2005, 18(1): 95 - 98.

[18] 戴帅, 刘小明, 陈艳艳. 基于站距的公交网络优化模型[J]. 北京工业大学学报, 2007, 33(6): 608 - 612.

[19] Khaled F Abdelghany. A modeling framework for bus rapid transit operations evaluation and service planning[CD]. 83th Annual Meeting of Transportation Research Board, 2004.

[20] Eric Holemna. Selecting corridors for bus rapid transit using a multicriteria method[CD]. 83th Annual Meeting of Transportation Research Board, 2004.

[21] 安健，宋瑞，何世伟. BRT线网优化模型研究[J]. 交通与计算机，2007，25(3)：18－22.

[22] 莫一魁. 快速公交BRT线路布设优化算法研究[J]. 交通与运输，2007，7.

[23] 李春燕，李文权. 快速公交(BRT)线路布局优化研究[J]. 道路交通与安全，2008，8(5).

[24] R Van Nes. Hierarchical levels networks in the design of multimodal transport networks. Nectar Conference，Delft，October，1999.

[25] Young－Jae Lee. Transit network sensitivity analysis [J]. Journal of Public Transportation，2006，(9) 1：91－122.

[26] 陆建，胡刚. 常规公交线网布局层次规划法及其应用[J]. 城市交通，2004，2(4).

[27] 肖滨，范炳全，柯欣. 城市公交线网的分层规划方法[J]. 城市交通，2005，3(3).

[28] 瞿何舟，杨京帅. 成都市城市公交线网分级规划思考[J]. 交通运输工程与信息学报，2006，4 (1)：64－72.

[29] 杨京帅，张殿业. 城市公共交通线网分级规划方法研究[J]. 铁道运输与经济，2008，30(5).

[30] Imai A，Nagaiwa K，Chan W T. Efficient planning of berth allocation for container terminals in asia [J]. Journal of Advanced Transportation，1997，31：75～94.

[31] Raje A，Raje A，Chaudhary A. Bus transfer systems：requirements，implementation and experiences [J]. IEEE Transactions on Industry Applications，2003，39(1)：34～44.

[32] Westerheim H，Haugset B，Natvig M. Developing a unified set of information covering accessibility at public transport terminals[C]. The 13th World Congress on Intelligent Transport Systems and Services，2007，1(2)：75－80.

[33] Lee，K K T，P M Schonfeld. Real－time dispatching control for coordinated operation in transit terminals. In Transportation Research Record：Journal of the Transportation Research Board，No. 1433，Transportation Research Board of the National Academies，Washington，D. C.，1994：3－9.

[34] M S Chowdhury，S I C Schonfeld. Dynamic vehicle dispatching at the intermodal transfer Station. In Transportation Research Record：Journal of the Transportation Research Board，No. 1753，Transportation Research Board of the National Academies，Washington，D. C.，2001：61－68.

[35] Maxwell R. Converting a large region to a multimodal pulsed－hub public transport network. In Transportation Research Record：Journal of the Transportation Research Board，No. 1835，Transportation Research Board of the National Academies，Washington，D. C.，2003：128－135.

[36] 魏恒，任福田. 人－机参与公交客运枢纽选址方法[J]. 北京工业大学学报，1991，17(3)：36－43.

[37] 席庆，霍娅敏. 交通运输枢纽中客运站点布局问题的研究[J]. 西南交通大学学报，1999，34(3).

[38] 陆化普，陈宏峰，袁虹. 综合交通枢纽规划——基础理论与温州的规划实践[M]. 北京：人民交通出版社，2001.

[39] 刘灿齐. 现代交通规划学[M]. 北京：人民交通出版社，2001.

[40] 刘灿齐. 交通枢纽选址与网络设计同时优化的模型与算法[J]. 公路交通科技. 2003，20(3)：113－116.

[41] 吕慎，田锋. 大城市中心区客运交通换乘枢纽选址模型研究[J]. 交通标准化，2007，19(4)：127－132.

[42] 吕慎，田锋，李旭宏. 组团式大城市客运综合换乘枢纽布局规划方法[J]. 交通运输工程学报，2007，7(4).

[43] 李铭，李旭宏，吕慎. 基于城市 TOD 发展模式的客运换乘枢纽布局规划研究[J]. 公路交通科技，2006，23(11).

[44] 陈大伟，李旭宏，刘佐. 城市对外客运枢纽选址方案比选模型与遗传算法应用[J]. 公路交通科技，2006，23(9).

[45] 阎利军，左志，杨忠振，等. 基于超级交通网络的换乘枢纽空间布局优化[J]. 哈尔滨工业大学学报，2006，38(8)：1344 - 1346.

[46] Yu Jie, Yang Xiaoguang, Liu Yue. An optional location modal for public transit hubs using on/off data at bus stops. Proceedings of International Conference on Transportation Engineering. Chengdu, China, 2007：2524 - 2529.

[47] Angela Hull. Integrated transport planning in the UK：from concept to reality[J]. Journal of Transport Geography, 2005, 13：318 - 328

[48] 北京城市规划设计研究院，北京市科学技术情报研究所. 世界大城市交通研究[M]. 北京：北京科学技术出版社，1991.

[49] 黄敏. 公共交通——香港的研究及深圳发展的思考[M]. 深圳：海天出版社. 2002.

[50] 北京交通发展研究中心. 2009 北京市交通发展年度报告[R]，2009.

[51] 陈学武，胡刚. 公交分层系统的规划方法研究[C]//中国快速公交研讨会论文集，2003.

[52] 王炜，杨新苗，陈学武. 城市公共交通系统规划方法与管理技术[M]. 北京：科学出版社，2002.

[53] 清华大学土木工程系交通研究所，北京市运输管理局，北京公共交通控股(集团)有限公司. 公交场站建筑与建设用地标准研究，2005.

[54] 何宁. 综合交通枢纽规划和需求分析方法[J]. 城市交通. 2006，4(5)：13 ~ 17

[55] 王炜，杨新苗，陈学武. 城市公共交通系统规划方法与管理技术[M]. 北京：科学出版社，2002.

[56] 何宗华. 城市轻轨交通工程设计指南[M]. 北京：中国建筑工业出版社，1993.

[57] 刘铮. 基于熵权物元模型的公交综合评价指标体系[J]. 城市交通，8(6)：79 - 84.

[58] 符韦苇，靳文舟. 基于 DEA 模型的城市公交系统模糊综合评价[J]. 武汉理工大学学报，32(18)：156 - 160.

[59] 成曦，王炜，任刚，等. 集成模糊评价和层次分析法的大城市公交系统综合评价研究[J]. 城市公共交通，2009，02.

[60] 曾声奎，赵延弟，张建国，等. 系统可靠性设计分析教程[M]. 北京：航空航天大学出版社，2001.

[61] Du Z P, Nicholson A J. Degradable transportation systems：sensitivity and reliability analysis[J]. Transportation Research B, 31, (3)：225 - 237.

[62] Iida Y, Wakabayashi H. An approximation method of terminal reliability of road network using partial minimal path and cut set. Proceedings of the 5th World Conference, 5, Yokohama, Japan：367 - 380.

[63] Mine H, Kawai H. Mathematics for reliability analysis, asakura - shoten, 1982.

[64] Asakura, Y. Reliability measure of an origin and destination pair in a deteriorated road network with variable flow [C]. Proceeding of the 4th Meeting of the EURO Working Group in

Transportation, 1996.

[65] Anthony Chen, Hai Yang, Hong K Lo, Wilson H Tang. A capacity related reliability for transportation networks[J]. Journal of Advanced Transportation, 33, (2), 1999:183 - 200.

[66] Anthony Chen, Hai Yang, Hong K Lo, Wilson H. Tang, Capacity reliability of a road network: an assessment methodology and numerical results[J]. Transport Research: 1 - 28.

[67] Bowman, L A, Turnquist, M A. Service frequency, schedule reliability and passenger wait times at transit stops[J]. Transportation Research, 1981,15: 465 - 471.

[68] Woodhull, J. Issues in on - time performance of bus systems. Unpublished manuscript. Los Angeles, CA: Southern California Rapid Transit District, 1987.

[69] Malachy Carey. Exante heuristic measures of schedule reliability [J]. Transportation Research PartB, 1999, 334: 73 - 494.

[70] P Rietveld, F R Bruinsma D J van Vuuren. Coping with unreliablity in public transport chains: A case study for Netherlands [J]. Transportation Research Part A, 2001 (35):539 - 559.

[71] John Bates, John Polak, Peter Jones. The valuation of reliability for personal travel [J]. Transportation Research Part E, 2001, 37: 191 - 229.

[72] 朱顺应,王炜,邓卫,等. 交通网络可靠度及其通路算法研究[J]. 中国公路学报, 13, 2000: 91 - 94.

[73] 杨东援. 交通规划决策支持系统[M]. 上海: 同济大学出版社, 1997.

[74] 侯立文, 蒋馥. 城市道路网络可靠性的研究[J]. 系统工程, 2000, 18(5): 38 - 41.

[75] 侯立文, 蒋馥. 城市道路网的可靠性仿真[J]. 系统仿真学报, 2002: 664 - 668.

[76] 毛林繁,城市公交网络可靠性的双层规划模型[J]. 中国公路学报, 2002, 15(3): 88 - 91.

[77] 赵航,宋瑞; 公共交通系统营运可靠性研究 [J]. 公路交通科技, 2005, 22(10):132 - 134.

[78] 王光远, 陈艳艳, 顾平, 等. 工程结构与系统抗震优化设计的实用方法[M]. 北京: 中国建筑工业出版社, 1999.

[79] 吴心宏, 林敏. 国外发展停车换乘系统的主要经验及其启示[J]. 城市公用事业, 2008, 5.